中欧关系 适应与塑造

Sino-European Relations
Adapting and Shaping

冯仲平　等著

中国社会科学出版社

图书在版编目（CIP）数据

中欧关系：适应与塑造/冯仲平等著 . —北京：中国社会科学出版社，2023.7
ISBN 978-7-5227-2262-7

Ⅰ.①中… Ⅱ.①冯… Ⅲ.①中外关系—研究—欧洲 Ⅳ.①D822.35

中国国家版本馆 CIP 数据核字（2023）第 125361 号

出 版 人	赵剑英
责任编辑	侯聪睿
特约编辑	黄　晗　乔镜蕚
责任校对	王　龙
责任印制	王　超

出　　版	中国社会科学出版社
社　　址	北京鼓楼西大街甲 158 号
邮　　编	100720
网　　址	http://www.csspw.cn
发 行 部	010-84083685
门 市 部	010-84029450
经　　销	新华书店及其他书店
印刷装订	北京君升印刷有限公司
版　　次	2023 年 7 月第 1 版
印　　次	2023 年 7 月第 1 次印刷
开　　本	710×1000　1/16
印　　张	21
字　　数	265 千字
定　　价	109.00 元

凡购买中国社会科学出版社图书，如有质量问题请与本社营销中心联系调换
电话：010-84083683
版权所有　侵权必究

前　言

近年来，中欧关系受到了广泛关注。这无疑首先与欧洲自身的变化有关。欧洲还重要吗？自2008年国际金融危机以来欧洲面临的问题和挑战层出不穷，由此引发了人们对欧洲地位和影响力乃至欧盟生存问题的持续讨论。与此同时，英国、法国、德国等大国"险象环生"，不断吸引着人们的眼球："脱欧"后的英国何去何从？没有了默克尔，德国还能扮演欧洲稳定锚吗？法国大选会不会惊现"黑天鹅"？

中欧关系之所以日益引起关注，还因为欧盟对华认知发生重大变化，一直比较稳定的中欧关系正步入一个碰撞期和适应期。中欧之间以往虽争吵不少，但相互均视对方为重要市场和合作伙伴。然而，近年来欧盟和不少欧洲国家不再把中国仅视为合作伙伴，中国既被看作是伙伴，也是竞争者，乃至所谓制度性对手。这一多重定位显著强调了中欧关系的竞争性，中欧关系所面临的挑战陡然增大。2021年立陶宛与中国的关系急剧下滑，进一步激发了人们对中欧关系的关注。

在百年未有之大变局，特别是中美竞争加剧的背景下，欧洲如何选择和站队，成为国际社会关注的一大焦点。2021年10月，哈佛大学斯蒂芬·沃尔特教授在美国《外交政策》杂志上撰文指出，拜登政府毫不掩饰其在与中国的"战略竞争"中争取美国众多盟友支持的愿望。而"欧洲各国如何站队，将对全球力量整体平衡产生重大影响"。①

第二次世界大战结束七十余年来，美国一直是欧洲国家最重要的盟友。但随着大国实力对比的变化、美国全球战略重点转移以及始于特朗普总统的"美国优先"，欧洲日益意识到在国际上不能够像以往一样紧靠、紧跟美国了。欧洲"美国观"的变化激活了其战略自主意识，以及欧洲对如何实现自主决策、掌握自己命运的探索。这可谓欧美关系七十年未有之变局。以前个别欧洲国家曾与华盛顿闹过独立，如法国在二十世纪六十年代把北约总部从法国赶出去，并退出北约军事一体化机构；或者过去在某个问题上有数个欧洲国家曾与美国发生严重分歧，如，2003年法国、德国等一起在美国出兵伊拉克问题上说"不"。但欧洲作为一个整体严肃思考如何实现战略自主，这是一个新变化。

反映在与中国的关系上，战略自主意味着欧洲国家与美国虽保持同盟关系，但不愿在中美之间选边站队。2017年特朗普上台后，美国对华实行打压，开打贸易战，而欧洲则既强调竞争也坚持接触合作。2021年拜登入主白宫后，尽管欧美关系得到改善，欧洲也愿意在对华政策上加强与美国协调，但拒绝对美亦步亦趋。总之，大国竞争使得中欧关系日益重要，并激活了中欧美、中欧俄等三边关系。

随着中欧关系日益受到关注和重视，本书力图从多个层面来全面梳理和分析中欧关系的发展和变化。全书分四篇，共十四章，第一篇重点讨论中欧相互的"认知与定位"，包括两章，第一章欧洲的中国

---

① Stephen M. Walt, "Will Europe Ever Really Confront China?", *Foreign Policy*, 15 Oct. 2021, https://foreignpolicy.com/2021/10/15/will-europe-ever-really-confront-china/.

观,由冯仲平撰写,第二章中国的欧洲观,作者为冯仲平、黄静。第二篇的题目为"合作与竞争",包括第三章到第六章。赵晨撰写第三章即中欧政治关系,孙彦红撰写第四章即中欧经贸关系,张金岭撰写第五章中欧文化关系,徐若杰撰写第六章即全球治理中的中欧关系。第三篇的题目为"机遇与挑战",包括第七章到第十章,第七章数字主权下中欧数字合作与博弈,作者为黄颖,第八章中欧互联互通与"一带一路",作者是赵晨、刘念,第九章中欧在北极治理中的合作与问题,作者为赵纪周,第十章中欧发展援助合作的现状与前景,由张超撰写。最后一篇即第四篇,讨论的是中国与英国、法国、德国以及中东欧的关系,题目为"调适与引领",包括第十一章到第十四章,第十一章中英关系,由李靖堃撰写,第十二章中德关系,由杨解朴撰写,第十三章中法关系,由彭姝祎撰写,第十四章中国与中东欧关系,作者为鞠维伟。

上述各位作者为完成好本书展现出了巨大的热情和耐心,对此深表感谢;赵晨不仅参与了本书的撰写,而且在本书的策划、组织过程中均发挥了重要作用,在此深表谢意。中国社会科学出版社赵剑英社长和王茵副总编辑对本书的出版给予了大力支持,对此致以诚挚敬意;此外,还要感谢侯聪睿、黄晗和乔镜蓥编辑的辛勤付出。

本书的撰写和出版得到中国社会科学院"登峰战略"(欧洲研究所"中欧关系优势学科")、国家社会科学基金重大项目"欧洲对外战略调整与中欧美关系研究"的支持,在此一并表示感谢。

冯仲平
2022 年 1 月

目 录

第一篇　认知与定位

第一章　欧洲的中国观 ……………………………………………（3）
　从合作伙伴到"伙伴、竞争者及对手" ……………………（4）
　变动中的中欧关系体现了韧性 ……………………………（10）
　欧盟对华政策中的竞争性显著增加 ………………………（16）
　欧盟与美国的对华政策将有合有分 ………………………（20）

第二章　中国的欧洲观 ……………………………………………（27）
　从"列强"到"四大伙伴" …………………………………（28）
　国际格局与欧洲一体化 ……………………………………（36）
　错位与碰撞 …………………………………………………（41）

第二篇　合作与竞争

第三章　平等化进程中的中欧政治关系 ……………………（49）
　　中欧关系的平等化进程 ……………………………………（49）
　　欧方出现"平等综合征" ……………………………………（54）
　　寻找中欧平等相待之道 ……………………………………（60）

第四章　中欧经贸关系：在竞争与合作之间寻求新平衡 ………（65）
　　中国与欧盟经济实力对比：竞争性增强 …………………（66）
　　欧盟对华经贸政策调整："竞争"与"对手"意识凸显 ……（72）
　　中欧经贸关系的基础并未发生根本性变化 ………………（76）
　　结语：在竞争与合作之间寻求新平衡 ……………………（80）

第五章　中欧人文交流的经验、问题与革新路径 ……………（84）
　　中欧人文交流的经验 ………………………………………（85）
　　中欧人文交流实践中的问题与挑战 ………………………（89）
　　深化中欧人文交流的路径革新 ……………………………（98）

第六章　全球治理中的中欧关系 ………………………………（105）
　　中欧在联合国框架内的全球治理合作 ……………………（108）
　　中欧全球治理竞争与分歧 …………………………………（113）
　　中欧全球治理合作的空间和展望 …………………………（119）

第三篇 机遇与挑战

第七章 数字主权视野下中欧数字竞合态势……………（125）
 中欧网络/数字主权实践进程 ………………………（126）
 构建中欧数字伙伴面临的挑战 ………………………（132）
 中欧在数字领域的合作空间 …………………………（138）
 结　语 …………………………………………………（141）

第八章 中欧互联互通与"一带一路"……………………（143）
 欧盟对"一带一路"倡议的反应 ……………………（144）
 欧洲主要国家和地区对"一带一路"倡议的反应 …（150）
 地缘政治还是互联互通工具：以中欧班列为例 ……（161）
 结　语 …………………………………………………（165）

第九章 中欧在北极治理上合作的机遇和挑战…………（167）
 北极问题的由来 ………………………………………（167）
 当前北极治理的新形势 ………………………………（169）
 中欧未来合作的可能路径与主要挑战 ………………（172）
 展　望 …………………………………………………（179）

第十章 三方发展合作：中欧关系的新疆域？…………（183）
 三方发展合作概述 ……………………………………（184）

中欧参与三方发展合作的历史和现状…………………………（187）
中欧三方发展合作的探索……………………………………（192）
中欧三方发展合作的前景……………………………………（196）
结　语……………………………………………………………（201）

第四篇　调适与引领

第十一章　中英关系：当"黄金时代"遇到英国脱欧………（205）
中英关系"黄金时代"……………………………………（205）
英国对华政策调整，"黄金时代"遇到挫折………………（211）
经贸关系"逆势上扬"，成为中英关系中的亮点…………（223）
以人文交流促进相互理解，为中英关系注入
　"正能量"………………………………………………（228）
结　语……………………………………………………………（232）

第十二章　变化中的中德关系：竞合与重塑………………（234）
中德关系发展变化的背景与原因……………………………（234）
竞合与重塑中的中德关系……………………………………（252）
后默克尔时代中德关系展望…………………………………（259）

第十三章　调整中的中法关系：伙伴还是竞争者？………（266）
伙伴或竞争者：法国对华认知生变…………………………（267）
伙伴和竞争者——法国对华认知呈两面性…………………（277）

困难与努力并存——中法关系在调整与磨合中前进……………(283)
结语和展望………………………………………………………(289)

第十四章　中国—中东欧国家合作：现状、展望与政策建议……………………………………………………(290)
中国—中东欧国家合作取得的成效………………………………(291)
中国—中东欧国家合作内外部因素的变化………………………(297)
中国—中东欧国家合作的前景与政策建议………………………(302)

作者简介……………………………………………………………(308)

参考文献……………………………………………………………(314)

认知与定位

2021年5月31日,中国国务委员兼外长王毅在贵阳同匈牙利外长西雅尔多举行会谈并共同会见记者时指出,中欧关系健康稳定发展的前提是正确的相互认知。作为多极世界中的重要两极,中欧之间没有重大利害冲突,没有地缘政治矛盾,有的只是巨大的合作需求。我们相互离不开对方,更孤立不了对方。因此,王毅认为,中欧之间应当坚持的唯一恰当定位就是全面战略伙伴。[①]

目前困扰中欧关系的一个很大因素在于,欧洲对中国的认知以及对欧洲与中国的关系的定位发生了变化。对于中国来说,无论是适应还是塑造与欧洲的关系,都需要由理解和把握欧洲的中国观开始,同时中国与欧洲展开互动乃至塑造中欧关系,也需要对中国的欧洲观进行再确立。无论是欧洲的中国观还是中国的欧洲观,实质是各自国际观的组成部分,包括如何看国际格局和国际秩序,如何定位自身,以及如何处理与外部世界的关系。

本书的第一篇将聚焦中国和欧洲或欧盟的相互认知,也即欧洲如何看中国,以及中国如何看欧洲。

[①] 中华人民共和国外交部网站:《王毅谈中欧关系发展方向:唯一恰当定位就是全面战略伙伴》,2021年6月1日,https://www.fmprc.gov.cn/web/wjbzhd/t1880298.shtml。

第一章

欧洲的中国观

欧洲的中国观所讨论的是欧洲对中国的认知。心理学将认知称作人对所获的信息进行加工的过程,具体来说,人脑接受外界输入的信息,经过头脑的加工处理,转换成内在的心理活动,进而支配人的行为,这一信息加工的过程,被称为认知过程。[1] 就一国的对外政策而言,认知可谓是三部曲的第一步,有了认知,之后是制定政策,然后是政策的实施。美国教育家劳伦斯·彼得认为:"每当两个人相遇时,实际上有六个人存在:两个真实的自己,两个自己眼中的自己,两个对方眼中的自己。"[2] 中国与其他国家的相遇何尝不是如此。欧洲对中国的认知或看法构成欧洲对华政策的前提和基础,中国对欧洲的认知同样构成中国对欧政策的前提和基础,这两方面认知和政策的互动的结果便决定了中欧关系的形态面貌。而我们对认知的分析则是更重要的基础研究。

本章将首先从历史的角度对欧洲对华认知的演变进行简要梳理,然后重点分析当前欧洲尤其是欧盟的中国观,以及这一认知对中欧关

---

[1] 彭聃龄主编:《普通心理学(修订版)》,北京师范大学出版社2001年版,第2页。

[2] 陈春华:《中美相互战略认知的"翻译困境"》,《世界知识》2019年第23期。

系所产生的影响。

◇ 从合作伙伴到"伙伴、竞争者及对手"

2021年10月，欧盟智库——欧洲对外关系委员会（ECFR）主任马克·莱昂纳德写道，欧洲国家已从相互竞争、试图成为中国最好的朋友转变为就中国达成共识，即中国代表着深刻而多方位的挑战。比如，在气候变化这样的全球性问题上，欧洲国家现在必须找到办法，有效地与一个棘手的伙伴合作。在经济和人工智能这样的技术问题上，中国已成为激烈的竞争者，在人权、民主以及政府在经济中的作用问题上，如今它被视为一个"制度性对手"。[1]

马克·莱昂纳德关于中国的看法，实际上来自2019年3月欧盟委员会发表的对华政策报告。这一题为《欧盟对华战略展望》的欧盟官方文件指出："在不同的政策领域，中国既是与欧盟具有相同目标的合作伙伴、需要寻求利益平衡的谈判伙伴，又是追求技术领先的经济竞争者和推广不同治理模式的制度性对手。"[2] 这无疑是欧盟官方最权威的定位表述，同时也是自1975年欧洲经济共同体（欧盟前身）与中国建交以来欧方对其与中国关系的认知所做的最为重要的调整。

欧洲经济共同体与中国建交的大背景是，20世纪70年代国际形势发生了重大变化，美国对华政策出现重大调整，西欧国家纷纷与中

---

[1] ［英］马克·莱昂纳德：《澳英美联盟的虚假承诺》，《日本时报》网站，2021年10月。

[2] European Commission，*EU-China-A Strategic Outlook*，March 2019，https：//ec.europa.eu/info/sites/info/files/communication-eu-china-a-strategic-outlook.pdf.

国建交。当时，中国将苏联、美国划为"第一世界"，西欧被视为"第二世界"，而西欧国家把中国看作共同应对苏联的战略伙伴。中国改革开放，以及苏联解体、冷战结束后，欧洲和国际格局均发生巨变，中欧关系也随之发生变化。随着中国改革开放的深入发展，欧洲日益将中国定位为重要的经济和贸易伙伴。"1989年政治风波"对中欧关系产生了冲击，但随着1995年欧盟发表有史以来第一份对华政策报告，中欧关系步入了一个快速稳步发展时期。从20世纪90年代中期到2019年欧盟新对华政策报告出台的20多年时间里，欧盟一直将中国作为其重要的合作伙伴。1995年欧盟对华政策文件认为中国崛起是第二次世界大战结束以来任何国家所不可比拟的，文件指出，战后日本只是经济实力增强，而苏联在解体之前的发展主要在于军事力量方面。唯有中国的发展既包括军事、政治也包括经济。该文件认为，中国国内正在经历可持续的和重大的经济和社会变革，而在国际上中国正在寻求融入国际组织，成为世界安全和经济体系的一部分。为此，欧盟需要"重新定义对华关系"，使其作为"欧盟对外关系，包括对亚洲和全球关系的一块基石"。三年后即1998年，欧盟决定将中国明确为"全面合作伙伴"。在1998年3月25日发表的题为《同中国建立全面合作伙伴关系》的文件中，欧盟做出的最重要的决定就是提议建立中欧领导人年度会晤机制。① 该文件指出，与经济和政治实力不断增强的中国保持接触，并推动中国融入国际社会，将可能是21世纪欧洲以及其他伙伴在对外政策上面临的最重要的挑战。欧盟在该文件中提出与中国建立伙伴关系的目的在于，通过提升政治对话，使中国更加融入国际社会；支持中国朝着成为基于法治和尊重人

---

① 这一机制一直保持至今，但自2009年欧盟《里斯本条约》生效以来，欧方代表由欧盟轮值主席国首脑改为常设的欧洲理事会主席以及欧盟委员会主席。

权的开放社会转变；通过使中国更全面加入世界贸易体系以及支持中国开启的经济和社会改革进程，使中国更深入地融入世界经济；提升欧盟在中国的知名度等。

2003年欧盟对其与中国关系的定位进行了新的提升，中欧关系由此迈上了一个更高的台阶。2003年6月，欧盟委员会在其有史以来发表的首份安全战略报告中将中国与美国、俄罗斯、日本、加拿大并列确立为"战略伙伴"。[①] 同年9月10日，在题为《成熟的伙伴关系——共享利益和挑战的中欧关系》的对华政策文件中，欧盟委员会写道，中国的社会和经济改革进程已步入新的具有挑战的阶段。同时中国也日益参与世界事务，尤其在多边框架当中，由于其经济的快速增长和成为世界贸易组织的一员，中国正在迅速上升为世界经济中的主要力量。"欧盟和中国具有日益增大的利益成为战略合作伙伴，以推动可持续发展、和平和稳定。"该文件特别指出，在欧盟看来，欧盟与中国趋同的利益包括很多全球治理问题，突出体现在双方均高度重视联合国在安全领域的作用，中欧还因均受益于贸易更大自由化故而都重视世界贸易组织的作用。[②] 这一时期中欧关系的快速发展被称为是"世界事务中一个新兴的轴心"。[③] 在2006年发表的对华政策报

---

① 该报告在同年12月得到了欧盟理事会的批准。Council of the European Union, *European Security Strategy—A Secure Europe in a Better World*, December 2003, https：//www.consilium.europa.eu/en/documents-publications/publications/european-security-strategy-secure-europe-better-world/.

② European Commission, *Commission Policy Paper for Transmission to the Council and the European Parliament COM（2003）533 final：A Maturing Partnership-Shared Interests and Challenges in EU-China Relations*, September 2003, https：//eur-lex.europa.eu/LexUriServ/LexUriServ.do? uri＝COM：2003：0533：FIN：EN：PDF.

③ [美]香博·沈大伟：《中国与欧洲：新兴的轴心》，朱雅文译，《国外社会科学文摘》2004年第12期。

告中，欧盟继续强调中国日益上升的实力以及与中国开展合作的重要性。该文件开门见山地指出，过去10年中，中国重新成为世界大国，经济实力位居世界第四，而且是第三大出口国，政治实力不断增强。中国的经济增长为其更加积极的外交政策提供了重要基础。中国希望发展并寻求符合其政治与经济力量的世界地位是中国政策的中心内容。鉴于中国的规模与巨大增长，中国的变化对全球的政治和贸易产生了深远的影响。①

2016年，欧盟在间隔10年后再度推出新的对华政策文件。这一文件最突出的一点就是，强调双方关系要实现政治上和经济上的互利共赢，尤其强调促进在"对等"原则、平等参与环境下开展各领域的公平竞争。该文件写道，自10年前欧盟制定了上一份关于中国的政策文件以来，中欧各自经历了巨大的变化。中国的崛起速度前所未有，规模空前。中国正在经济、金融、贸易、投资以及战略等方面尤其军事方面寻求更大的发展空间和话语权。因此，中国的政治、经济和社会发展对欧盟而言比以往任何时候都重要。尽管该文件强调对等性，但总体基调仍然是积极的，在文件的最后部分指出"中国是欧盟的全面战略合作伙伴"。②

在首次将中国细分为伙伴、竞争者以及对手的2019年对华政策文件中，欧盟委员会指出，中国和欧盟为世界最大的经济体和贸易体

---

① European Commission, *Commission Working Document Accompanying COM（2006）631 final：Closer Partners，Growing Responsibilities-A policy paper on EU-China trade and investment：Competition and Partnership*，October 2006，https：//op. europa. eu/en/publication – detail/ – /publication/2c65b426 – 2484 – 459d – a60d – 8847e8765a5d/language – en.

② European Commission，*Elements for a New EU Strategy on China*，June 2016，https：//eeas. europa. eu/sites/eeas/files/joint_communication_to_the_european_parliament_and_the_council_ – _elements_for_a_new_eu_strategy_on_china. pdf.

之一,中国现在是欧盟仅次于美国的第二大贸易伙伴,欧盟是中国最大的贸易伙伴。双方致力于建立全面的战略伙伴关系,正如《中欧2020年合作战略议程》所表达的那样。但该文件接下来提出的一些判断至关重要。文件指出,"欧洲越来越意识到中国所带来的挑战和机遇之间的平衡已经发生变化"。文件认为,在过去的十年中,中国的经济实力和政治影响力以前所未有的规模和速度增长,反映出其成为全球领先大国的雄心。同时,该文件又提出了一个重要的看法,即"中国不能再被视为发展中国家",并指出,中国在包括欧洲在内的世界上日益广泛的存在,应伴随着更大的责任,以维护基于规则的国际秩序,并使其制度具有更大的互惠性、非歧视性和开放性。上述对中国的一些新认知和新判断,特别是关于机遇和挑战失衡的看法,以及中国不再为发展中国家的认识,构成了欧盟对华新定位的基础。基于新的对华认知,欧盟提出了对华政策的三个目标:第一,根据明确规定的利益和原则,欧盟应加深与中国的接触,以促进全球范围内的共同利益。第二,欧盟应大力促进中欧经济关系间更加平衡和对等的条件。第三,为了维护欧盟长期繁荣、价值观和社会模式,欧盟自身需要在某些领域适应不断变化的经济现实,并加强自身的国内政策和产业基础。[①]

需要指出的是,欧盟根据不同的政策领域对中国的定位或准确地说对欧盟与中国关系的三重定位,已经成为欧盟目前和未来对华政策的主要依据。2019年欧盟机构换届,新一届欧盟委员会于12月走马上任后继续沿用上届委员会形成的对华定位,并得到了由成员国领导人组成的欧洲理事会的支持。2020年10月1—2日,欧盟各成员国领

---

① European Commission, *EU-China—A Strategic Outlook*, March 2019, https://ec.europa.eu/info/sites/info/files/communication-eu-china-a-strategic-outlook.pdf.

导人齐聚布鲁塞尔举行了为期两天的特别峰会。欧盟对外关系包括中欧关系成为峰会讨论的重点。而在本次特别峰会上，欧盟各国不仅支持2019年3月欧盟委员会文件中提出的对华政策方针，并提出各成员国应采取协调一致的行动来加以实施。为此，峰会要求欧盟委员会以及欧盟外交与安全政策高级代表推出欧盟对华政策落实的"进展报告"。①

2021年9月欧盟各国外长在欧盟轮值主席国斯洛文尼亚首都举行了为期两天的会议，中国成为讨论的焦点之一。这是自2021年3月欧盟与中国进行相互制裁与反制裁以来欧盟召开的首次关于中国的高层会议。而此次会议传递出的信号是，欧盟国家在对中国的三重定位问题上达成进一步共识，并将中欧关系描述为"复杂的、多方面的关系"。②

德国2021年9月大选后成立的新政府引人注目地接受了欧盟关于中国的定位。11月24日，德国社民党、绿党、自民党召开联合新闻发布会，宣布三党成功完成组阁谈判，并正式公布联合执政协议。关于德国对华政策，该协议称"希望且必须在伙伴、竞争及制度对手的维度下建构对中国关系"。③

基于对中国的新认知以及对欧中关系的新定位，近年来欧盟对华政策呈现出如下四个重要特征。第一，在经济特别是贸易领域仍然保持合作的同时，欧盟更加重视同中国在应对气候变化、保护生物多样性等全球治理领域的国际合作；第二，在人工智能等新技术领域对中

---

① 冯仲平：《欧盟讨论对华政策释放出何种信号？》，《中美聚焦》，2020年10月29日，http://cn.chinausfocus.com/foreign-policy/20201028/42077.html。

② 《欧盟讨论"如何与中国打交道"，俄媒：欧盟正处对华关系十字路口》，环球网，2021年9月4日，https://3w.huanqiu.com/a/de583b/44cjIQvc9vT。

③ 《12次提及中国！德国新政府对华政策引关注，德媒：他们想比以前"显得更自信"》，环球网，2021年11月26日，https://world.huanqiu.com/article/45jgN4uuddh。

国的竞争、防范意识显著增强；第三，在意识形态包括国内治理模式，以及全球政治影响力等方面，欧盟更愿意对中国采取强硬立场；第四，特朗普时期欧美关系疏远，但2021年拜登上台后欧洲明显加大了与美国在对华政策领域的协调和合作。总之，对华新认知使得欧盟对华政策呈现出以往不曾有的合作性、竞争性以及对抗性兼具的复杂特性。

◇ 变动中的中欧关系体现了韧性

随着中国在欧洲眼里复杂化了，一方面以往性质较为单一、发展较为平稳的中欧关系明显进入了调适期，另一方面由于欧盟突出强调与中国交往中竞争的一面，中欧关系事实上也步入了一个碰撞期。但在经贸领域，欧洲国家反对与中国脱钩，中欧经济关系展现了强大的韧性。

自中国改革开放以来，经贸合作一直是中欧关系的重中之重，市场、投资和技术将中欧紧紧吸引在一起。随着中国经济的快速发展和欧盟一体化的深化和扩大，中欧彼此经济依赖日益加深。从2004年到2019年连续15年间，欧盟一直保持着中国的第一大贸易伙伴的地位。与此同时，中国在这15年一直是欧盟的第二大贸易伙伴。2019年中欧贸易额达到7051亿美元。[①] 2020年中欧贸易额达6495亿美元，这一年虽然东盟超过欧盟成为中国最大贸易伙伴，但同时中国取代美国成为欧盟第一大贸易伙伴。2021年1—9月，中欧贸易额达5993.4亿

[①] 张怀水：《商务部答每经记者问：中欧贸易良好发展势头不会改变》，2020年3月13日，http://www.nbd.com.cn/articles/2020-03-13/1416357.html。

美元，增长30.4%。欧盟也是中国重要的外资来源地和直接投资目的地。①

德国是欧盟第一大经济体，长期以来德国与中国的贸易额大约占中国与欧盟所有成员国贸易总额的三分之一。自2016年以来，中国一直是德国最大贸易伙伴。根据德国联邦统计局2021年2月22日发布数据，2020年中德贸易总额为2121亿欧元，同比增长3%，中国连续5年成为德国最大贸易伙伴，荷兰（1728亿欧元）和美国（1716亿欧元）分列第二、三位。其中，德国自中国进口额1163亿欧元，同比增长5.6%，是自2015年以来最大进口来源国；德国对华出口额959亿欧元，同比下降0.1%，是仅次于美国（1038亿欧元）的第二大出口目的国。②

针对美国以及其他西方国家一些政客鼓吹的与中国"脱钩"论调，德国总理默克尔在2020年1月接受英国《金融时报》采访时指出，中国的成功之道更多在于勤奋、敢于创新以及科技领域的实力。西方国家不应简单将中国经济成就视为威胁，可就此展开建设性讨论，但不应采取敌视中国的态度。在她看来，未来西方必须接受与中国竞争的现实，但竞争并不意味着"脱钩"。默克尔同时强调，欧洲已不再是"世界中心"，减少外部合作伙伴将损害自身应对全球挑战的能力。③

随着欧洲国家从新冠肺炎疫情当中实现经济艰难复苏，中欧将继

---

① 《王文涛部长会见中国欧盟商会主席伍德克一行》，商务部新闻办公室，2021年10月20日，http：//wangwentao.mofcom.gov.cn/article/activities/202110/20211003209622.shtml。

② 引自中华人民共和国商务部驻法兰克福总领事馆经济商务处，2021年3月16日，http：//frankfurt.mofcom.gov.cn/article/xgjg/202103/20210303044239.shtml。

③ Lionel Barber, "Transcript：'Europe Is No Longer at the Centre of World Events'", February 4, 2020, https：//www.ft.com/content/00f9135c-3840-11ea-a6d3-9a26f8c3cba4.

续加大经贸领域的合作。新冠肺炎疫情是过去十多年来，继国际金融危机、欧债危机之后，欧洲遭遇的第三大也是最严重的经济危机，对欧洲各国经济均产生了严重冲击。2020年欧盟整体国内生产总值（GDP）下降6.3%，欧元区下降6.8%。2021年随着社交限制措施逐步取消，以及疫苗的广泛接种，加上欧洲本地区及全球各方面需求复苏，欧洲国家经济在第二、第三季度强劲反弹，尤其是第三季度欧盟27国国内生产总值环比增长2.1%，欧元区19国国内生产总值环比增长2.2%，分别比第二季度快0.1个百分点。但欧盟国内生产总值何时能够恢复到疫情前水平并不确定。[1]

目前，面对世纪罕见大疫情的严重挑战，着眼于从长远角度提升欧洲的国际竞争力，欧盟力推在后疫情复苏中实现绿色转型、数字化转型，以此锻造和提升欧洲经济的韧性、可持续性、国际竞争性。2020年欧盟委员会宣布欧盟将2030年温室气体减排目标由原有的40%提升至55%，"绿色新政"变成2019年年底走马上任的新一届欧盟委员会名副其实的"一号工程"。欧洲各国的交通运输、建筑业等将成为生态转型的重点行业。在加速推进绿色转型的同时，2020年欧盟委员会公布了《塑造欧洲数字未来》的数字化战略，并同时发表了欧盟数据战略及人工智能白皮书，旨在通过加大数字化领域投资提升欧盟数字经济竞争力。根据相关计划，欧盟的数字化战略主要立足三个方面：一是积极发展以人为本的技术，二是发展公平且具有竞

---

[1] 《三季度欧盟GDP环比增长2.1%，连续两个季度正增长》，中华人民共和国驻欧盟使团经济商务处，2021年11月5日，http://eu.mofcom.gov.cn/article/jmxw/202111/20211103214643.shtml。

争力的数字经济,三是通过数字化塑造开放、民主和可持续的社会。①2021年3月欧盟委员会进一步提出了未来10年数字化转型的目标。主要涉及数字技能、企业数字化转型、数字基础实施、公共服务数字化四大方面。② 如果说2020年欧盟各国做得最重要的决定是就高达7500亿欧元的经济复苏基金达成一致的话,2021年欧盟最重要的工作就是将该基金大量资金投入了生态转型和数字革命方面。如,欧盟拨给西班牙等国的欧盟复苏基金的40%将应用于应对气候变化和在2050年前实现经济全面脱碳的目标。

围绕绿色和数字化发展,中欧正在形成新的合作增长点。2020年9月14日,习近平主席与欧盟轮值主席国德国总理默克尔、欧洲理事会主席米歇尔、欧盟委员会主席冯德莱恩举行视频会晤时,中欧领导人决定建立中欧环境与气候高层对话和中欧数字领域高层对话,打造中欧绿色伙伴、中欧数字合作伙伴。③ 在同年6月由李克强总理和欧洲理事会主席米歇尔、欧盟委员会主席冯德莱恩共同主持的第二十二次中欧领导人会晤中,欧方强调希望双方进一步扩大市场开放,加强互联互通,深化贸易、投资、数字经济等领域合作。④

---

① European Commission, *Communication from the Commission to the European Parliament, the Council, the European Economic and Social Committee and the Committee of the Regions COM (2020) 67 final: Shaping Europe's Digital Future*, February 2020, https://ec.europa.eu/info/sites/default/files/communication-shaping-europes-digital-future-feb2020_en_3.pdf.

② "Europe's Digital Decade: Digital Targets for 2030", https://ec.europa.eu/info/strategy/priorities-2019-2024/europe-fit-digital-age/europes-digital-decade-digital-targets-2030_en.

③ 《习近平德国欧盟领导人共同举行会晤》,《人民日报》2020年9月15日第1版。

④ 张红:《中欧领导人会晤发出合作强音》,《人民日报海外版》2020年6月25日第6版。

除经贸合作外，欧盟及其成员国极其重视与中国共同应对气候变化等全球性挑战。与欧洲对中国进行重新定位同步发生的一大变化是，中国在欧洲国家以及欧盟对外战略中的重要性显著上升。长期以来，欧洲国家的外交战略重点首先是作为其最重要盟国的美国，以及最大邻国俄罗斯。其次则是周边地区特别是地中海周围、东欧以及巴尔干地区。但随着中国综合实力和影响力不断上升，在欧盟及其成员国的对外战略中，中国已占有和美国、俄罗斯几乎同等重要的地位。除希望与中国加强经济合作之外，欧洲重视中国最重要的考虑就是认为中国在应对全球性挑战方面是一支不可或缺的力量。欧洲尤其看重中国能够与欧洲一起支持多边主义，愿意通过多边机构和组织发挥作用。在气候治理方面，中欧在双边和多边均展开了紧密有效的合作。

无论在推动2015年12月《巴黎气候协定》签署，还是在2021年英国格拉斯哥巴黎协定实施细则谈判当中，中欧均采取了合作的立场。《巴黎气候协定》在全球气候治理中具有里程碑意义。在该协定签署之前，中欧就已展开了相关的合作。在2015年6月发布的《中欧气候变化联合声明》，双方承诺将致力于携手努力推动巴黎气候大会达成一项富有雄心、具有法律约束力的协议，并重申"协议应在公约下并适用于所有缔约方，特别是平衡处理减缓、适应、资金、技术开发和转让、能力建设、行动和支持的透明度"。[①] 2018年7月中欧发表《中欧领导人气候变化和清洁能源联合声明》，在确认双方在巴黎协定中所作承诺的同时，表示将努力通过合作推动协定的

---

① 《中欧气候变化联合声明》，环球网，2015年6月29日，https://china.huanqiu.com/article/9CaKrnJMxYE。

实施。① 2021年格拉斯哥大会前，中国先后发布了碳达峰碳中和"1+N"政策体系，以及《中国应对气候变化的政策与行动》白皮书，并正式提交了国家自主贡献和中长期低排放战略。② 这些都是中国履行《巴黎协定》的具体举措，体现了中国对全球应对气候变化的责任担当和最新贡献。2021年11月13日，联合国气候变化格拉斯哥大会（COP26）在延期一天后闭幕。会议取得积极进展，完成持续6年之久的《巴黎协定》实施细则谈判，达成相对平衡的政治成果文件"格拉斯哥气候协议"等50多项决议，为《巴黎协定》全面有效实施奠定了基础。在格拉斯哥大会期间，中方代表团坚持真正的多边主义，就会议主要议题和焦点问题听取和支持广大发展中国家的诉求和呼声，与欧盟、美国等各方保持密切沟通协调，努力推动各方达成共识。欧盟绿色政策负责人、欧盟委员会执行副主席蒂默曼斯在格拉斯哥参与气候谈判时表示，中国的行动是负责任的，中国在巴黎气候峰会上发挥了关键作用，并向格拉斯哥会议派出了高级别代表团，中国走在正确道路上。③ 总之，欧盟不仅自身一直扮演着全球应对气候变化领头羊的角色，而且高度重视与中国的合作，将此作为其对华政策的最重要合作支柱之一。

---

① 《中欧领导人气候变化和清洁能源联合声明》，人民网，2018年7月16日，http://politics.people.com.cn/n1/2018/0717/c1001-30150825.html。

② 《中国应对气候变化的政策与行动》白皮书，中华人民共和国国务院新闻办公室，2021年10月，http://www.scio.gov.cn/zfbps/32832/Document/1715491/1715491.htm。

③ 引自中华人民共和国外交部网站，2021年11月12日，https://www.fmprc.gov.cn/web/fyrbt_673021/jzhsl_673025/t1919102.shtml。

◇ 欧盟对华政策中的竞争性显著增加

关于欧盟对华政策中合作性、竞争性以及对抗性究竟孰重孰轻、孰先孰后，无论是欧洲还是中国研究界都很难说得清楚。从上述欧盟官方文件的表述来看，通常先讲伙伴，然后是竞争者，之后是制度性对手。但有时也把竞争放在前面。比如，欧盟委员会主席冯德莱恩2021年9月15日在欧洲议会发表年度"盟情咨文"时称，"中国是一个竞争者，甚至是对手，但同时也是战胜全球环境问题以及同14亿消费者进行贸易往来的伙伴"。① 英国《经济学人》2021年9月25日的封面文章将欧盟的外部战略环境描述为"不再舒适的新世界"，其中认为"俄罗斯是无法预测的威胁"，"美国是心不在焉的不确定盟友"，中国则被看作是"正成为日渐具有挑战性的经济和战略对手"。②

应该如何理解欧盟对华政策中的竞争性？

欧盟所指的与中国的竞争，首先是经济和科技上的竞争。欧盟最早将中国视为有力的竞争者主要指的是贸易领域。2006年欧盟发表的对华关系"工作文件"中首次将中国称为其"贸易政策的单一和最重要的挑战"。③ 但当时欧洲认为中国经济的发展总体上给欧洲国

---

① "2021 State of the Union Address by President von der Leyen", September 15, 2021, https://ec.europa.eu/commission/presscorner/detail/en/SPEECH_21_4701.

② "The Mess Merkel leaves behind", The Economist, September 25, 2021.

③ European Commission, Commission Working Document Accompanying COM (2006) 631 final: Closer Partners, Growing Responsibilities-A policy paper on EU-China trade and investment: Competition and Partnership, October 2006, https://op.europa.eu/en/publication-detail/-/publication/2c65b426-2484-459d-a60d-8847e8765a5d/language-en.

家带来的机遇大于贸易上的挑战。① 然而，近年来，欧盟国家对中国在经济上的不满非常突出，这也成为导致其2019年对华政策文件提出所谓"机遇和挑战失衡"的主要原因。

欧盟2019年对华文件在中欧经济关系部分详细表述了欧方的立场。文件指出，欧盟和中国是彼此的战略市场，平均每天交易超过10亿欧元。但中国"却未能提供市场准入并保持公平的竞争环境"。欧盟对中国的不满集中体现在两个方面，首先认为在中国企业竞争不公平。欧盟认为，中国采取主动的和国家主导的工业和经济政策，例如"中国制造2025"，目的是培养国内巨头，并帮助其成为战略性高科技领域的全球领导者。具体而言，该文件指出，中国帮助巨头占有国内市场，通过选择性的市场开放、许可和其他投资限制使他们免受竞争。包括，对国有和私营部门公司提供巨额补贴；关闭其采购市场；本地化要求，包括数据；在保护和执行知识产权及其他国内法律方面，偏向国内运营商；并限制外国公司获得政府资助的计划。同时，欧盟运营商则必须服从苛刻的要求，作为进入中国市场的先决条件，例如与本地公司成立合资企业或将关键技术转让给中国同行。除竞争不公平，欧盟还认为双方市场准入不对等。欧盟指出，金融服务是缺乏互惠市场准入特别严重的行业之一。尽管中国金融科技和在线支付公司、信用卡提供商、银行和保险公司正在扩大在欧盟的业务，但欧洲运营商却被拒绝进入中国市场。②

---

① European Commission, *Commission Working Document Accompanying COM（2006）631 final：Closer Partners, Growing Responsibilities-A policy paper on EU-China trade and investment：Competition and Partnership*, October 2006, https：//op. europa. eu/en/publication – detail/ – /publication/2c65b426 – 2484 – 459d – a60d – 8847e8765a5d/language – en.

② European Commission, *EU-China—A Strategic Outlook*, March 2019, https：//ec. europa. eu/info/sites/info/files/communication-eu-china-a-strategic-outlook. pdf.

近年来欧盟出台的一系列措施反映了对中国的竞争、防范和保护主义意识。2017年12月，欧盟委员会发布了一份长达465页的工作文件，称中国存在"重大经济扭曲"①，为其对中国商品征收反倾销税提供了"合法性"。2019年4月11日《欧盟外资审查框架法案》正式生效。继2020年6月17日发布《针对外国政府补贴的促进公平竞争白皮书》②后，2021年5月5日欧盟委员会正式出台外国政府补贴立法草案。③后两项法案可以说主要指向中国。

欧盟对华政策的竞争性除反映在经济和技术领域外，还体现在所谓"价值观"以及国际影响力尤其是政治影响力方面。欧盟将中国视为对手，英语为systemic rival，主要指是制度性方面，尤其指中国"推广不同治理模式"，包括意识形态等（也有将此翻译或理解为"系统性对手"）。欧盟针对中国"一带一路"倡议的态度突出反映了此类竞争心理。2013年中国刚提出"一带一路"倡议之后，欧洲国家和欧盟的整体反应是积极的，并寻求与中国进行合作。中东欧国家与中国通过中国—中东欧合作机制展开合作，在贸易、投资和基础设施建设等方面均取得了进展。欧盟机构的态度刚开始也是正面的。在2015年9月举行的第五次中欧经贸高层对话上，双方重点讨论了"一带一路"倡议、国际产能合作与"欧洲投资计划"对接等问题，并签署了建立中

---

① European Commission, *Commission Staff Working Document On Significant Distortions in the Economy of the People's Republic of China for the Purposes of Trade Defence Investigations*, December 2017, https://trade.ec.europa.eu/doclib/docs/2017/december/tradoc_156474.pdf.

② European Commission, *White Paper on Levelling the playing field as regards foreign subsidies*, June 2020, https://ec.europa.eu/competition/international/overview/foreign_subsidies_white_paper.pdf.

③ European Commission, "Commission proposes new Regulation to address distortions caused by foreign subsidies in the Single Market", May 2021, https://ec.europa.eu/commission/presscorner/detail/en/ip_21_1982.

欧互联互通平台的谅解备忘录。当时欧盟委员会认为，互联互通平台将能够更好地协调中国"一带一路"倡议与欧盟的泛欧交通网络政策，推动双方在基础设施、设备、技术与标准等领域的合作，从而为双方创造众多商业机遇，提升中国与欧盟的就业、增长与发展。[①]

这一思路在2018年欧盟公布的加强欧亚互联互通的文件中仍得到了体现。这一题为《连接欧洲和亚洲：对欧盟战略的设想》的政策文件写道，欧盟应利用好中欧互联互通平台机制，加强与中国在基础设施和发展方面的合作，提升市场准入和公平竞争，以及在有关互联互通倡议中遵循国际标准等。然而，与中国展开竞争的含义也开始有所表露。如该文件强调欧盟将把自身地区合作的经验推广到与亚洲的联通建设上，并冠之以所谓"欧洲方式"，即欧盟希望欧亚联通应具有可持续性、全面性，并基于规则。所谓可持续性指的是，从长远的角度达到经济、财政、环境和社会的可持续性。全面性则既指交通、能源、数字方面的联通，也指商品、服务、资金和人员流动。所谓"基于规则"，指的是为确保效率和企业的公平竞争，欧亚联通应遵循国际通行的做法、规则、协议以及技术标准。[②] 2021年7月欧盟理事会发布"全球联通欧洲"（A Globally Connected Europe），并要求欧盟委员会最迟在2022年3月前提交一份"具有重大影响力和知名度"

[①] 《欧盟委员会欢迎"一带一路"对接"欧洲投资计划"》，新华社，2015年9月29日，http：//www.gov.cn/xinwen/2015-09/29/content_2940431.htm。

[②] European Commission and High Representative of the Union for Foreign Affairs and Security Policy, Joint Communication to the European Parliament, the Council, the European Economic and Social Committee, the Committee of the Regions and the European Investment Bank JOIN (2018) 31 final, *Connecting Europe and Asia-Building blocks for an EU Strategy*, September 2018, https：//eeas.europa.eu/sites/default/files/joint_communication_-_connecting_europe_and_asia_-_building_blocks_for_an_eu_strategy_2018-09-19.pdf.

的基础设施项目清单。欧盟在该战略中重新明确了其实施互联互通的原则方针包括联通的可持续性,体现在气候和环境、社会、经济和资金等方面,联通的全面性,包括交通、能源、数字和人员,以及联通以规则为基础,保证非歧视和公平竞争。① 这项战略并未提及中国,但一位参与起草该战略的欧盟外交官称,这份文件当中"写满了中国"②。德国外长马斯直截了当地指出,"我们看到中国利用经济和金融手段在世界各地提高政治影响力。对此抱怨是没有用的,我们必须提供其他选择"。③ 该战略还明确指出欧盟联通战略一定要有一个更为"响亮"的名称。不久,在欧洲议会发表年度"盟情咨文"时,欧盟委员会主席冯德莱恩正式宣布将欧洲的联通战略定名为"全球门户"(global gateway)。④

◇ 欧盟与美国的对华政策将有合有分

欧盟对华新的认知对欧美在对华政策上的协调和合作产生了重要影响。作为盟友,欧洲国家在国际上自然重视与美国进行协调。但在对华政策上,欧盟对中国的认知与美国虽有相同之处但差异也颇为明

---

① *A Globally Connected Europe-Council Conclusions*, July 12, 2021, https://data.consilium.europa.eu/doc/document/ST-10629-2021-INIT/en/pdf.

② 《欧盟启动"全球联通欧洲"战略,欧洲外交官:这份文件中"写满了中国"》,环球网,2021年7月13日,https://world.huanqiu.com/article/43uxQWLORJM。

③ 《欧盟启动"全球联通欧洲"战略,欧洲外交官:这份文件中"写满了中国"》,环球网,2021年7月13日,https://world.huanqiu.com/article/43uxQWLORJM。

④ "2021 State of the Union Address by President von der Leyen", September 15, 2021, https://ec.europa.eu/commission/presscorner/detail/en/SPEECH_21_4701.

显。这决定了欧洲国家和欧盟在对华政策上与美国有合有分。合的地方主要在意识形态以及新技术方面，欧洲和美国在这两方面展开了积极合作和协调，尤其是拜登上台后。关于这一点，德国国际与安全事务研究所（SWP）所长沃尔克·佩茨做了如下分析。他认为，欧洲正在力图找到一个欧盟内部更加协调统一的对华政策工具。这一政策将很可能继续视中国为竞争者以及多边伙伴，同时将会与美国拜登政府在多数国际问题包括对华关系上进行紧密的协调。①

中国政府和学界十分关注拜登 2021 年上台以后首次召集美日澳印四国峰会，以及美日和美韩分别举行的外长和防长"2+2 会议"，然而事实上拜登政府对欧洲盟国花的力气更大。拜登大讲特讲美国回来了，主要是说给欧洲国家听的，旨在消除特朗普四年给跨大西洋关系造成的消极影响，以推动欧美形成对华统一战线。2021 年 9 月 21 日，拜登在联合国一般性辩论中发言指出："在过去的 8 个月里，我把重建我们的联盟、恢复我们的伙伴关系以及认识到它们对美国持久安全与繁荣至关重要当作重中之重。我们重申了我们神圣的北约联盟对第 5 条做出的承诺。我们正在与我们的盟友合作，形成一种新的战略理念，帮助我们的联盟更好应对不断演变的威胁。我们重新开始与欧盟接触，欧盟是我们在处理当今世界所面临的各种重大问题时的重要伙伴。"② 2021 年 3 月 22

---

① Volker Perthes, "Dimensions of rivalry: China, the United States, and Europe", *China International Strategy Review*, 2021, No. 3, p. 56.

② "Remarks by President Biden Before the 76th Session of the United Nations General Assembly", September 21, 2021, https://www.whitehouse.gov/briefing-room/speeches-remarks/2021/09/21/remarks-by-president-biden-before-the-76th-session-of-the-united-nations-general-assembly/.

日，欧盟宣布以所谓新疆人权问题为由对中国实施制裁。① 这是欧盟30年来首次对中国实行制裁，而这也正是欧美协调的结果。在欧盟宣布对华进行制裁的同日，美国、英国、加拿大也宣布了同样的制裁决定。

　　成立跨大西洋贸易与技术理事会（TTC）是拜登上台后欧美联手制华的一项重大制度性举措。TTC首次会议于2021年9月在美国匹兹堡举行。欧美双方均十分重视这一合作机制的建设。欧方参加者包括欧盟委员会执行副主席维斯塔格、东布罗夫斯基斯，美方代表为国务卿布林肯、商务部长雷蒙多、贸易代表戴琪。此次会议宣布，TTC下设十个工作组，包括技术标准、气候和清洁技术、安全供应链、信息和通信技术和服务（ICTS）安全性和竞争力、数据治理和技术平台、滥用技术威胁安全和人权、出口管制、投资筛选、促进中小企业（SME）获取和使用数字工具、全球贸易挑战。② 成立欧美贸易与技术

---

　　① 中国对欧盟的制裁进行了反击。欧盟对华制裁涉及4人和1个实体，中方制裁包括欧方10人和4个实体。

　　② 由首次TTC会议后欧美发表的联合声明，可以进一步了解其关注重点：（1）投资审查。通过投资审查制度应对国家安全风险，辅之以适当的执行机制，并遵循非歧视、透明度、可预测、比例原则及负责任原则。（2）出口管制。确定出口管制合作的共同原则及领域，确保实施相关措施对双方出口商的公平与透明。（3）人工智能。合作开发并实施兼具创新性、可信性、尊重人权和民主价值观的人工智能系统。（4）半导体供应链。双方致力于建立全球半导体供应链再平衡伙伴关系，尊重并增强各自的供给安全及各自的设计生产能力，着重但并不限于前沿技术的半导体。这种伙伴关系应是平衡的，对双方具有同等利益。（5）全球贸易挑战。密切合作应对非市场、扭曲贸易的政策和做法，提高各自应对措施的有效性，并探索应对在第三国的负面影响。双方将在避免设置新的技术和贸易壁垒、尊重各自监管主权的前提下，确保跨大西洋新兴技术贸易的竞争力、自由及公平。双方将保护劳工权利，打击强迫劳动和童工，应对与贸易有关的气候和环境问题。"EU-US Trade and Technology Council Inaugural Joint Statement", September 29, 2021, Pittsburgh, Pennsylvania, https：//ec. europa. eu/commission/presscorner/detail/en/statement_21_4951.

理事会的想法是欧盟在得知拜登大选获胜后首先提出来的,并写进了2020年12月发表的关于重振跨大西洋关系报告之中。[1] 半年之后,2021年6月15日在布鲁塞尔举行的欧美峰会上,欧盟委员会主席冯德莱恩与美国总统拜登正式达成一致意见。欧美关于成立TTC的考虑的官方表述是,协调解决全球关键技术、经济与贸易问题,深化跨大西洋经贸关系,并以共同民主价值观制定政策。[2] 而其真实用意在于双方在技术领域针对中国进行直接政策协调和合作。

2021年欧盟出台印太战略同样有迎合美国、制衡中国在该地区影响力的意图。一个有趣的现象是,欧盟印太战略的出台以及上述全球联通战略的出台均与欧盟其他对外战略文件及政策文件的出台有所不同。通常来说,欧盟的外交战略文件首先是由欧盟委员会和欧盟共同外交与安全政策高级代表联手起草,然后提交欧洲议会和欧盟(外长)理事会审批。但此次印太报告首先是由4月欧盟外长会定了调,然后根据此定调,9月16日欧盟委员会与欧盟外交与安全政策高级代表共同发布了具体的报告。正因为如此,准确地讲,4月16日的文件题目应为《欧盟理事会关于印太合作战略的结论》(Council conclusions on an EU Strategy for cooperation in the Indo-Pacific),而9月16日的名称应是《欧盟印太合作战略的联合通讯文件》(Joint Communica-

---

[1] European Commission, High Representative of the Union for Foreign Affairs and Security Policy, Joint Communication to the European Parliament, the European Council and the Council A New EU-US Agenda for Global Change, Brussels, 2.12.2020 JOIN(2020)22 final, https://ec.europa.eu/info/sites/default/files/joint-communication-eu-us-agenda_en.pdf.

[2] European Commission, High Representative of the Union for Foreign Affairs and Security Policy, Joint Communication to the European Parliament, the European Council and the Council A New EU-US Agenda for Global Change, Brussels, 2.12.2020 JOIN(2020)22 final, https://ec.europa.eu/info/sites/default/files/joint-communication-eu-us-agenda_en.pdf.

tion on the EU Strategy for cooperation in the Indo-Pacific)。① 欧盟理事会在其结论文件中首先强调了印太地区的重要性，指出"印太地区是世界经济和战略的重心，对欧盟十分重要。印太地区人口占世界人口的60%，预计2030年，全球将新增24亿中产阶级成员，多数来自印太地区"。但该文件同时又认为，目前印太地区地缘政治竞争激烈，贸易、技术、政治和安全领域局势紧张，已日益威胁区域乃至全球安全稳定，欧盟利益因此受到重大影响。②

欧盟制定自身的印太战略，动机是多方面的，包括加大与该地区国家的贸易、投资和供应链方面的合作。如，欧盟承诺将寻求与澳大利亚、印尼和新西兰达成自贸协议；在海洋治理、卫生、研发、互联互通、应对气候变化等领域加强与印太地区国家合作。但显然欧盟印太战略还是一个具有浓厚地缘政治色彩的政策宣示，即强调与美国在该地区共同行动以及平衡中国地区影响力的政治意愿。欧盟理事会文件称，"包括来自中国的显著军事升级"以及"南海和台湾海峡等不稳定地区的紧张局势加剧"可能会"直接影响欧洲的安全与繁荣"，欧洲海军未来应在印太地区保持"有意义的存在"。③

但由于对华定位的差异化，欧洲并不认同美国的对华遏制政策。欧盟对华的三重定位与美国将中国作为全面战略竞争对手并不相同。

---

① European Commission, High Representative of the Union for Foreign Affairs and Security Policy, Joint Communication to the European Parliament and the Council The EU Strategy for Cooperation in the Indo-Pacific, Brussels, 16.9.2021 JOIN（2021）24 final https：//eeas.europa.eu/sites/default/files/jointcommunication_2021_24_1_en.pdf.

② "EU Strategy for Cooperation in the Indo-Pacific-Council Conclusions", April 16, 2021, https：//data.consilium.europa.eu/doc/document/ST－7914－2021－INIT/en/pdf.

③ "EU Strategy for Cooperation in the Indo-Pacific-Council Conclusions", April 16, 2021, https：//data.consilium.europa.eu/doc/document/ST－7914－2021－INIT/en/pdf.

美国拜登政府虽然也提出了所谓"该竞争即竞争、可能合作便合作、必须对抗则对抗"的"三情景",但欧盟对华政策的总原则是保持接触不变,而美国却坚持其接触政策已告失败。关于欧美的分歧,欧盟并不避讳。在2020年12月2日推出的题为《应对全球变局的欧美新议程》的政策报告中,欧盟指出"作为公开的民主社会和市场经济,欧盟和美国就中国日益增大的国际自信所带来的战略挑战具有共识",但同时承认欧洲与美国在如何应对上意见并不总是一致。①

2021年2月4日,法国总统马克龙在参加美国智库大西洋理事会举办的视频研讨会时指出,尽管欧美价值观、历史相同,但他"反对与美国联合起来对抗中国,因为这样做将极大地增加冲突的可能性,减弱中国与其他国家合作的动力,这不符合所有国家的利益"。②

从民意调查结果来看,欧洲民众也不支持政府与中国进行对抗。一项由欧洲智库"欧洲对外关系委员会"2021年9月发布的在欧洲12个国家进行的民调结果显示,欧洲人不想参与美国与中、俄的冲突。高达62%的受访者认为美国和中国正在发生新冷战,59%的人认为美国和俄罗斯之间正在出现类似的分裂。但只有15%的欧洲人认为自己的国家与中国处于新冷战之中,59%的人持相反观点。③

沃尔克·佩茨认为,中美战略竞争令欧洲很难维护自身利益。在

---

① European Commission, *A New EU-US Agenda for Global Change*, December 2020, https://ec.europa.eu/info/sites/info/files/joint-communication-eu-us-agenda_en.pdf.

② Emmanuel Macron, "Transcript: President Macron on His Vision for Europe and the Future of Transatlantic Relations", February 2021, https://www.atlanticcouncil.org/news/transcripts/transcript-president-macron-on-his-vision-for-europe-and-the-future-of-transatlantic-relations/.

③ 《欧洲智库民调:六成欧洲受访者认为美国正与中俄进行一场新冷战》,《环球时报》2021年9月23日。

他看来，欧洲国家极不愿意二选一，同时也难采取等距离政策，因此欧洲正在加大努力定义自身既包括地缘经济也包括地缘政治的利益和优先事项。①

总之，欧美作为军事和政治盟友在国际上将无疑会保持紧密的合作，但在对华政策上二者关系将可能呈现一种有合有分、随时随事而定的范式。在欧美利益相同时二者将联合成一家，可以看到，目前在新疆问题、人权问题、台湾问题、南海问题等方面，欧美显然在寻求一致立场，相互靠近的速度也十分明显。当利益不同时，欧洲将与美国保持距离。

---

① Volker Perthes, "Dimensions of rivalry: China, the United States, and Europe", *China International Strategy Review*, 2021, No. 3, pp. 56 – 57.

第 二 章

中国的欧洲观

中欧关系的发生和发展取决于中欧彼此的互动，有时某一方主动，另一方被动，但不论如何二者关系的性质和质量均为双方互动的结果。在我们了解和把握欧洲对中国认知及其变化的同时，还很有必要全面理解中国对欧洲认识和态度的形成和演变。

总体上来说，尽管欧洲对华认知从合作伙伴变为"伙伴、竞争者及对手"，中国不论是官方还是学界普遍仍然将欧洲国家和欧盟看作合作伙伴，看重欧盟拥有巨大的单一市场。中国和欧洲虽然在经济上的竞争增多，但随着中国经济增长保持强劲，以及中国市场的不断扩大，中欧合作的空间和潜力巨大。同时，对中国来说，欧洲不仅是贸易、技术合作伙伴，而且是多边主义的合作伙伴，中国希望维护以联合国为核心的国际体系和以国际法为基础的国际秩序，没有欧洲很难做到。在全球治理领域，正如欧洲视中国为合作伙伴一样，中国清楚，由 27 个国家组成的欧盟是一个关键的国际行为体，如果不与欧盟合作，采取全球行动就会很困难。

中国之所以形成这样的对欧认知，既是基于历史经验——特别是改革开放后与欧洲交往的经验，也是基于中国对国际形势以及欧洲发展前景的基本判断。本章将首先对中国对欧认知的演变作简要梳理，然后分析中国欧洲观的形成特点及其对中欧关系的影响，最后探讨中国的欧洲观与欧洲的中国观之间的"碰撞"。

◇◇ 从"列强"到"四大伙伴"

自清代末年中国被迫卷入现代世界以来，欧洲就成为中国最重要的"他者"，一方面是"帝国主义列强"，另一方面又代表"德先生、赛先生"。1949年中华人民共和国建立后，中国人对欧洲的这种深刻而复杂的情结仍然存在，但由于东西对峙格局日益加剧，中欧关系附属于美苏关系，中国对欧洲的主流看法也为这一大格局所左右。

冷战期间，中国对西欧的首要印象是"资本主义阵营"，对东欧的首要印象则是"社会主义阵营"。但是，由于冷战期间大国关系间的微妙变动，中国并非认为西方为铁板一块，而经常把欧洲视作可以争取的战略力量。1964年7月，在同日本社会党人士谈话中，毛泽东表示世界上有两个中间地带——"亚洲、非洲、拉丁美洲是第一个中间地带；欧洲、北美加拿大、大洋洲是第二个中间地带。日本也属于第二个中间地带"。[①] 到20世纪70年代，随着欧洲对美苏离心力加强，毛泽东又把欧洲放在了他所提"三个世界"理论中的"第二世界"。1974年2月，毛泽东在会见赞比亚总统卡翁达等人时谈道："美国、苏联是第一世界。中间派，日本、欧洲、澳大利亚、加拿大，是第二世界。咱们是第三世界。"他还说："美国、苏联原子弹多，也比较富。第二世界，欧洲、日本、澳大利亚、加拿大，原子弹没有那

---

① 中华人民共和国外交部、中共中央文献研究室编：《毛泽东外交文选》，中央文献出版社、世界知识出版社1994年版，第509页。

么多，也没有那么富；但是比第三世界要富。"[1]

中国对欧洲"中间地带"及"第二世界"的战略判断结出了外交果实。1964 年 1 月，法国成为西方大国中第一个同中国建立正式外交关系的国家，标志着中国与西方国家关系的突破。到 70 年代，中国与欧共体（欧盟的前身）也建立了外交关系。1975 年 5 月，欧洲共同体委员会副主席克里斯托弗·索姆斯（Christopher Soames）率团访问中国，并与中国政府签署了中国同欧洲经济共同体建交协议。在同欧洲经济共同体确立正式外交关系基础上，1983 年中国同欧洲煤钢共同体和欧洲原子能共同体建立外交关系，从而实现了与欧洲共同体的全面建交。

在 20 世纪 70 年代末中国走向改革开放，中欧关系也迎来了一个大发展时期。中国将工作重心转移到国内经济建设，欧洲在中国对外战略中的地位随之提升。欧洲国家特别是西欧国家扮演了中国对外开放的主要对象和经贸合作的主要伙伴角色。在这段时期，中国决策界一提及欧洲，想到的首先就是"资金"和"技术"。虽然 80 年代末 90 年代初两极格局瓦解、冷战结束，中欧关系一度受到干扰，但很快就重回正轨。从此中国的改革开放与欧洲的一体化齐头并进，成为经济全球化浪潮中最为引人注目的两大现象。不过，1989 年中国发生的政治风波也一度突出了中欧关系中的所谓价值观分歧问题。[2]

---

[1] 中华人民共和国外交部、中共中央文献研究室编：《毛泽东外交文选》，中央文献出版社、世界知识出版社 1994 年版，第 509 页。

[2] 2008 年的民意调研表明，在对欧盟缺乏总体了解的情况下，中国民众对中欧之间存在的冲突却有着相对明确的认知，他们认为欧盟对华军售禁令、中国完全市场经济地位问题、环境和能源问题、中欧贸易摩擦和文化与基本价值观的冲突是中欧关系面临的主要问题。参见周弘、刘作奎、范勇鹏《2008 年中国人的欧洲观》，《欧洲研究》2009 年第 5 期。

2003年在美国出兵伊拉克、"大西洋变宽"的背景下，中国与欧盟于10月30日在第六次中欧领导人会晤上宣布建立全面战略伙伴关系，在日益紧密的中欧经贸合作之余又为中欧关系增添了重要的战略维度。当时中国的主要目的是为了促进多极化反对美国霸权，而欧盟是为了促进多边主义反对单边主义。在中欧领导人会晤两周之前，中国外交部于2003年10月13日发布了有史以来第一份《中国对欧盟政策文件》，称"欧盟是世界上一支重要力量"，"欧盟的诞生和发展是战后具有深远影响的事件"，"未来欧盟将在地区和国际事务中发挥越来越重要作用"，并且指出，"中欧关系处于历史最好时期"。[①]

在中欧关系提质升级的同时，欧洲一体化的成就受到中国精英和民众的普遍关注。第二次世界大战使欧洲丧失了世界中心地位，很多人预测欧洲在两次世界大战的冲击下可能会从此一蹶不振，然而事实却是，法、德等国在痛定思痛之后探索出一条国家联合的道路。这条道路开创了西欧地区国际关系的新局面，欧洲从此进入了一个新时代。冷战结束进一步结束了东欧和西欧的分裂局面，使欧盟几乎成为欧洲的代名词，欧洲进入一体化的黄金时代。1999年欧元面世和2003年欧盟"世纪东扩"经由媒体广泛报道，给中国人留下了非常深刻的印象。中国学者则对欧洲的"软实力""后现代"津津乐道。

世纪之交，欧洲在中国的形象达到了近现代以来的顶峰。欧盟被中国人普遍视为和平、繁荣的"世外桃源"，无论福利、绿色还是一体化，在世界上都遥遥领先。2005年的一份民意调查显示，66%的中

---

① "中国对欧盟政策文件"，中华人民共和国中央人民政府，2003年10月13日，https://www.gov.cn/govweb/gongbao/content/2003/content_62478.htm。

国受访者希望欧洲更有影响力，77%对欧洲拥有正面观感，这两个数字在全球都是最高的；特别是，中国的青年人和受过较好教育的人对欧洲的看法更趋正面。① 尽管2006年中欧经贸摩擦上升，2008北京奥运火炬传递引发罕见的中欧民意对冲，中国民众对欧洲仍然抱有善意与好感。②

但是，2008年年底的国际金融危机开启了欧洲的"危机十年"，欧洲主权债务危机（2009）、乌克兰危机（2013）、难民危机（2015）、英国脱欧（2016）等接踵而至的危机向中国人展示了一个形象更为复杂的欧洲，也某种程度上影响了中国人对欧洲的看法。过去中国对欧洲的观感是相对一致的。美国的中国问题专家沈大伟（David Shambaugh）曾有过观察："中国对欧洲和中欧关系的认知还具有显著的同质性、统一性和一致性；尽管对这样或那样的问题存在不同的看法，结论却差异不大，通常只有细微差别而非截然不同。……我曾试图寻找差异显著的不同观点和流派，但无功而返。"③ 但在欧洲"危机十年"后，中国的政治家、学者和民众对欧洲的看法开始出现明显分化。

中国的经济界爆出了"欧元崩溃论"，甚至有人认为"欧元必

---

① "23 Nation Poll: Who Will Lead the World?", World Public Opinion, April 6, 2005, http://worldpublicopinion.net/23-nation-poll-who-will-lead-the-world/.

② 参见中国社会科学院欧洲研究所课题组《中国公众对欧盟及中欧关系看法的调查与初步分析》，《欧洲研究》2008年第2期；周弘、刘作奎、范永鹏《2008年中国人的欧洲观》，《欧洲研究》2009年第5期。

③ 沈大伟：《中国眼中的欧洲：真实的一致还是认知不一致？》，载［美］沈大伟、［德］桑德施耐德、周弘主编《中欧关系：观念、政策与前景》，社会科学文献出版社2010年版，第121页。（该书英文版：David Shambaugh, Eberhard Sandschneider, Zhou Hong eds., *China-Europe Relations: Perceptions, Policies and Prospects*, Routledge, 2007.）

死",这种说法在媒体中产生了很大的影响。① 中国网民称欧洲福利是"养懒人"的制度,认为中国应该把钱用来解决自己的问题,而不应该拿去救助欧洲。② 许多重要的媒体,如《求是》《红旗文稿》《当代世界》等,纷纷发表以欧洲为例探讨西方民主问题的文章。③国际关系学者则倾向于认为西方的经济、政治、社会、文化都出现了问题,并指出这给中国在国内外实践自己的道路、发挥影响力提供了机会。④ 有的学者指出欧洲的困境是因为欧洲文明本身出了问题。⑤

到 2012 年年底,中国战略精英对欧洲一体化形成了相对的共识。在 2012 年 8 月欧洲学界的一次研讨会上,各方认为:"此次危机和以前的危机一样,会形成'倒逼机制',成为欧洲一体化的新动力。但

---

① 谭雅玲:《欧元必死 欧元升值对经济破坏力加大》,和讯外汇,2012 年 11 月 22 日,http://forex.hexun.com/2012-11-22/148232316.html。

② Nick Edwards and Benjamin Kang Lim, "Beijing risks public backlash if it rescues Europe", *Reuters*, November 3 2011, https://www.reuters.com/article/us-china-europe-newspro-idUSTRE7A236S20111103.

③ 如:柴尚金:《当前西方国家多党民主的五大制度困境》,《当代世界》2013 年第 3 期;柴尚金:《西方宪政民主是如何陷入制度困境的》,《光明日报》2013 年 3 月 19 日第 11 版;周敏凯、姜丽:《西方现代民主形态的"民主退化"困境》,《学习与探索》2014 年第 4 期;佟德志:《西方自由民主的困境与民粹主义的兴起》,《红旗文稿》2017 年第 12 期;宋鲁郑:《西方民主制度的困境》,《求是》2013 年第 20 期;王建强:《西方代议制民主的困境》,《当代世界》2007 年第 6 期;柴尚金:《西方多党民主的制度困境及原因》,《中国特色社会主义研究》2013 年第 2 期;宋鲁郑:《当代西方民主能否走出困境?》,《经济导刊》2014 年第 6 期。

④ 杨洁勉:《西方困境与中国和平发展》,《国际展望》2012 年第 1 期;秦亚青:《西方"制度困境"的影响与启示》,《光明日报》,2012 年 12 月 12 日第 11 版;冯仲平:《关于西方困境的思考》,《现代国际关系》2017 年第 10 期;曲星:《透视西方的政经困境与黩武主义》,《求是》2012 年第 9 期。

⑤ 王义桅:《海殇?——欧洲文明启示录》,上海人民出版社 2013 年版。

是，欧元区这一轮的调整和整合，估计需要10年时间。"① 当时外交部主管欧洲事务的宋涛副部长在此次研讨会上指出"欧洲正处于冷战后最困难的时期之一"，但同时表示"危机对欧洲的'倒逼'效应也在不断显现"，并进而指出"在欧洲面临困难时，中方没有'唱衰'欧洲，而是继续看好欧洲的未来，积极支持欧洲摆脱困境，这与有些国家形成了鲜明对比"。② 总体而言，中国虽然仍然看好和支持欧洲一体化，但对欧洲一体化发展的判断趋于审慎。中国在2014年发表的第二份对欧盟政策文件中指出："欧盟受国际金融危机影响，遭遇冷战结束以来最严峻的挑战，亟待解决一系列结构性、系统性的深层次问题，但没有改变一体化发展的战略方向。欧盟稳步实现扩大，加紧推进结构性改革，努力引领经济、财政、金融、政治一体化向前迈进。一个囊括28国、经济总量高居全球榜首、综合实力雄厚的欧盟，仍是全球重要的战略力量和牵动国际格局演变的关键因素。"③

进入21世纪的第二个十年，中欧关系因中国在欧债危机发生后积极"救欧"而大步前进，中国对欧洲、对中欧关系又有了新的期待。这种期待集中体现在2013中国国家主席习近平关于中国与欧盟的定义上。

2013年11月20日，在第16次中欧领导人会晤前夕，习近平主席在北京会见前来参加会晤的欧洲理事会主席范龙佩和欧盟委员会主

---

① 方晓：《"欧洲形势与中欧关系学术研讨会"会议综述》，《国际展望》2012年第5期。

② 《变化中的欧洲和中欧关系——外交部副部长宋涛在"欧洲形势和中欧关系"研讨会上的讲话》，中国外交部网站，2012年8月16日，https：//www.mfa.gov.cn/ce/cgmb//chn/wjbxw/t961113.htm。

③ 《深化互利共赢的中欧全面战略伙伴关系——中国对欧盟政策文件（2014年4月）》，《人民日报》2014年4月3日第8版。

席巴罗佐,这是习近平就任国家主席以来首次会见欧盟领导人。习近平主席指出,作为最大的发展中国家和最大的发达国家联合体,中欧是维护世界和平的"两大力量";作为世界上两个重要经济体,中欧是促进共同发展的"两大市场";作为东西方文化的重要发祥地,中欧是推动人类进步的"两大文明"。①

习近平主席在翌年访欧期间进一步明确了对欧盟以及中欧关系的定位。2014年3月22日至4月1日,习近平主席访欧11天,行程涵盖荷兰、法国、德国、比利时、欧盟总部(这是中国国家主席首次访问欧盟总部),首次提出打造中欧"四大伙伴关系"。4月1日,在比利时布鲁日欧洲学院发表重要演讲时,习近平主席指出中欧要"共同努力建造和平、增长、改革、文明四座桥梁"——"建设和平稳定之桥,把中欧两大力量连接起来""建设增长繁荣之桥,把中欧两大市场连接起来""建设改革进步之桥,把中欧两大改革进程连接起来""建设文明共荣之桥,把中欧两大文明连接起来"。② 习近平访欧期间,中欧签订《关于深化互利共赢的中欧全面战略伙伴关系的联合声明》,明确指出中欧要"共同打造和平、增长、改革、文明四大伙伴关系"。③ 这说明中方对中欧关系的定位为欧方所接受。习近平访欧结束的第二天,即2014年4月2日,中国政府便发布第二份对欧盟政策文件《深化互利共赢的中欧全面战略伙伴关系——中国对欧盟政

---

① 《习近平会见欧洲理事会主席范龙佩和欧盟委员会主席巴罗佐》,外交部网站,2013年11月20日,https://www.fmprc.gov.cn/web/gjhdq_676201/gjhdqzz_681964/1206_679930/xgxw_679936/201311/t20131120_9389067.shtml。
② 习近平:《在布鲁日欧洲学院的演讲》,《人民日报》2014年4月2日第2版。
③ 《关于深化互利共赢的中欧全面战略伙伴关系的联合声明》,《人民日报》2014年4月1日第2版。

策文件》，昭示新时期对欧盟政策目标，规划未来合作蓝图"。①

2003年中欧建立战略伙伴关系，主要发掘的是中欧关系中"两大力量"的潜力。2009年欧债危机后中国向欧洲伸出援手，中欧"两大市场"也得到了充分凸显，"两大市场"的提法等于是对这一新形势的及时总结。中欧之间虽然有各种文化交流活动人文交流机制，但"文明"一直不是中欧关系中突出的组成部分，将中欧并称为"两大文明"，体现了中国的"文化自信"。而"改革伙伴"在欧债危机以前是不可想象的提法，这个提法凸显了中欧在改革与发展问题上平等交流合作的态势。

在提出中欧"四大伙伴关系"的同时，中国领导人也开始积极引领和塑造中欧关系的长远发展。这主要体现在"一带一路"倡议上。2014年3月，习近平主席在访问德国期间就向德国听众指出："中德两国位于丝绸之路经济带两端，是亚欧两大经济体和增长极，这种合作利在两国，惠及欧洲和世界。"② 2015年中国政府在《推动共建丝绸之路经济带和21世纪海上丝绸之路的愿景与行动》中也将欧洲作为"一带一路"的"一头"看待，其明确指出："'一带一路'贯穿亚欧非大陆，一头是活跃的东亚经济圈，一头是发达的欧洲经济圈，中间广大腹地国家经济发展潜力巨大。丝绸之路经济带重点畅通中国经中亚、俄罗斯至欧洲（波罗的海）；中国经中亚、西亚至波斯湾、地中海；中国至东南亚、南亚、印度洋。21世纪海上丝绸之路重点方向是从中国沿海港口过南海到印度洋，延伸至欧洲；从中国沿海港

---

① 《深化互利共赢的中欧全面战略伙伴关系——中国对欧盟政策文件（2014年4月）》，《人民日报》2014年4月3日第8版。
② 《中联部副部长周力：欢迎德方积极参与一带一路建设》，环球网，2015年6月1日，http://world.huanqiu.com/exclusive/2015-06/6569135.html?referer=huanqiu。

口过南海到南太平洋。"《愿景与行动》中指出,"一带一路"是要"以新的形式使亚欧非各国联系更加紧密,互利合作迈向新的历史高度"。①《愿景与行动》中提到涉欧具体项目及机制包括:新亚欧大陆桥、亚欧会议、中国-亚欧博览会、欧亚经济论坛、中欧通道铁路运输、"中欧班列"等。学界也认为,欧洲是"一带一路"的重要组成部分,甚至占据特殊重要的位置。有学者指出,如果没有欧洲经济圈的合作,"一带一路"就失去了平衡和内生动力,即使实现了互联互通,也会进一步加剧地缘经济失衡,只有欧洲经济圈向东,东亚经济圈向西,才有可能拉动欧亚沿线国家共同发展。②

◇ 国际格局与欧洲一体化

"欧洲学"的倡导者陈乐民先生常说自己"看的是欧洲,想的是中国"。③ 对许多中国学者来说,考察欧洲的经验是为了发展自己的国家。中国的经济学家、社会学家、政治学家在研究欧洲时想的也许是中国的国内建设和发展,而对于中国的战略界而言,研判欧洲则可能是想知道欧洲在全球战略格局中尤其是中国对外战略中能够发挥什么作用。有西方学者观察指出:"许多中国学者对欧洲世界地位的看法都源于中国对世界秩序更广泛的理想,即建立一个没有霸权、权力

---

① 《推动共建丝绸之路经济带和21世纪海上丝绸之路的愿景与行动》,中国商务部网站,2015年3月28日,http://www.fmprc.gov.cn/mfa_chn/ziliao_611306/zt_611380/dnzt_611382/ydyl_667839/zyxw_667918/t1249574.shtml。

② 赵可金:《中欧战略伙伴关系为"一带一路"谋势》,中国网,2015年6月18日,http://opinion.china.com.cn/opinion_90_131990.html。

③ 陈乐民:《欧洲与中国》,生活·读书·新知三联书店2014年版,第9页。

分散、地区多极化、政治稳定、文化多样和经济相互依存的世界秩序。"①

冷战结束之后,中国的欧洲观中的战略含义进一步丰富,有时候甚至可以称为战略欧洲观,表现为最看重欧洲在国际格局中的角色和地位,而这往往又以欧洲一体化的发展前景作为判断标准。中国学者普遍认为欧盟是"经济巨人、政治矮子、军事侏儒",但又十分认可欧盟在国际舞台上所发挥的独特作用。② 这也就意味着中国战略精英的欧洲观有两大特点,一是他们的欧洲观是放在国际秩序、国际格局特别是中美欧三边框架之下的;二则是他们总是希望通过支持欧洲一体化从而支持欧洲在国际上发挥更大的战略作用。2003年中国首份对欧盟政策文件的前言部分,先是点出"世界多极化和经济全球化趋势继续曲折发展,和平与发展仍是时代主题",然后表明中国希望"推动建立公正合理的国际政治经济新秩序",最后点出"欧盟是世界上一支重要力量",要"加强同欧盟的全面合作",逻辑非常清晰。③ 同样,2014年中国第二份对欧盟政策文件的第一部分指出,"中国发表首份对欧盟政策文件十年间,世界、中国和欧盟都在不断发展变化",并详述国际秩序、中国、欧洲各自的变化,接着表示"中欧作为最具代表性的新兴市场国家和发达国家集团,对构建多极世界拥有重要的战略共识,是维护世界和平的两大力量"。该政策文

---

① [美]沈大伟:《中国眼中的欧洲:真实的一致还是认知不一致?》,载[美]沈大伟、[德]桑德施耐德、周弘主编《中欧关系:观念、政策与前景》,社会科学文献出版社2010年版,第121页。

② 周弘:《在"茶"与"咖啡"之间》,社会科学文献出版社2021年版,第148—168页。

③ "中国对欧盟政策文件",中华人民共和国中央人民政府,2003年10月13日,https://www.gov.cn/govweb/gongbao/content/2003/content_62478.htm。

件在第二部分阐述中欧要建立和平、增长、改革、文明四大伙伴关系，并把"中欧和平伙伴关系"放在首位。而"中欧和平伙伴关系"指的是要"带头走和平发展道路，尊重和照顾彼此核心利益和重大关切，推动国际秩序和国际体系朝着公正合理的方向发展，弘扬国际关系民主化，为世界各国创造和平稳定、平等有序的发展环境"。①

也正因为中国对欧洲战略作用的期许，每当国际格局变动或欧洲一体化出现较大变化的时候，中国战略界的欧洲观也会出现比较大的调整，这段时间的中欧交往也会更为"热闹"，更有看点。

第一个这样的时间点是 2003 年。这一年的 3 月 20 日，美国主导的国际联合部队以伊拉克藏有大规模杀伤性武器并暗中支持恐怖分子为由，绕开联合国安理会，单方面对伊拉克实施军事打击。法国和德国政府不但在欧盟内和北约内公开反对美国，而且还与俄罗斯联手在联合国安理会反对对伊拉克动武。伊拉克战争发生后，欧洲许多国家都举行了反美、反战、反单边主义的游行示威。一时间，跨大西洋的传统友好关系降到了第二次世界大战后半个多世纪以来的最低点。对此，中国的观察家普遍认为，欧洲从美国的战略盟友变成了美国实施单极战略的重要牵制力量，欧洲的举动有力地推动了世界的多极化进程。当时，新华社的一篇文章指出："美试图凭借其超强的经济和军事实力建立单极世界，按照美国的意志建立国际秩序。以法德为代表的欧洲则主张建立多极世界，以多边合作谋求安全，以政治和外交手段解决争端，反对在国际关系中动辄诉诸武力的行径。因此，欧美在

---

① 《深化互利共赢的中欧全面战略伙伴关系——中国对欧盟政策文件（2014 年 4 月）》，《人民日报》2014 年 4 月 3 日第 8 版。

伊拉克问题上的分歧实质是单极与多极之争。"① 在2003年10月中欧建立全面战略伙伴关系的联合声明中，中欧双方虽未明确提及美国，也并未提及多极化，但建立更公正合理的国际新秩序已成为中欧加深其合作的重要考虑。该声明指出："中国和欧盟将致力于促进世界和平、安全和可持续发展，主张加强联合国在这方面的作用"，"强调伊拉克尽早恢复主权和重建的必要性"。②

第二个这样的时间点是2009年。这一年年底，欧洲爆发主权债务危机，并在随后几年发展成为"欧元危机"，进而导致欧盟的"生存危机"。这在中国引起了关于"欧洲何去何从""中国是否应该救欧"的大讨论。这个讨论有务实的层面，如参与"救欧"的主要机构——中国人民银行下属的国家外汇管理局和中国最大的主权财富基金中国投资有限责任公司，简称"中投"就需要在技术层面上考虑欧债的回报率问题。③ 时任中投董事长楼继伟在2012年年初多次表示"欧洲的政府债券对中投这样的长期投资者来说并不是理想选择"。④ 这个讨论也有务虚的层面，如2012年6月中国承诺出资430亿美元参与对国际货币基金组织（IMF）的增资计划后，有学者认为，"从战略角度来看，助欧即助己。IMF最近增资的主要目的就是要帮助欧洲建设债务危机防火墙，而欧洲在所有方面都是中国的战略合作伙

---

① 李志高：《国际观察：从伊拉克战争看世界局势变化》，新华网，2003年4月23日。

② 《第六次中欧领导人会晤联合新闻公报》，外交部网站，2003年10月30日，http://www.fmprc.gov.cn/ce/cebe/chn/zozyzcwj/celdr/t541014.htm。

③ 外媒纷纷报道中国外汇管理局在2010年5月召回驻海外的银行高管讨论南欧国家的债务危机和欧元前景问题，详参David Oakley and Jamil Anderlini, "China Reviews Eurozone bond Holdings", *The Financial Times*, May 27, 2010。

④ 高晨、马文婷：《中投董事长楼继伟：欧债非中投理想投资选择》，《京华时报》，2012年2月14日，https://finance.qq.com/a/20120214/000826.htm。

伴。通过 IMF，中国可以帮助欧洲遏制债务危机的蔓延、维护欧元的稳定，从而确保了美元之外的一个选项，同时也在国际货币体系赢得更大的战略空间。"① 总体而言，中国"救欧"决策中包含了很大的战略成分，也确实取得了良好效果。由于中国积极助力欧洲，中欧关系不断改善，完全走出了 2008 年冲突碰撞不断的低谷，在 2012 年成为中国外交最大亮点，与当年中美、中日关系急转直下形成鲜明对比。

第三个这样的时间点出现在 2016 年。当年 11 月 8 日，美国举行总统大选，共和党总统候选人特朗普意外胜选，制造了当年英国公投脱欧之后的第二个"黑天鹅事件"。特朗普上台后大力推行"美国优先"，推动了中欧在全球治理上的协调合作。中国在 2014 年第二份对欧盟政策文件中，详细阐述了中方希望与欧盟加强国际事务协调和配合的设想。② 这既符合中国国力不断上升的事实，也符合欧洲对中国的期待。但真正让中欧开始认真思考谋求相互在重大国际战略问题上展开合作，可以说归功于特朗普当选美国总统。特朗普的"美国优先"的主张与欧洲的一体化、多边主义理念格格不入，其贸易战让中国忧心忡忡。在此情况下，欧洲对中国的认知进一步超越市场和经济，视中国为可以携手捍卫自由贸易和多边主义的重要力量。与此同时，中国也表达了要维护多边主义国际秩序、更积极参与全球治理的愿望。习近平主席 2017 年 1 月在瑞士达沃斯世界经济论坛上力挺全球化的讲

---

① Ding Yifan, "China's IMF Contribution, a Move of Multiple-layered Meaning", China-US Focus, July 13, 2012, https://www.chinausfocus.com/foreign-policy/chinas-imf-contribution-a-move-of-multiple-layered-meaning.

② 《深化互利共赢的中欧全面战略伙伴关系——中国对欧盟政策文件（2014 年 4 月）》，《人民日报》2014 年 4 月 3 日第 8 版。

话在欧洲引起了热烈反响。在美国宣布退出《巴黎气候协定》和威胁退出"伊朗核协议"之后,中国和欧盟明显增大了相互国际战略协调和合作。在气候问题上法国、德国等欧洲国家将中国视为核心合作伙伴。中欧在2017年二十国集团领导人汉堡峰会上的合作也受到了国际社会广泛瞩目。因此,支持国际多边主义已成为中欧新的共同利益。

不过,中欧虽然都支持多边主义,但中欧关系并未在特朗普任内实现像2003年那样的升级。到2021年特朗普的继任者拜登上台后,欧洲反而在中美之间又重新倾向美国。这导致国际秩序动荡和中美欧三角互动增多的趋势仍在持续。也就是说,在2003年和2009年,中国调整欧洲观、战略部署对欧工作,与欧洲取得了共鸣共振,促进了中欧关系的发展。但是,2016年以来,中国虽然也因应形势变化同样着力对欧,却未能取得同样好的效果。这除了因为当前局势变化烈度要大于此前之外,也与中欧相互观感的"不对称性"或曰错位有一定关系。

❖ 错位与碰撞

近年来困扰中欧关系的主要是欧洲对华认知和政策的调整和变化,中国在欧洲眼里复杂化了,既是合作伙伴,也是经济竞争者,还是制度性对手。而中方并不认可这样的定位。其结果是以往性质较为单一、发展较为稳定的中欧关系进入了一个碰撞期。

欧盟是在2019年年初正式调整对华定位的。在随后几年,欧盟调整对华定位的负面后果逐渐显现。2021年7月底王毅在与马耳他外长巴尔托洛举行会谈时表示,"欧盟对华'三重定位'相互矛盾，相互抵销"；"中欧是伙伴不是对手"。① 这个表态引起了媒体的注意。② 同年11月，中国驻欧盟使团团长张明在与媒体谈及中欧在3月的涉疆"制裁战"时，将这个"不幸的事件"归咎于欧盟调整了其对华定位。张明指出："这是冷战后30多年中欧之间第一次发生这样的事情，所以我认为它本不该发生。究其缘由，恐怕要追溯到2019年3月欧方出台的对华政策文件。它给中欧关系做了一个新的定位，就是伙伴、竞争者和制度性对手。中方始终不认同这样的定位，因为把伙伴当成对手，就难免使双方的合作出现大的问题。其实，欧方伙伴可以静下心来反思一下，这一新的三重定位出台已接近三年时间了，它给中欧关系带来了什么？给欧洲自身利益带来了什么？又给我们这个世界带来了什么？中欧作为国际社会的重要力量，我们有一百个理由去合作、去成为伙伴，没有任何一个理由互为对手。如果以伙伴待人就会双赢，也给整个世界带来利好。如果以对手待人，结果就是双输，也会给世界带来损害。"③

与此同时，中欧关系的变化也与欧洲重新定义自身的国际角色有关。世界大变局正在推动欧洲对其国际角色再定位。欧盟不甘心仅扮演贸易和经济行为体，成为一支地缘政治力量的愿望与日俱增，希望减少和摆脱对世界其他力量的依赖。在拜登赢得2020年年底的美国

---

① 《王毅同马耳他外长巴尔托洛举行会谈》，外交部网站，2021年7月23日，https://www.fmprc.gov.cn/web/wjbzhd/t1894671.shtml。

② Stuart Lau, "Chinese Foreign Minister: EU Diplomacy is 'Contradictory'", *Politico*, July 24, 2021, https://www.politico.eu/article/europe-china-diplomacy-wang-yi-evarist-bartolo/.

③ 《驻欧盟使团团长张明大使接受英国〈金融时报〉专访》，外交部网站，2021年11月15日，http://www1.fmprc.gov.cn/dszlsjt_673036/ds_673038/202111/t20211115_10448426.shtml。

大选、表示要调整特朗普的"美国优先"政策并与盟友协调对华政策之后，中国领导人及外交官多次向欧方表示支持欧洲战略自主。如习近平主席在 2021 年 4 月初与时任德国总理默克尔通电话时表示"中国发展对欧盟是机遇，希望欧盟独立作出正确判断，真正实现战略自主";① 在 7 月初与法国总统马克龙、德国总理默克尔举行视频峰会时表示希望欧方在国际事务中"真正体现战略自主";② 10 月中在与欧洲理事会主席米歇尔通电话时表示"希望欧方坚持战略自主，明辨是非，同中方共同努力，推动中欧合作向前发展";③ 10 月底与法国总统马克龙通电话时表示"近期国际上发生的几件大事（指美国撤军阿富汗、组建美英澳联盟等——本书注）再次说明，法方主张欧盟战略自主是正确的"。④ 2021 年 11 月，中国驻欧盟使团团长张明在接受英国《金融时报》采访时指出，总体上，中国欢迎和支持欧盟推进战略自主。欧盟不是任何国家的附庸，根据自身利益和是非曲直作出独立的判断，是欧盟作为一支全球性力量和世界独立一极的应有之义。中国对欧盟政策立场几十年来一以贯之，没有发生变化。在大国里，像中国这样保持对欧政策稳定的，可能很难找到。张明同时强调，在中欧关系方面中国也希望欧盟能够独立、客观地确立正确的对华认知。⑤ 这说明中方支持欧盟战略自主，希望欧盟在对美关系

---

① 《习近平同德国总理默克尔通电话》，《人民日报》2021 年 4 月 8 日第 1 版。
② 《习近平同法国德国领导人举行视频峰会》，《人民日报》2021 年 7 月 6 日第 1 版。
③ 《习近平同欧洲理事会主席米歇尔通电话》，《人民日报》2021 年 10 月 16 日第 1 版。
④ 《习近平同法国总统马克龙通电话》，《人民日报》2021 年 10 月 27 日第 1 版。
⑤ 《中国驻欧盟使团团长张明大使接受英国〈金融时报〉专访》，中国驻欧盟使团网站，2021 年 11 月 15 日，http://www.chinamission.be/stxw/202111/t20211115_10448425.htm。

中争取独立性。客观而言,欧盟的"战略自主"是希望减少自身对其他大国的依赖,并且不被中美竞争所左右,既对美国自主,也对中国自主。

可以说,中方对欧洲和中欧关系的认知已经与欧方对中国和中欧关系的认知出现了错位,这个错位在中国媒体的报道中也有所体现。欧洲学者通过对中国媒体的报道分析发现,中国媒体很少具体提及欧盟对中国的批评,即便有,也相对淡化、低调处理;此外,中国媒体热衷于报道美欧之间的不和。① 这与欧洲人自己的看法是有一定出入的。

这个错位虽然近年来愈加明显,但并不是第一次发生。前文提到,中国战略界对欧洲一体化抱有美好期待,希望欧盟在世界上扮演"一极"的角色。中国认为自己积极"救欧"正是体现了这一点。但是,欧盟和欧洲大国在感谢中国"救欧"之余,对中国与中东欧国家在欧债危机之后不久发展起来的"中国—中东欧合作"机制耿耿于怀,认为这是要对欧洲"分而治之"。在欧债危机逐渐平息之后,欧方的抱怨便日益明显。中方对此感到难以理解。2017年8月,时任德国外长加布里尔访问法国时在巴黎表示,中国应当遵循"一个欧洲"的原则,并称"如果我们不发展(欧盟的)对华战略,中国就会成功地分化欧洲"。② 对此,中国外交部发言人华春莹表示:"欧盟是由主权国家组成的地区组织,本身并不是一个主权国家。其他国家与欧盟机构及各成员国发展关系是并行不悖、互不矛盾的。"她还表示中

---

① Eamonn Noonan and Kjeld van Wieringen, "The EU in Chinese Media: Interpreting Xinhua's Reporting from 2012 – 2021", RUSI, September 29, 2021, https://www.rusi.org/explore-our-research/publications/commentary/eu-chinese-media-interpreting-xinhuas-reporting-2012-2021.

② "Gabriel warnt Europäer vor Spaltung durch China", *Reuters*, August 30, 2017, https://www.reuters.com/article/deutschland-eu-china-idDEKCN1BA1XU.

国一贯高度重视发展与欧盟的关系，问道："不知欧方有关人士能不能列举出有哪些国家比中国更加持续、坚定、无条件、无论公开还是私下都支持欧洲一体化进程？"①

最后需要指出的是，政治制度和意识形态差异是引发中欧关系不时出现冲突和矛盾的一个重要因素，但是中欧实力对比以及国际影响力此消彼长的变化把这个因素放大了。在意识形态问题上，中国反感欧洲做"教师爷"。比如，王毅在2021年7月与欧盟外交与安全政策高级代表博雷利举行视频会议时表示：中方维护国家主权和民族尊严的意志和决心坚定不移，反对各种虚伪的"教师爷"。②而欧洲恰恰不这么认为，欧洲由于近年深感中国的经济实力与国际影响力迅速上升，反而担心自己不能很好应对中国对欧洲的影响力攻势。2018年2月5日德国两家智库——全球公共政策研究所（GPPi）和墨卡托中国研究中心（MERICS）发表报告称，中国采用大量隐秘或较为公开的手段影响欧洲政治，其对欧洲的渗透比俄罗斯更加有效。该报告认为，与俄罗斯相比，中国作为成功的社会经济模式的新兴地位，加强了中国在欧洲的影响积累，未来"对欧洲价值观和利益构成严重长期挑战的恰恰是中国"。③博雷利在2020年3月疫情肆虐之时表示"现在出现了一场全球叙事之争"，"有人企图抹黑欧盟"，并且影射中国通过"慷慨政治"来争取地缘政治影响力，表示"我们需要捍卫欧

---

① 《2017年8月31日外交部发言人华春莹主持例行记者会》，2017/08/31, https://www.mfa.gov.cn/ce/ceus//chn/fyrth/t1488812.htm。

② 《王毅同欧盟外交与安全政策高级代表博雷利举行视频会议》，外交部网站，2021年7月9日，https://www.fmprc.gov.cn/web/wjbzhd/t1890875.shtml。

③ Thorsten Benner et al., "Authoritarian Advance: Responding to China's Growing Political Influence in Europe", MERICS, February 2018, https://www.merics.org/sites/default/files/2018-02/GPPi_MERICS_Authoritarian_Advance_2018_1.pdf.

洲免受其破坏者的侵害"。①

　　针对近年来中欧关系中出现的问题，王毅外长在2021年5月会见匈牙利外长西雅尔多时指出，中欧交流所需要坚持的最重要原则就是相互尊重、求同存异，而此前2020年9月14日习近平主席在同德国欧盟领导人的视频会晤中强调中欧要牢牢把握相互支持，团结合作的大方向。习近平主席指出，世界上没有完全相同的政治制度模式，不同文明文化多元共生才是常态。除坚持和平共处外，他还指出中欧要坚持开放合作、多边主义、对话协商，把握好中欧关系合作发展的主流，以对话化解误解，以发展破除难题，妥善管控分歧，做到"4个坚持"。②

　　总之，尽管中欧关系具有很大发展潜力，但也要清醒地看到未来相互关系将会遭受不少干扰，矛盾和摩擦也会不时出现。只有双方加强沟通，减少猜忌，增加互信，中欧合作才能结出硕果，有利于地区和世界和平稳定发展。

---

① "EU HRVP Josep Borrell: The Coronavirus Pandemic and the New World It is Creating", Brussels, 24/03/2020, UNIQUE ID: 200324_4, https://eeas.europa.eu/delegations/china/76401/eu-hrvp-josep-borrell-coronavirus-pandemic-and-new-world-it-creating_en.

② 《习近平同德国欧盟领导人共同举行会晤》，《人民日报》2020年9月15日第1版。

第二篇

合作与竞争

经贸关系一直是中欧关系的基石。中国的改革开放给中欧关系注入了强大的动力，目前双方已日益成为彼此最重要的经济合作伙伴。随着中欧经贸合作的不断深化，中欧的人文交流也日益繁密。同时，中欧在打击恐怖主义、应对气候变化、维护生物多样性等方面具有相似的理念和主张，反对单边主义，维护联合国在国际体系和全球治理中的核心地位。

不过自国际金融危机特别是欧债危机以来，欧洲经济发展陷入乏力状态，而中国经济和整体实力持续增长，双方地位趋于平等和平衡。再加上地缘政治因素重新回归国际政治议程，欧盟和德法英等欧洲大国明显开始担忧和提防外部世界的各种变化，其中也包括中国崛起，中欧关系中的竞争色彩日趋浓重。

在对中欧相互认知进行全面阐释之后，本书第二篇的重点转向梳理和分析中欧之间的政治、经济、人文关系，以及在全球治理方面双方关系的合作与竞争态势。

第三章

平等化进程中的中欧政治关系

自2009年欧洲主权债务危机爆发起,欧洲内部矛盾叠加,经济增长停滞,而中国的经济和整体实力持续增长,中欧双方的力量对比出现结构性变化,中欧关系演变为一对平等的伙伴关系。

面对以"东升西降"为主要特征的"百年未有之大变局",欧盟以及于2020年正式脱离欧盟的英国,在政治上出现"不适应"的综合症状,强调地缘政治、价值观外交色彩加重、滥用制裁手段,再加上新冠肺炎疫情的全球蔓延和美国加大力度拉拢欧洲"协同制华",中欧政治关系近年来出现颠簸起伏。欧盟的对华定位也从"战略伙伴关系"转向"合作、竞争和制度性对手"的三重定位。但尽管如此,中方在棘手议题上斗争与管控并举,与欧方高层保持对话沟通,共同维护多边主义和以联合国为核心的国际机制,并在应对气候变化和全球治理领域形成一定共识,令中欧政治关系没有发生"脱轨"和"脱钩"状况。

◇ 中欧关系的平等化进程

21世纪初,欧盟成功实现东扩,涵盖地域从西欧和中欧扩展至全欧；2004年东扩后，欧盟的经济总量直至2012年持续领先于美国，是世界第一大经济体；通过发行欧元，欧洲拥有了仅次于美元的世界第二大货币，而且其币值总体稳定，经受住了各种考验；在理念上，欧洲自由、环保和注重社会保护的理念在全球获得广泛认可，被美国未来学家杰里米·里夫金誉为"欧洲梦"，是"21世纪人类发展的新梦想"①。凭借着经济实力和可引导世界政治潮流的"规范性力量"②，欧盟的声誉达到历史顶峰。

而即便这一时期的中国经济高速增长，且欧盟对华存在一定的贸易逆差，但彼时自信的欧盟依然认为中国是一个发展中国家（2000年中国GDP总量仅为欧盟的六分之一），在战略定位上，中欧关系也只是欧盟与日本、加拿大等战略伙伴关系中的一对，③ 其地位和重要性要远逊于欧美跨大西洋关系。对大多数欧盟成员国而言，中国仍是一个位于亚洲的地区大国，其地位仅与印度、日本并列，在它们看来，中国是机遇，远远谈不上是一种威胁。④

但2009年后，欧盟经历了债务危机带来的长期经济停滞，经济总量被2008年国际金融危机的始作俑者——美国迅速反超，再加上对利比亚和叙利亚的失败干预、乌克兰危机、难民危机、暴力恐怖袭

---

① ［美］杰里米·里夫金：《欧洲梦：21世纪人类发展的新梦想》，杨治宜译，重庆出版社2006年版。

② Ian Manners, "Normative Power Europe: A Contradiction in Terms?", *Journal of Common Markets Studies*, 2002, Vol. 40, No. 2.

③ 见2003年欧盟外交政策与安全事务高级代表哈维尔·索拉纳（Javier Solana de Madariaga）发布的《欧盟安全战略》。"A Secure Europe in a Better World: European Security Strategy", Brussels, December 12, 2003.

④ ［法］让-皮埃尔·卡贝斯坦：《欧中关系中的台湾问题：刺激点而非平衡器》，载［美］沈大伟、［德］艾伯哈德·桑德施耐德、周弘主编《中欧关系：观念、政策与前景》，李靖堃等译，社会科学文献出版社2010年版，第95页。

击、民粹主义思潮抬头、英国脱欧,以及特朗普当选美国总统对国际机制和既有世界秩序的冲击,欧盟实力和国际地位相对削弱,其外交政策指导思想也开始从"浪漫的全球主义"向"有原则的务实主义"收缩和转变。[1]

而同一时期中国则克服了国际金融危机的冲击,经济继续维持中高速度增长,对世界经济增长的贡献率超过30%,2020年GDP总额达到欧盟的96.97%[2],占美国的比重也首次突破了70%,并在2021年GDP总值超越欧盟。中国的对外政策也更加积极主动,提出"一带一路"(BRI)等具有全球意义的国际倡议,完善和建设"金砖国家"组织(BRICS)、"上海合作组织"(SCO)、"中国—中东欧合作机制",牵头成立亚洲基础设施投资银行(AIIB)、金砖国家新开发银行(NDB)等国际多边投融资机构,总体上扭转了中欧实力不对等、举措不平衡的不对称局面。

欧盟政界对中国的重视程度经历了一个逐渐升高的过程,这一进程在2016年后开始提速。2016年6月底,欧盟时隔13年出台了第二份外交与安全战略报告——《共同愿景、共同行动:一个更强大的欧洲——欧盟外交与安全政策的全球战略》[3](以下简称"《全球战

---

[1] 赵晨、赵纪周、黄萌萌:《叙利亚内战与欧洲》,中国社会科学出版社2018年版,第8—11页。

[2] 尽管受新冠疫情影响,但中国2020年GDP仍然维持2.3%的增幅,是当年度唯一保持经济正增长的世界主要经济体。欧盟GDP在2020年同比下降6.4%,再加上英国脱欧,使其经济总量大幅缩水,但因欧元对美元升值近9%,所以欧盟27国GDP总值达到15万亿美元。中国则因人民币对美元升值仅6%,所以以美元计算GDP总量约14.73万亿美元,略低于欧盟。

[3] European Union, *Shared Vision, Common Action: A Stronger Europe-A Global Strategy for the European Union's Foreign and Security Policy*, June 2016, http://eeas.europa.eu/archives/docs/top_stories/pdf/eugs_review_web.pdf.

略》")。欧盟外交与安全政策高级代表费德丽卡·莫盖里尼女士（H. E. Ms. Federica Mogherini）当年7月在中国社会科学院欧洲研究所专门对此报告进行解读和宣介，她在这次演讲中特别提到当今世界是欧美中三大力量并立（G3）的格局。[①]

在这份《全球战略》报告里，欧盟提出要建设"合作性地区秩序"，虽然它依然视美国及其领导的北约为"欧洲集体安全的起点"，是自己最为倚重的核心合作伙伴，但同时也将中国视为亚洲的首要代表性国家。欧盟《全球战略》对中国的定位是非核心国家、非"想法相似"（like-minded）国家，欧盟同中国"接触"的基础是尊重法治（包括国内法治和国际法治），但中国的经济规模和国际影响力使得欧盟又不得不将中国当作重要对话伙伴。欧盟《全球战略》中将深化对华贸易与投资、平等竞争、知识产权保护、高端技术合作、经济改革对话、人权和气候变化列为中欧关系的核心议题。

2016年7月，莫盖里尼在中国社会科学院演讲时，特别提出阿富汗和非洲可成为中欧开展第三方安全合作的重点突破地区。此外，欧盟也有"搭便车"之意，它在几乎同时推出的《对华新战略》[②] 里提及中国日渐增强的全球存在和利益，使得欧盟有机会将欧洲的经验与中国的资源相结合，增进动荡地区的稳定与繁荣。

仅仅在三年后，欧盟在2019年3月出炉的《中欧战略展望》报

---

① "HRVP Federica Mogherini's speech at the Chinese Academy of Social Sciences", July 13, 2016, http：//www.eu-asiacentre.eu/players_details.php? player_id = 66, 2019 – 04 – 02.

② European Union, Elements for a new EU strategy on China-Joint Communication to the European Parliament and the Council, June 22, 2016, http：//eeas.europa.eu/archives/docs/china/docs/joint_communication_to_the_european_parliament_and_the_council_ – _elements_for_a_new_eu_strategy_on_china.pdf.

告中则进一步提升了中国的世界地位,认为中国不再是亚洲的首要代表性国家,而"已是一个关键的全球行为体和具有领先技术的大国"。在经济发展方面,中国"已经毕业","不能再被视为一个发展中国家";而欧盟的对华定位也发生了重大变化,欧盟由原有的"接触"和"合作"立场,向后蜕变为一种"三重定位",即认为在不同的政策领域,中国既是欧盟紧密合作的对象,又是欧盟需要找到利益平衡点的谈判伙伴,还是同样追求技术领导地位的经济竞争对手,同时也是扩展不同治理模式的制度性对手(systemic rival)[1]。

在此份文件中,欧盟官方对政策领域进行了规划:在全球共同推行多边主义、实现可持续发展、应对气候变化和地区安全挑战,以及进行第三方合作等政策领域,中国是欧盟的合作者;在经济和技术领域,中国与欧盟互为竞争对手;但同时中国也是欧盟扩展不同治理模式的制度性对手。从时间线来看,欧盟的这种分类看待对华关系的认知要早于美国拜登政府关于对华关系"三分法"的表述。[2]

德国、法国等欧盟大国也有与欧盟机构类似的观感。2019年3月中国国家主席习近平访问意大利、摩纳哥和法国,在最后一站——法国访问时,法国总统马克龙特地邀请了德国总理默克尔和欧盟委员会主席容克一道与习近平会晤,举行"四方会谈"以协调欧盟对华关

---

[1] European Commission, "EU-China: A Strategic Outlook", Strasbourg, March 12, 2019, https://eeas.europa.eu/topics/external-investment-plan/34728/eu-china-relations-factsheet_en.

[2] 美国国务卿安东尼·布林肯最早是在2020年10月接受CNN采访时表示,中国在经济、科技、军事以及外交领域对美国构成最大的挑战,但也不应将中美关系的定义过于简单标签化,并且要避免出现"自我实现的预言";他认为中美关系有敌对方面、有竞争方面,同时也有合作方面。布林肯的"敌对、竞争和合作"的混合对华定位与欧盟委员会在《中欧战略展望》报告里的说法相近,但其顺序与欧盟不同,欧盟将合作放在第一顺位,而对手定位位于最末位。

系；在此次会议上，德国总理默克尔特别提出 2020 年在德国莱比锡举行欧盟 27 位成员国首脑同中国领导人会面的"27＋1"峰会。① 这些均显示出在中欧力量对比平等和均衡后，欧洲国家开始有意识用联合和一体化的方式探索同中方的共处之道。

◇ 欧方出现"平等综合征"

面对中欧关系平等化的趋势，中方的对欧基本立场和政策并未出现变化。中国国务委员兼外长王毅 2020 年 8 月在法国国际关系研究院发表演讲时称：中国与欧盟建交 45 年来，中国始终重视欧盟的地位和作用，始终支持欧洲在国际事务中发挥更大作用；中欧关系发展的重要启示是，中欧没有根本利害冲突，合作远大于竞争，共识远大于分歧；中欧双方社会制度虽然不同，但不是制度性对手，而应是全方位战略伙伴；双方完全可以通过平等对话增进信任，通过互利合作实现共赢，通过建设性沟通妥处分歧，通过加强协调共同应对全球性挑战。② 但欧洲方面却在很大程度上对华产生战略焦虑，对等竞争（level playing field）的意识明显增强，表现出很强的因自身从双边优势地位中下落至平等地位的不适应症状。

2017 年 1 月底，欧洲理事会主席唐纳德·弗朗齐谢克·图斯克

---

① Andreas Rinke, "Merkel planning EU-China summit for Germany's 2020 presidency", *Reuters*, January 14, 2019, https：//www.reuters.com/article/us-eu-china-germany-idUSKCN1P81P1.

② 王毅：《团结合作，开放包容，共同维护人类和平发展的进步潮流——在法国国际关系研究院的演讲》，外交部网站，2020 年 8 月 31 日，https：//www.mfa.gov.cn/web/wjbzhd/202008/t20200831_361402.shtml。

（Donald Franciszek Tusk）在一封致欧盟27国首脑的公开信中表示，欧盟当下面临着五种地缘政治威胁，它们分别是中国，俄罗斯，中东和非洲地区的战争、恐怖主义和无政府状态（特别是极端伊斯兰主义依然兴盛），以及发出令人担心声明的美国新政府（指特朗普政府），这种外部形势让欧盟的未来处于"高度不确定"的状态。[1] 欧盟的孤立和无助感大为增强，在这种情势下，欧盟和德法等欧洲大国诉诸的路径不是倒向美国，或者向中国靠拢，而是继续呼吁加深欧洲内部的团结。

2018年9月12日，欧盟委员会主席让—克洛德·容克（Jean-Claude Juncker）在斯特拉斯堡对全体欧洲议会议员发表其任期内最后一次"盟情咨文"，咨文的名称为《欧洲主权时刻》[2]。欧盟本身即是各成员国向超国家机构不断转让主权的产物，主权虽然是欧洲人发明的概念，但欧洲国家对主权的重视程度却明显低于世界其他主要国家；在后冷战时代，在欧盟官员和西欧政治家的话语体系中，"主权"一词出现的频率要远低于"治理"。但容克却选择以此作为演说的主题词，这透露出欧盟领导人的危机感。容克认为世界"比以前更不稳定，我们大陆今天面临的外部挑战成倍增加"，"在当今世界，欧洲无法确定昨天的话今天依然有效"，"过去的盟友在明天很可能不一

---

[1] European Council, "'United we stand, divided we fall': Letter by President Donald Tusk to the 27 EU heads of state or government on the future of the EU before the Malta Summit", January 31, 2017, https://www.neweurope.eu/press-release/united-we-stand-divided-we-fall-letter-by-president-donald-tusk-to-the-27-eu-heads-of-state-or-government-on-the-future-of-the-eu-before-the-malta-summit/.

[2] Jean-Claude Juncker, "State of the Union 2018: The Hour of European Sovereignty", September 12, 2018, Strasbourg, France, https://ec.europa.eu/commission/news/state-union-2018-hour-european-sovereignty-2018-sep-12_en.

样"，因此欧洲要整合自己所有的政治、经济和军事力量，不仅要像以前一样做世界的"买家"（payer），还要当一名全球"玩家"（player）；"地缘政治情势造就了欧洲的当下：欧洲主权时刻已经来临"，欧洲现在需要发展自己"塑造世界政治的能力"（Weltpolitikfähigkeit），变为国际关系中一个更具主权色彩的行为体。

很明显，欧盟向各成员国传达出这样的信息：欧洲必须独立自强，必须以欧盟为容器，强化团结精神，各国协同一心，才能在多极化时代的世界舞台上占有一席之地。如欧洲理事会主席图斯克所言，中国与美国、俄罗斯一样，成为欧盟独立自强、建设和强化欧盟"主权"的"外部挑战"之一。

2019年12月1日，欧盟委员会新一届领导人正式就职，欧盟的对外关系也自此踏上了一个新的起点。面对外部压力和挑战，新一届欧委会尝试将压力转为促生欧盟内部凝聚力的动力。面对中美俄等大国之间的复杂博弈，欧盟及其成员国领导人迫切想要在全球政治格局中发出自己的声音。因此，欧委会新主席冯德莱恩在多次公开讲话中强调，她领导的欧委会将是一个"注重地缘政治的委员会"，她不喜欢给欧委会加任何前缀，但如果一定要有一个，那必须是"地缘政治"。她宣称，"欧盟必须自信、团结和强大，在世界上发挥作用，让世界更需要欧洲"。[1]

"地缘政治"在德语和法语中有不同含义，在德语中，这个词汇因其与20世纪德国两次发动世界大战的理论依据——"生存空间"相关，曾带有鲜明的对外扩张意味，一度被警惕且遭到政治人物的弃

---

[1] European Commission, "Speech by President-elect Ursula von der Leyen at the 2019 Paris Peace Forum", 12 November, 2019, https://ec.europa.eu/commission/presscorner/detail/en/speech_19_6270.

用。而在法语和英语里"地缘政治"则是一个中性词汇，是一种根据地理要素处理大国关系的现实主义学说。冯德莱恩 2019 年年底以"地缘政治"为欧委会的标签，显然是选取了"地缘政治"的后一种解释，显示出欧盟对外战略向现实主义的回归，欧盟领导人未来将在多极化进程进一步加速的世界格局中重视处理大国关系，通过强化欧盟内部协调力度和一致性来应对全球变局。

新冠肺炎疫情加剧了欧盟内部，以及它与外部世界的地缘政治紧张情势。在世界舞台上，欧盟的外交政策进一步"内向化"，"战略自主"意识增强，对"世界失序"和中美战略竞争忧心忡忡。2020年6月，欧盟外交与安全事务高级代表博雷利在接受媒体采访时，指出欧盟在中美之间做选择题时，"必须像辛纳屈（Frank Sinatra）一样，不是吗？走自己的路"。辛纳屈是 20 世纪五六十年代美国著名的爵士歌手，他有一首广为传唱的歌曲，名为"走自己的路"（my way）①。博雷利以辛纳屈的歌"走自己的路"表明欧盟的战略选择，即欧洲要自主自强，不会在中美之间选边站队。英国《经济学人》（*Economist*）杂志随后将博雷利的这一思想冠名为"辛纳屈主义"（Sinatra doctrine）②。

2021 年，新冠肺炎疫情继续蔓延，美国拜登政府加大力度拉拢

---

① 冷战末期曾出现过类似博雷利表态的"辛纳屈主义"。1989 年 10 月 25 日苏联外交部发言人格拉西莫夫在参加美国电视节目《早安美国》，对苏联外长爱德华·谢瓦尔德纳泽两天前发表的一次讲话做出评论时也对辛纳屈的这首歌做了引申式阐发。谢瓦尔德纳泽当时说苏联承认所有国家有自由选择的权利，尤其是其他华沙条约组织国可以进行自由选择。格拉西莫夫说："我们现在（1989 年）有辛纳屈主义。他有一首歌，叫作《走自己的路》。所以每个国家决定走它自己的路。"这里的"辛纳屈主义"一般被解释为莫斯科给予其盟国自己决定自己未来的允诺。

② "Europe's 'Sinatra doctrine' on China", *The Economist*, June 14, 2020.

欧洲"协同制华",欧洲自身地缘政治意识抬升,这些因素叠加令中欧关系出现动荡。中欧关系在2021年出现三点显著变化。

首先是欧洲对华的战略焦虑大幅上升,导致中欧政治关系频现紧张态势。2021年中国GDP达到17.73万亿美元,已经超出欧盟6400亿美元,是欧盟的103.74%。[①] 中国在应对新冠肺炎疫情危机中采用的"外防输入、内防反弹"的总体策略明显优于欧方,以及中国在对欧外交中弘扬"敢于斗争"的精神,均令欧洲方面倍感不适,欧盟不仅主动利用美国拜登政府对欧"示好"的机会,修复欧美关系,同时也在战略自主的名义下,开始挖掘限制中方崛起的潜力和手段;这一年,在所谓的新冠肺炎疫情溯源、香港"国安法"、新疆和南海、台湾等议题上,欧盟与美国相互配合,捏造和主观臆断,不惜以自己的公信力为代价不断掀起对华"叙事战"。特别是3月欧盟理事会不顾中方坚决反对,以所谓新疆人权问题为借口对中国四位官员和一个实体进行制裁,这是近30年来欧盟首次对中国实施制裁。此次制裁对中欧关系造成严重伤害,不仅引发了中方的反制裁,也使得2020年底刚刚完成谈判的《中欧全面投资协定》(CAI)陷入"被冻结"状态。欧盟一向视自己为一支"规范性力量"(normative power),保持自己的"道德高地"地位是欧盟认为自己区别于其他政治行为体的重要特征,此外,过去同中国的经济互利关系通常能够压制它将制裁措施付诸实施的冲动。此次欧盟制裁的决策能够出台,既有其对中方反应的误判,也与美国拜登政府的怂恿和支持密不可分。2021年,立陶宛退出中国—中东欧国家合作机制,并允许台湾当局在维尔纽斯设立所谓"驻立陶宛台湾代表处",实质性提升其与台湾当局的"官方

[①] "27 - member bloc's GDP falls behind that of China in 2021, EU data shows", *Global Times*, February 1, 2022.

关系"。中方做出反制,将中立关系降为代办级,欧盟为展现"内部团结"力挺立陶宛。在"百年未有之大变局"和中美战略博弈的全球大背景之下,中欧关系在一定程度上进入竞合时代。

其次,欧盟机构处在中欧政治博弈的前线,而欧盟成员国,除了立陶宛等波罗的海国家之外,总体隐于后排。2021年欧盟对华政策的务实性明显减弱,而价值观外交色彩凸显,与中国矛盾明显增多,在涉疆、涉港、涉台、"人权"和"强制劳动"等议题上制造事端,挑起对抗,烈度不断增强,甚至影响到《中欧全面投资协定》等经贸合作协议的批准进程。欧洲议会连续出台负面决议,欧盟理事会不顾中方反复劝阻,依然以莫须有的"新疆人权问题"启动对华制裁。冯德莱恩在其2021年《盟情咨文》中声称,商业和贸易往来不能以"牺牲人们的尊严和自由为代价",欧洲"永远不能接受人们被迫生产产品——然后这些产品最终在欧洲的商店出售"。[①]而德国、法国和意大利等较大的欧盟成员国在对华关系中则相对理性和务实,与中方一道对中欧关系进行管控。

最后,欧盟和欧洲国家的安全考量因素大幅上升,泛政治化和泛安全化思维上升,给中欧关系增加了传统安全之外的供应链安全、气候安全、数据安全等非传统安全问题。2019年欧盟出台了《外资审查条例》,随后又修改了《反倾销法》,2021年德国出台了《供应链法案》,欧盟在碳关税调节机制、政府采购等领域跃跃欲试,也主动出击,发布了"全球门户计划"(Global Gateway)和自己的"印太战略",还在酝酿出台《外国政府补贴法》。欧盟的战略自主是在适应地缘政治时代来临的新现实,是其为应对中美竞争加剧,力争使自身

---

① "2021 State of the Union Address by President von der Leyen", September 15, 2021, https://ec.europa.eu/commission/presscorner/detail/en/SPEECH_21_4701.

成为世界一极而做出的努力，但它对中欧关系的稳定和互利性构成一定挑战。

但尽管如此，中方在棘手议题上斗争与管控并举，与欧方高层保持对话沟通，共同维护多边主义和以联合国为核心的国际机制，并与欧方在气候变化和全球治理领域达成一定共识，令中欧政治关系没有发生"脱轨"和"脱钩"状况。同时，中欧经济关系保持基本畅通和稳定，中欧贸易额在疫情背景下逆势飙升，2021年1—10月，中国与欧洲双边货物进出口额为9510亿美元，相比2020年同期增长了2244亿美元，同比增长31.1%。不过，欧洲议会因中方对其进行反制裁而冻结了2020年年底完成谈判的《中欧全面投资协定》，再加上欧方连续出台具有贸易保护主义色彩的法案，也为中欧经济关系发展埋下隐患。

◇ 寻找中欧平等相待之道

如前所述，欧盟和一些欧洲国家在对待中国问题上，近年来出现心态失衡现象。欧盟在反复强调"韧性"（resilience）和"团结"（solidarity）的重要性，起因是欧盟近年来经济停滞和政治一体化反复遭遇挑战。笔者2019年12月在比利时布鲁塞尔调研时，有欧洲议会议员向笔者重提"欧洲小国论"：即欧洲有两种类型的小国，一类是小国，还有一类是依然没有意识到自己是小国的小国。成员国层面也有类似表态，如法国总统马克龙曾警告称，欧洲有在中国和美国的斗争中"在地缘政治上消失"的危险。同2016年欧盟提出"G3"论时相比，此种心理显得现今的欧盟更为虚弱。

但是另一方面，近代以来欧洲累积的优越感依然延续，依靠欧洲在过去两个世纪塑造全球议程中长期积累的制度、价值、文化和人力资源，特别是在价值观领域，欧盟及其成员国的主流建制派虽然受到内部民粹主义的冲击，但依然固守其所谓"自由""民主""人权"价值观，再加上欧洲因自身一体化而总结出的国际治理经验，欧盟依然希望依仗这些"软实力"而成为塑造国际规范的"规范性权力"。现任法国总统马克龙就睿智地看到"西方霸权的终结，不在于经济衰落，不在于军事衰落，而在于文化衰落"，即"当你的价值观无法再对新兴国家输出时，那就是你衰落的开始"。① 但欧盟及其成员国政府显然难以放弃这一根本价值理念，依然会在与其他行为体互动中，试图社会化（Socialise）它们。但欧盟在实施其"规范性力量"的战略过程中，极易触发中欧间争执。

欧洲的这种矛盾心理经常闪现于欧盟机构一些领导人的讲话中。欧盟外交与安全政策高级代表约瑟夫·博雷尔在其官方博客中这样概述欧盟的全球战略：这个战略涉及增加欧洲的地缘战略凝聚力和战略自主权（必要时采用诸边方式并在可能时实施多边方式），同时与其他国家接触并支持各项普世原则；这两大支柱是相辅相成的：一个更具凝聚力和战略自主权的欧盟可以更有效地寻求多边解决方案，而一个更具合作性的世界秩序将有助于增强集团的影响力并证明其存在意义。

当面对中国时，一方面欧盟的自由主义精英们仍然坚持"侵入性自由国际秩序"（intrusive liberal international order）（即不再"以

---

① 马克龙2019年在法国使节会议上的讲话，参见法国驻拉脱维亚大使馆网，https://lv.ambafrance.org/Ambassadors-conference-Speech-by-M-Emmanuel-Macron-President-of-the-Republic。

规则为基础",而是公开为西方世界的自由派人士的所谓"社会理想",如所谓的"人权""法治""民主""自由迁徙""性别宽容"等理念而鼓噪呐喊)[1],不顾这种"秩序"所受到多方关于双重标准、固化国家间不平等、不公平分配的批评,在意识形态和价值观问题上与美国拜登政府保持密切协同,甚至不惜罔顾事实跟随美国污蔑中国新疆地区存在所谓的"种族灭绝"现象;另一方面却又为"世界失序"和中美战略竞争忧心忡忡,试图走出中美之间的"第三条道路"。

实际上,以"东升西降"为主要特征的"百年未有之大变局"并未在结构上让中欧关系陷入学界在描述中美关系时所经常引用的"修昔底德陷阱"。"修昔底德陷阱"是指当一个崛起国威胁要取代守成国时,自然会出现不可避免的混乱。[2] 但是欧洲或者欧盟并不是类似斯巴达的守成国,它没有美国的霸权地位,甚至尚无法做到用一个声音说话,中国更没有雅典的帝国野心,自身尚有诸多发展难题。

而且,欧盟与中国之间没有地缘政治和军事安全矛盾,即"高级政治"的深层博弈和合作因素,双方的交集集中在"低级政治"和"综合安全"领域,其利益集中在经济层面;安全事务方面欧盟比较超脱,力图扮演国际社会客观公正的"代言人"角色;地缘方面,欧盟同中国所在的东亚地区并不接壤,欧洲国家在东亚已经不

---

[1] Tanja Boerzel, Michael Zuern, "Contestations of the Liberal International Order: From Liberal Multilateralism to Postnational Liberalism", *International Organization*, Vol. 75, Spring 2021, pp. 282 – 305.

[2] [美] 格雷厄姆·艾利森:《注定一战:中美能避免修昔底德陷阱吗?》,陈定定、傅强译,上海人民出版社 2019 年版,第 7 页。

再拥有殖民地,① 它也不像美国在日本和韩国保留军事基地和 10 万人以上驻军,与东亚地区一些国家保持盟友关系,并对它们承担安全保障的义务。东亚地区是美国"一体两翼"全球霸权的太平洋"一翼",美国力图保持东亚地区的均势及其自身的政治和军事影响力,但对欧盟和欧洲国家来说,它们的军事实力有限,能力不足制约了其地缘政治影响力的发挥。新加坡国立大学教授马凯硕(Mahbubani Kishore)即不客气地称,许多东亚国家认为欧盟是这一地区的"地缘政治侏儒"[②]。

在中国经济崛起,东亚地区成为世界经济的"发动机"之时,欧盟实际上可从中国和东亚地区的市场扩大中获益,双方的博弈绝非零和,而是可以长期互利的。欧盟在东亚地区并非像美国那样是安全、政治和经济"全方位"(full fledged)的行为体,所以它同中国或日本这样的东亚崛起行为体不存在此类矛盾。

在欧盟和德法等主要成员国与中国的关系中,目前竞争的成分增多,但主要还是经济层面的因素。一方面由于经济全球化,东亚和欧洲两大经济带已经形成密集的全球产业链和巨额消费市场,中欧已经形成较深程度的经济相互依赖关系,同时以中国为代表的东亚是世界上经济最有活力的地区,欧盟需清醒意识到需要通过与中国接触,才能更深地进入这一广阔且具有巨大潜力的市场,进而保持自身的全球经济竞争力;但另一方面,欧洲自身保守的心态、缓慢的改革步伐、内部的不协调和低效率阻碍了欧盟经济竞争力的提升,这才是中欧关系平等时代欧洲真正需要克服的问题。

---

① 澳门是欧洲国家在东亚地区最后一块殖民地,于 1999 年归还中国。
② Mahbubani Kishore, "Europe is a Geopolitical Dwarf", *Financial Times*, May 22, 2008.

如王毅外长所强调的，中欧关系健康稳定发展的前提是正确的相互认知。作为多极世界中的重要两极，中欧之间没有重大利害冲突，没有地缘政治矛盾，有的只是巨大的合作需求。我们相互离不开对方，更孤立不了对方。中欧之间应当坚持的唯一恰当定位就是全面战略伙伴，中欧关系符合时代潮流和民众期待的唯一发展方向就是对话合作，中欧交流所需要坚持的最重要原则就是相互尊重、求同存异，中欧双方所肩负的最重大责任就是维护世界和平稳定，促进共同发展繁荣。[1]

在一个以平等为基本特征的多极化新时代，中欧双方均认同以联合国为核心的国际机制体系，应当可以通过"共商、共建、共享"的途径，率先确立可令国际社会广泛受益的国际规则，而不是抱持只有所谓的"民主阵营"国家才能制定规则的"小集团"思维，制定具有排他性、合法性不足的规则，制定这种规则的路径本身其实就不符合自由主义理念所内在包含的"开放"和"包容"哲学原则要素。[2]

---

[1] 张陨璧：《王毅谈中欧关系发展方向——唯一恰当定位就是全面战略伙伴》，《中国日报》网，2021年5月31日。

[2] 赵晨：《从"蛮权力"回归"巧权力"：拜登政府对欧政策初评》，《当代美国评论》2021年第3期。

第四章

中欧经贸关系：
在竞争与合作之间寻求新平衡

自2006年欧盟发布第六个对华政策文件《欧盟与中国：更紧密的伙伴，承担更多责任》标志着其对华政策出现重要变化起，中欧关系长达十年的蜜月期结束，双方分歧与摩擦逐渐增多，关系起伏不定。2019年3月，欧盟发布题为《欧盟对华战略展望》的对华政策新文件，将中国定义为"合作伙伴""谈判伙伴""经济竞争者"和"制度性对手"。此后，欧盟又于2021年3月以所谓"新疆人权"问题为由对华制裁，并招致中国的反制裁，令中欧关系陷入近三十年来最复杂的局面。

值得注意的是，作为中欧关系压舱石的双边经贸关系也发生了一些新变化。一方面，中欧双边贸易额持续增长。根据中国商务部公布的数据，在新冠肺炎疫情暴发前的2019年，中国与欧盟贸易额为7051.1亿美元，首次突破7000亿美元。该年度欧盟是中国第一大贸易伙伴、第二大进口来源地和第一大出口市场，中国是欧盟第二大贸易伙伴、第一大进口来源地和第二大出口市场。2020年，在疫情致使全球贸易显著下滑的背景下，中欧贸易额仍实现逆势增长，且中国首次超越美国成为欧盟最大贸易伙伴。另一方面，欧盟陆续出台或正在推动出台多项针对中国的防御性经济立法，旨在以国家安全或公平竞争等为由限制来自中国的投资，减少对中国的供应链依赖，或将环境、人权等主要针对中国的非经济因素纳入国际贸易与投资规则。此外，于2020年年底完成谈判的《中欧全面投资协定》（以下简称"CAI"）也被欧洲议会"政治化"，目前欧方已冻结相关议案的批准程序。可以说，近几年中国与欧盟在经贸领域的竞争性显著增强，合作空间正在被压缩，中欧经贸关系进入在竞争与合作之间寻求新平衡的调整期。

总体上看，中欧经贸关系的竞争性加剧，这一方面源于中国与欧盟经济实力和国际经济地位客观上的此消彼长，另一方面则源自欧盟对待中国经济崛起的主观上的不适应以及由此引发的一系列政策调整。然而，应该看到，中欧关系的基础并未发生根本性改变，双方不存在地缘政治上的根本利益冲突，同时在经济上仍高度互补，在开展经贸往来和构建国际经济新秩序上互有需求，相信经过一段时间的调整与磨合，中欧经贸关系会在竞争与合作之间找到新的平衡点。

◇ 中国与欧盟经济实力对比：竞争性增强

近年来，特别是2008年国际金融危机爆发以来，中国与欧盟的经济实力经历了显著的此消彼长过程，双方国际经济地位对比也随之发生变化。

从经济总量上看，中国正在快速赶超欧盟。2008年，欧盟是世界第一大经济体，其GDP为16.24万亿美元，美国为14.71万亿美元，而中国仅为5万亿美元。在国际金融危机冲击下，欧盟经济规模于 2010 年被美国反超。此后，欧盟遭受主权债务危机的严重冲击，又经历英国脱欧造成的高度不确定性，经济复苏始终动力不足，至新冠肺炎疫情暴发前其经济规模与美国差距逐步拉大，同时也面临被中国赶超的巨大压力。2019 年，欧盟 27 国 GDP 为 15.63 万亿美元，美国为 21.43 万亿美元，中国为 14.28 万亿美元。2020 年，在新冠肺炎疫情冲击下，欧盟 27 国经济大幅衰退了 5.9%，GDP 降至 15.19 万亿美元，而中国成为全球唯一实现正增长的主要经济体，GDP 达到 14.72 万亿美元，两者已非常接近。2021 年和 2022 年，中国 GDP 分别升至 17.73 万亿美元和 18 万亿美元，已超过欧盟，后者分别为 17.18 万亿美元和 16.65 万亿美元。[①]

在国际贸易份额上，中国与欧盟也呈现出明显的此消彼长之势。图 4—1 展现出了 2002 年至 2018 年世界主要经济体非原料类产品出口的国际市场份额的变化趋势。由该图可知，21 世纪初至 2012 年，欧盟产品的国际市场份额持续走低，而 2013 年以来变化不大，大体在 15% 左右徘徊。2014 年，欧盟产品的国际市场份额被中国（指中国大陆地区）赶超，退居世界第二。

值得注意的是，前述近年来欧盟国际经济地位相对下降和国际贸易份额下滑的深层次原因是其产业结构升级的相对迟滞，一方面"再工业化"战略推进不力，另一方面制造业内部结构难以优化，带有明显的"路径依赖"特征。

自 20 世纪 80 年代初开始，欧盟主要国家的工业与制造业增加值占 GDP 的比重开始迅速降低，1989 年时各国制造业增加值比重已普遍低于 25%。此后，随着 90 年代中期所谓"知识经济"的兴起，欧

---

① 此处中国、欧盟、美国 GDP 统计数据均来自 https：//www.macrotrends.net/。

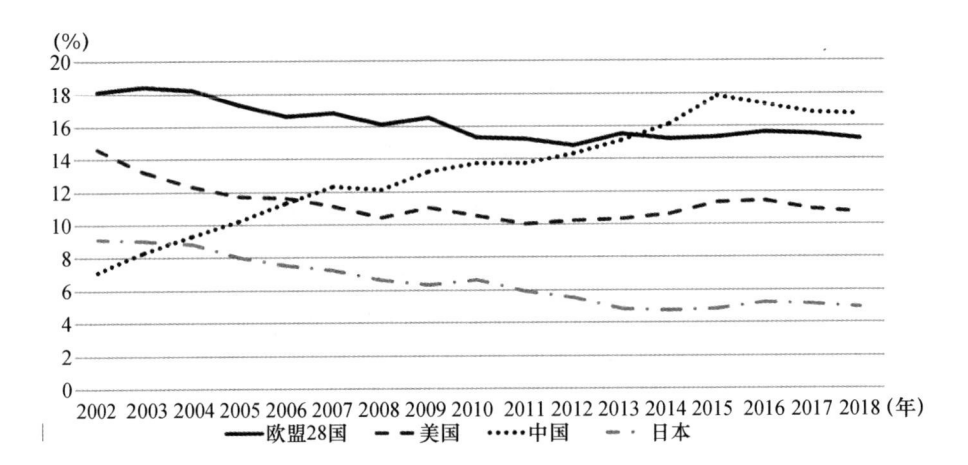

图4—1 世界主要经济体非原料类产品出口的国际市场份额（2002年至2018年）

资料来源：孙彦红、吕成达：《欧盟离"再工业化"还有多远？——欧盟"再工业化"战略进展与成效评估》，《经济社会体制比较》2020年第4期。注：图中"中国"指"中国大陆"。

盟层面及多数成员国普遍产生了轻视工业的倾向，这进一步加剧了欧洲的"去工业化"趋势。进入21世纪后，作为最具外向性与创新能力的部门，工业与制造业对于充分挖掘经济增长潜力与保持欧盟国际经济地位的关键作用再次获得认可。2008年国际金融危机的爆发进一步促动了欧盟及其成员国对于实体经济与虚拟经济、工业与服务业关系的深刻反思，工业的地位进一步得到认可，相应的政策也更加受到重视。2012年欧盟提出"再工业化"战略，表明其已将工业的地位提升至经济战略层面。① 欧盟"再工业化"战略设定的总体目标是到2020年将欧盟制造业增加值占GDP比重提升至20%（2011年为15.6%）。虽然欧盟设定的这一目标带有明确的指标性，但是并非简

---

① European Commission, "A Stronger European Industry for Growth and Economic Recovery", COM（2012）582 final, Brussels, Oct. 2012.

单地基于现有产业结构提高制造业与工业比重,而是试图推动一批新兴产业诞生与发展,同时加强对已有产业高附加值环节的再造,核心在于抓住新产业革命的机遇重构制造业与工业产业链。为此,欧盟还设计了一套包含四大支柱和六大优先领域的实施框架。然而,欧盟"再工业化"战略的推进并不顺利,也并未取得预期成效。根据欧盟统计局(Eurostat)的数据,在新冠肺炎疫情暴发前的2019年,欧盟28国制造业增加值占GDP的比重为16.1%,虽然比2011年提升了0.5个百分点,但是较之20%的目标还有将近4个百分点的差距。2020年,欧盟28国制造业增加值占GDP的比重进一步降为不足16%。就欧盟主要成员国而言,除了德国制造业比重一直在20%以上且恢复到了国际金融危机前水平,法国、英国和意大利的制造业比重仍明显低于国际金融危机前水平,法国和英国甚至仍呈下滑态势。①

欧盟"再工业化"战略推进不力的另一个表现是其制造业内部结构并未得到明显优化。近年来欧盟制造业的中—高技术和高技术部门比重整体提升,但是主要体现在持续夯实和强化部分具有中—高技术特征的传统优势产业(包括制药、电气设备、机械设备、机动车辆等),计算机、电子和光学产品制造等多数高技术部门发展缓慢甚至在萎缩,制造业整体结构表现出显著的"路径依赖"特征。此外,德国、法国、意大利、英国等成员国的制造业内部结构变化也呈现出与欧盟整体类似的趋势。例如,德国的机动车辆和化学化工制品增加值占比明显提升,制药业小幅提升,而计算机、电子和光学产品则呈下

---

① 虽然英国于2016年公投决定脱离欧盟,并且于2020年正式脱欧,但是在欧盟"再工业化"战略推进期间,英国仍是欧盟成员国,因此本书对欧盟"再工业化"战略的论述与评估仍将英国纳入其中。

降趋势。

欧盟"再工业化"推进不力的一个重要原因是研发创新投入增长缓慢。图4—2给出了2000年至2018年欧盟及其主要成员国研发支出强度的变化趋势，并与美国进行对比。自2007年以来，欧盟整体的研发支出强度呈明显上升趋势，至2018年升至2.03%，与美国的差距降至0.8个百分点，但是与其设定的3%的目标仍存在相当大差距。2011年至2018年，除了德国的研发支出强度由2.81%显著升至3.14%且始终高于美国以外，欧盟整体与法国、英国、意大利的该指标增势均放缓，法国自2016年起甚至出现了回落。进一步考察会发现，近年来欧盟的研发创新政策在引导和激励企业研发创新上并不成功，公共部门与企业研发创新活动"脱节"的状况并未改观。要跨越基础研究成果转化为商业应用的"死亡之谷"，欧盟亟待加强产学研融合。[1]

与欧盟"再工业化"战略落实进展不理想形成鲜明对比的是，近年来中国制造业门类齐全、物流与交通基础设施全面升级、劳动力技能快速提升的优势正在迅速显现出来。新冠肺炎疫情暴发后，中国政府率先控制住了疫情，使得中国制造业的上述优势进一步发挥作用，夯实了中国作为全球制造业生产基地的地位。在疫情导致全球贸易萎缩的情况下，2020年中国对外贸易总额逆势增长，并且刷新了2018年创造的历史记录。值得注意的是，2020年中国跃升为欧盟第一大货物贸易伙伴，欧盟对中国出口2025亿欧元，同比增长2.2%，自中国进口3835亿欧元，同比增长5.6%，对中国贸易逆差进一步拉大。应该说，中国与欧盟制造业结构的差异性也决定了欧盟对中国贸易逆

---

[1] 孙彦红、吕成达：《欧盟离"再工业化"还有多远？——欧盟"再工业化"战略进展与成效评估》，《经济社会体制比较》2020年第4期。

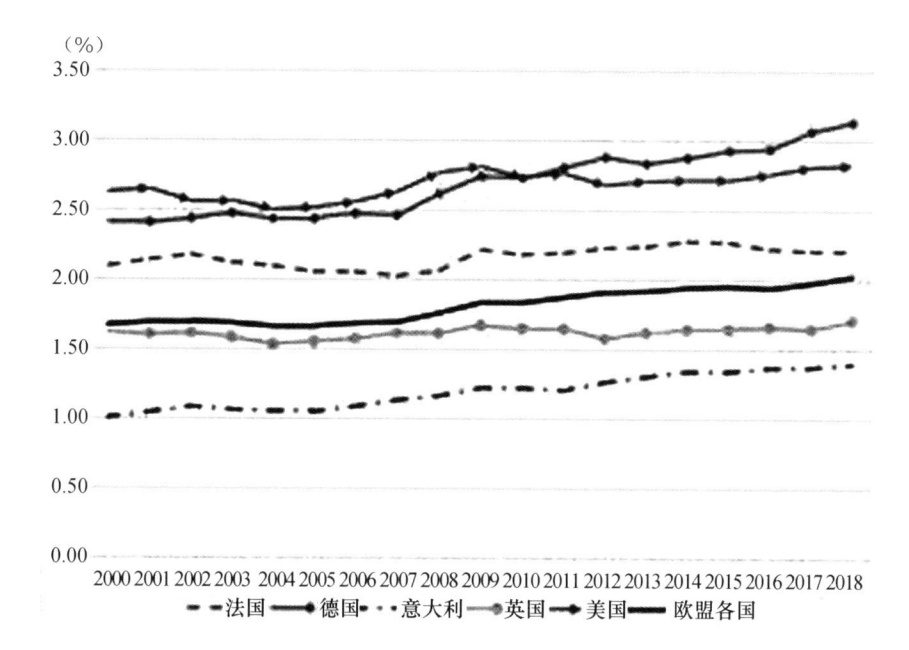

图4—2 欧盟及其主要成员国与美国研发支出强度变化（2000年至2018年）

资料来源：笔者根据欧盟统计局（Eurostat）数据计算制作。

差不易扭转。

此外，欧盟在数字经济领域的发展也相对滞后。近年来，随着新产业革命加速推进，发展数字技术与数字经济已成为"百年未有之大变局"下国际竞争的主赛道。虽然欧盟在相关基础研究和数字经济产业链的某些环节上具备优势，但是总体而言，其数字经济发展相对滞后于全球大趋势。与此同时，中国正在快速崛起为数字经济大国。近年来，中国涌现出一批数字经济头部企业，包括腾讯、阿里巴巴、华为、美团、京东、百度、快手，等等。相比之下，除芬兰的诺基亚和瑞典的爱立信外，当前欧盟拥有突出创新能力的大型数字企业寥寥无几。虽然诺基亚公司至今仍是重要的通信技术与设备（如5G）供应商，但是与曾多年稳居全球手机销量第一时相比早已风光不再。截至

2021年12月5日，全球市值排名前20的互联网企业中，有13家美国企业，5家中国企业，1家加拿大企业和1家新加坡企业，无一家欧盟企业。欧盟规模最大的互联网企业为德国的外卖平台Delivery Hero，全球市值排名第45位，市值不足250亿美元。[1]

总之，正是上述中欧双方经济实力与国际经济地位客观上的此消彼长令欧盟"焦虑感"日增，这种主观感受逐步转化为近几年其对华经贸政策的一系列调整，其中不乏"过度反应"之举。

◇◇ 欧盟对华经贸政策调整："竞争"与"对手"意识凸显

早在2019年3月欧盟发布《欧盟对华战略展望》将中国定义为"经济竞争者"和"制度性对手"之前，欧盟即已开始调整对华经贸政策，其中最典型的举措就是《欧盟外国直接投资安全审查条例》的出台和生效。之后，欧盟在加快经济战略自主的框架下开始酝酿出台一系列针对中国的防御性经济立法或政策。

针对中国在欧直接投资的迅猛增长，欧盟正通过构建统一的外国直接投资审查框架加以应对。2008年国际金融危机爆发后，在欧洲经济受到一系列危机严重冲击、内部投资匮乏的背景下，中国企业迎来了赴欧投资的机遇期。2010年至2017年，中国对欧投资规模实现了快速增长，而且在诸多重要产业领域完成了多项颇为令人瞩目的兼

---

[1] "Largest Internet Companies by Market Cap", Companies Market Cap.com, https://companiesmarketcap.com/internet/largest-internet-companies-by-market-cap/，最后访问日期：2022年1月11日。

并收购项目。例如，2010年，吉利汽车以18亿美元收购瑞典沃尔沃轿车公司全部股权；2014年，上海电气集团以4亿欧元收购全球第四大燃气轮机企业意大利安萨尔多公司40%的股份；2015年，中国化工橡胶有限公司以52.9亿美元收购意大利高端轮胎制造商倍耐力集团公司近60%的股份，成为当年中国企业开展的最大海外并购项目；2016年，美的集团通过境外全资子公司MECCA收购机器人与自动化领域的德国库卡集团94.55%的股份，之后库卡成为其全资控制的境外子公司。自2017年起，中国对欧投资引起了部分欧盟国家的关注与担忧，此后欧盟委员会开始启动针对外国投资安全审查的立法，并于2019年3月通过《欧盟外国直接投资安全审查条例》，于2020年10月11日正式生效。该条例确立了欧盟审查外国直接投资的新框架，赋予欧盟委员会新的权力，使其可以安全和公共秩序为由对进入欧盟任一成员国的外国直接投资进行审查。时任欧盟委员会主席容克表示，"我们需要对外国公司收购欧洲战略资产进行审查。欧洲将继续对外部开放，但我已多次表示，我们不是天真的自由贸易者。在几乎创纪录的时间内通过并生效这一建议表明，在捍卫欧洲利益方面，我们将始终言而有信"。[1]该条例建立了一个新的全欧合作机制，使各成员国和欧委会能够交流资料，并针对某些具体外国投资案提出关切。2021年11月23日，欧盟委员会发布了第一份外资安全审查报告。该报告显示，截至2021年6月底，欧盟委员会审查了265项成员国通报的交易，并对近3%的案例发表了意见。在已通报的外国直接投资案例中，前五大投资企业来源是美国、英国、中国、加拿大和阿联

---

[1] European Union, *Regulation of the European Parliament and of the Council*, establishing a framework for the screening of foreign direct investments into the Union, Brussels, February 20, 2019.

酋。此外，截至2022年8月1日，已有25个欧盟成员国根据欧盟条例创建或完善了本国的外资安全审查条例。①

针对中国企业、特别是国有企业在欧盟投资及开展相关经营活动可能对欧洲单一市场的公平竞争造成扭曲，欧盟正在力推外国补贴立法的出台。2020年6月，欧盟委员会发布"外国补贴白皮书"，旨在征求公众意见，为欧盟出台反补贴法铺路。②与该白皮书同时发布的公告称，外国补贴日益对欧盟市场竞争造成负面影响，已超出欧盟"禁止国家援助"的监管范围。除常见的贸易补贴之外，为并购欧盟企业提供资金便利、直接支持企业在欧运营乃至为企业在欧盟公共采购中标提供便利都应列为"外国补贴"，但是长期以来欧盟在这些方面都存在"监管真空"。因此，欧盟拟动用一揽子政策工具加强监管，例如设立市场审查工具进行评估，一旦怀疑企业接受外国补贴，即可展开反补贴调查乃至采取反补贴措施。针对为并购欧盟企业提供资金便利，白皮书提请由欧盟委员会负责监管，一旦超出限额，接受外国补贴的企业须向欧盟委员会上报并购行为，由欧盟委员会决定是否对并购采取反补贴措施或直接叫停并购。针对为企业在欧盟公共采购中标提供便利，白皮书提请投标企业须将接受的政府资金上报招标部门，然后由招标部门和监管机构审查是否存在外国补贴以及对公共采购的影响，最终可将投标企业剔除在外。对于企业申请欧盟资金，白皮书称与欧盟公共采购类似，须审查企业是否接受外国补贴，同时强

---

① European Commission, *Report from the Commission to the European Parliament and the Council*, Second Annual Report on the Screening of Foreign Direct Investments into the Union, Brussels, COM (2022) 433 final, 1 September 2022.

② European Commission, *White Paper on Levelling the Playing Field as Regards Foreign Subsidies*, COM (2020) 253 final, Brussels, 17 June 2020.

调对于欧盟出资的国际金融项目，负责实施的金融机构也应审查申请企业的外国补贴情况。

2021年5月5日，欧盟在出台更新版产业战略的同一天发布了《外国补贴条例草案》，并将之确定为实现开放战略自主的关键行动之一，强调要弥补当前只审查成员国政府补贴而不限制外国政府补贴的制度"漏洞"。该条例吸收了"外国补贴白皮书"中的大部分内容，其正式出台后，外国企业在欧洲单一市场开展并购业务、参与政府采购投标或申请欧盟资金，都需要就接受本国政府补贴的情况（包括拨款、低息贷款、贷款担保、债务减免、税收优惠等）主动申报或接受欧盟发起的事后审查，一旦被认定为扭曲市场，将被排除在交易之外或接受高额罚款。[①] 鉴于中国赴欧洲投资或开展业务的企业大多为国有企业，即便是民营企业也或多或少存在接受政府优惠贷款或其他欧盟认定的"补贴"的情况，一旦欧盟《外国补贴条例》正式立法，必将对中国对欧投资产生重要影响。

除了对欧投资，当前欧盟还在推进出台供应链法案，就欧盟企业全球供应链中的强制性人权和环境尽职调查问题做出新规定。欧盟于2021年3月发布的一份研究报告称，针对欧盟跨国企业的调查研究表明，让欧盟企业的全球供应商以自愿方式开展人权和环境尽职调查是远远不够的，欧盟必须出台强制性立法来确保相关实践得以推进。[②] 欧盟将供应链立法作为落实"欧洲绿色协议"的部分内容，针对企业的强制性可持续尽职调查进行立法，旨在识别、预防、减轻和说明企

---

① European Commission, "Commission Proposes New Regulation to Address Distortions Caused by Foreign Subsidies in the Single Market", press release, 5 May 2021.

② European Commission, "Study on Due Diligence Requirements through the Supply Chain", Final Report, March 2020.

业、子公司或价值链在经营中涉及的侵犯人权和破坏环境的行为，打击全球供应链中的所谓"低社会责任和低环境标准"。[①] 虽然欧盟供应链立法并未明确指向中国，但是鉴于当前欧盟对中国人权问题持严重偏见，该法案正式通过后必将对中欧经贸往来造成一定冲击。

除外商投资安全审查、外国补贴立法、供应链立法等单边立法之外，欧盟还通过双边渠道将竞争中性、环保、人权等要素纳入《中欧全面投资协定》（CAI）谈判中。当前已完成谈判的CAI因被欧盟"政治化"而暂时搁置，其批准前景尚存在较大不确定性。

值得注意的是，2021年9月15日，欧洲议会表决通过《新欧中战略报告》。该报告强调，中国是欧盟的合作伙伴和谈判伙伴，但是正日益成为欧盟的经济竞争者和制度性对手，呼吁欧盟制定更加自信、全面和一致的对华战略，塑造符合自身价值观的对华关系。欧洲议会的这一表态再次凸显"竞争"与"对手"意识，其对未来欧盟对华经贸政策的影响不容低估。

◇ 中欧经贸关系的基础并未发生根本性变化

虽然近年来中国与欧盟经济实力及国际经济地位发生了显著变化，同时欧盟也在紧锣密鼓地调整对华经贸政策，但是，不可否认的是，当前中欧经贸关系的基础并未发生根本性变化。首先，中国与欧盟之间不存在地缘政治的根本冲突，虽然欧盟近来频频在涉港、涉

---

① European Parliament, "European Parliament resolution of 10 March 2021 with recommendations to the Commission on corporate due diligence and corporate accountability (2020/2129 (INL))".

疆、涉台问题上触碰中国底线，但是这些问题归根结底并非欧盟的核心利益，尚不至于导致欧盟与中国在经济和科技上脱钩。其次，中国与欧盟在经济层面互补性强，两者在技术、市场、资金、人才等方面融合程度深，在国际经济规则制定上也需相互借重，经贸合作对于双边关系仍将发挥压舱石作用。然而，基于CAI被政治化的"前车之鉴"，不排除未来欧盟还会将政治与意识形态问题与中欧经贸关系捆绑，这无疑将加剧双方经贸关系中的竞争性，在竞争与"吵吵闹闹"中合作或将成为中欧经贸关系的新常态。

中欧与欧盟经济的高度互补性首先体现为新冠疫情背景下双边贸易的"粘性"。2020年，在疫情导致全球贸易萎缩的背景下，中欧贸易额仍逆势增长4.5%，且中国首次超越美国成为欧盟最大贸易伙伴。更加值得注意的是，2021年和2022年，中欧贸易增长更加强劲。根据欧盟统计局的数据，2021年全年，欧盟27国对华贸易额为6950亿欧元，同比增长27.5%，其中欧盟对中国出口2230亿欧元，欧盟自中国进口4720亿欧元。同年，中国与欧盟主要成员国的双边贸易额也呈大幅增长趋势：中国与德国贸易额达到2453亿欧元，中国连续第六年保持德国最大贸易伙伴地位；中国与法国贸易额达到850亿美元，首次超过800亿美元，同比增长27.6%；中国与意大利双边贸易额达到540亿欧元，同比增长34%，创历史新高。2022年，欧盟27国对华贸易额为8563亿欧元，同比增长22.8%，其中欧盟对中国出口2303亿欧元，欧盟自中国进口6260亿欧元，增长32.1%。虽然2021年和2022年，中国退居为欧盟第二大贸易伙伴，位于美国之后，但是中欧双边贸易增幅之高的确引人注目。

2021年和2022年中欧贸易逆势大涨主要可归结为疫情造成的贸易转移效应和贸易创造效应。具体而言，从中国对欧盟出口来看，中国较好地控制住了疫情，率先实现全面复工复产，而其他新兴经济体疫情反复不断，防疫措施导致这些国家难以继续保持对欧盟的产品供应，因此中国在一定程度上弥补了这些国家对欧出口的缺口。从中国自欧盟进口来看，其一，中国作为最早最全面复苏的全球生产基地，面临着全球经济复苏带来的巨大外部需求，在生产扩张过程中对进口中间品的需求会相应增加；其二，疫情暴发后国际人员往来大大受限，原本可通过商务和旅行进行的购买活动转变为进口，例如意大利的女士箱包、农产品以及法国的化妆品等产品的进口额增长率都名列前茅。总之，虽然疫情期间中欧贸易逆势大增受到诸多短期因素推动，但也足以表明双方经济的互补性和经贸合作的韧性。

与前述中欧贸易逆势大增密切关联的另一问题是疫情期间欧盟提出将调整供应链布局以确保关键产品的供应安全，这引起欧盟内部的广泛讨论和中国国内各界的关注。新冠肺炎疫情暴发后，"安全"因素受到空前重视，欧盟特别是西欧国家制造业企业产业链布局的原则正在由"效率至上"转向"效率与安全并重"，本地化生产和多元化、分散化生产成为新趋势。但是这一转型并非易事，会在何种状态达至新的平衡也受制于诸多因素，将是一个不断调整的较长期的过程。[①]

首先，过分看重安全因素而转向本地化生产很可能打乱欧盟国家产业结构升级的既有节奏。前文述及，近几年欧盟"再工业化"进展并不顺利，研发支出增长明显低于预期，制造业比重仅有微弱提升且结构并未明显优化。在3D打印等技术尚不成熟且应用范围相对有限

---

① 孙彦红：《新冠肺炎疫情将如何影响欧洲产业链布局？》，"南方＋"公众号，2020年5月2日，https：//baijiahao.baidu.com/s? id = 1665581051477797876&wfr = spider&for = pc。

的情况下，若出于安全考虑将在国外的生产活动"强行"迁回本国，必然会令原本可用于推动产业结构升级的经济资源继续留在产业链"低端"，这不仅会打乱企业的创新节奏，也会进一步延误真正意义的"再工业化"。

其次，欧盟国家政府直接干预企业决策尚不具备理论认识和制度上的支撑。过去几年，受到国际金融危机的触动，西欧国家开始普遍反思新自由主义，而新冠肺炎疫情也推动欧洲内部有关"大政府"和"经济主权"的讨论进一步升温。然而，直至目前，欧洲的相关讨论尚未触及"坚持市场的核心地位"这一红线，产业链布局的最终决定权仍在企业手中。如果欧盟国家政府通过补贴或通过相关立法"强迫"企业将生产迁回本国或迁至特定目标国，必然会打破当前政府与市场关系的平衡，恐会引发一系列难以预估的经济社会后果，对此欧盟国家会相当谨慎。此外，从制度上看，旨在保障欧洲大市场运转秩序的欧盟竞争政策在欧盟经济政策架构中具有"经济宪法"地位，该政策也大大限制了成员国政府给予企业补贴和干预企业决策的空间。

最后，西欧国家产业链的多元化和分散化布局在短期内难以实现。疫情以来西欧国家内部的一个流行观点是建议企业将目前设置在中国和其他亚洲国家的生产环节转移至中东欧、北非等周边国家和地区。就中东欧地区而言，自1990年代初经济全球化开启，特别是2004年欧盟实现东扩以来，西欧国家制造业产业链向中东欧延伸的潜力已得到相当充分的释放。[1] 未来如要进一步推动西欧企业生产活动向中东欧的转移，必须想方设法大幅提升中东欧国家营商环境的吸

---

[1] European Commission, Commission Staff Working Document accompanying the document "A Stronger European Industry for Growth and Economic Recovery", SWD (2012) 297 final, Brussels, Oct. 2012.

引力。这或许有助于深化欧洲经济一体化，但是考虑到中东欧国家经济规模与要素禀赋的局限，经济一体化绝非一朝一夕可以实现。就北非地区而言，政治社会不稳、公共基础设施落后、劳动力素质低等短板也使得其制造业承接能力相当有限。

基于上述分析，同时考虑到欧盟的当务之急是抗疫和实现经济复苏，除了医疗卫生等抗疫必需物资的生产已部分地转移回欧盟本土之外，欧盟及其主要成员国在其他大多数产品和生产环节上对中国的供应链依赖还将维持较长时间。中国欧盟商会《商业信心调查2020》显示，中国仍是超六成受访欧资企业的前三大投资目的地之一，74%的受访企业愿意将其最新技术带到中国以支持其在中国的销售和市场扩张。[①]

综上所述，中欧经济仍存在高度互补性，双方开展经贸合作的基础并未发生根本性变化，且在疫情期间相互依赖更加凸显。虽然欧盟已开始调整产业链布局，但是这将是一个较长期的过程，中国可利用这个窗口期做好应对准备。此外，考虑到欧盟对于中国超大规模市场的依赖，其内部市场应不至于对中国企业过度封闭。

◇ 结语：在竞争与合作之间寻求新平衡

综合前文分析可得出一个初步认识，即由于中欧经济实力对比的变化及欧盟对中国经济崛起的主观上的不适应使得当前中欧经贸关系正进入新的调整期，但是双方开展经贸合作的基础并未发生根本性变

---

① 中国欧盟商会：《商业信心调查2020》，2020年6月。

化。中国与欧盟分别为全球第三和第二大经济体，同为国际舞台上的重要力量。未来中欧双方应通过务实有效的沟通在磨合中尽快找到竞争与合作之间的新平衡点，这不仅有利于双方在新形势下实现更高水平的互利共赢，而且对于推动世界经济尽快摆脱新冠肺炎疫情造成的困境十分重要。

从欧盟方面看，疫情造成的经济社会冲击很可能会进一步加剧其对中国经济发展的矛盾心理。一方面，中国率先较好地控制住疫情，经济率先实现复苏，使得欧盟不得不更加重视中国为其经济复苏带来的机遇，特别是中国超大规模市场的优势令其难以忽视，因而既不可能与中国在经济和技术上完全脱钩，还会谋求与中国在国际经济治理上开展合作。另一方面，中国经济在疫情中"一枝独秀"必然进一步加剧中欧经济实力的此消彼长，这使得欧盟对中国崛起的不适应不平衡心理有增无减，除了加快出台针对中国的防御性立法和政策之外，还会配合美国在政治与意识形态上与中国针锋相对。欧盟的这种矛盾心理或将导致中欧经贸关系的竞争性进一步加强。特别是，考虑到欧盟经济领头羊的德国，其新政府对华态度较之此前的默克尔政府更为强硬，预计欧盟整体对华经贸政策中的"竞争"和"对手"意识将进一步强化。在此背景下，未来中欧经贸关系要在竞争与合作中找到新平衡尚需双方付出大量努力。

从中国方面看，确保中欧经贸关系朝着健康积极的方向发展，从而稳定中欧关系大局，为构建新发展格局创造良好的国际环境，符合中国的国家利益。为此，中国应坚持推进改革开放这一基本国策，特别注重使深度改革与高质量开放之间形成相互促进的良性循环。对于欧盟针对中国出台的一系列单边防御性立法，中国一方面应加强与欧盟的双边对话，同时争取在国际多边框架下加强对欧盟的约束，尽可能为中国企业的国际化经营营造相对宽松的环境，另一方面，在难以改变欧盟立法的情况下，应鼓励中国企业做好合规，在遵守欧盟相关法律的前提下在欧开展经营活动。

具体到当前及未来一段时期中国与欧盟在经济上竞争与合作的重点领域，绿色经济与数字经济最为值得关注。为回应新产业革命，中国"十四五"规划纲要与欧盟"下一代欧盟"计划都将绿色经济和数字经济作为最重要的两个发展方向。中国在数字经济的集成电路、人工智能等领域提出一系列发展战略，在绿色经济领域提出2030年实现碳达峰、2060年实现碳中和的目标。欧盟提出了包括人工智能、数据流通、半导体等领域的一整套数字战略，还通过"欧洲绿色协议"提出到2050年实现碳中和的目标。"下一代欧盟"计划的资金中超过20%将用于发展数字经济，超过30%将用于绿色经济领域。应该说，在数字经济和绿色经济领域，虽然中国与欧盟存在竞争，但是双方在技术、资金、市场、人才等方面高度互补，在推动制定全球标准和规则方面有诸多共同关切，因而拥有广泛的合作空间。例如，在数字领域，中国可考虑挖掘"欧洲制造+中国数字技术"合作模式的潜力。一方面，继续吸引欧洲高端制造业企业到中国投资或扩大投资，以中国数字技术优势为欧洲企业进行智能生产和在线销售提供优质软硬件环境；另一方面，鼓励中国相关企业积极参与欧洲数字基础设施建设（如5G外围网合作、量子通信基础设施等），深度参与欧洲本土工业互联网建设和智慧医疗、智能交通等新业态发展。再如，在绿色领域，中国与欧盟可在可持续航空燃料开发与生产、氢能开发与生产、节能环保实践的经验分享、绿色金融标准的制定与对接等诸多领域开展合作。

最后，值得一提的是，中国与欧盟都属全球贸易规模最大的经济体行列,在多边规则体系中利益攸关,同时两者在世界贸易组织(WTO)等国际多边机制的改革等问题上不仅有重要影响力,也有着诸多共同的关切与诉求,因此合作的空间较大。具体而言,中国与欧盟通过双边与多边对话在 WTO 改革的关键议题上加强协调,特别是就针对发展中国家的特殊和差别待遇(special and differential treatment,SDT)、贸易政策透明度、WTO 内部委员会和其他组织机构的审议以及争端解决机制等核心议题进行深度沟通与协商,既符合双方的现实利益,也有利于构建兼顾发达国家与发展中国家诉求的、更加公平合理的国际贸易新秩序。

第五章

中欧人文交流的经验、问题与革新路径

2014年,习近平主席在联合国教科文组织总部发表重要演讲时指出,"应该推动不同文明相互尊重、和谐共处,让文明交流互鉴成为增进各国人民友谊的桥梁、推动人类社会进步的动力、维护世界和平的纽带","应该从不同文明中寻求智慧、汲取营养,为人们提供精神支撑和心灵慰藉,携手解决人类共同面临的各种挑战"。[①] 文明交流是一项系统工程,包含着诸多内容,最为核心的是促进文明互鉴、共建人类命运共同体。

在中欧关系中,人文交流是双方经贸对话和战略对话之外的"第三大支柱"。习近平主席早就指出,中欧是维护世界和平的"两大力量",促进共同发展的"两大市场",推动人类进步的"两大文明"[②],并提出中欧要共同打造和平、增长、改革、文明四大伙伴关系。[③]

[①] 习近平:《文明交流互鉴是推动人类文明进步和世界和平发展的重要动力》,《求是》2019年第9期。

[②] 钱彤:《习近平会见欧洲理事会主席范龙佩和欧盟委员会主席巴罗佐》,《人民日报》2013年11月21日第1版。

[③] 杜尚泽、许立群、刘歌:《习近平同欧洲理事会主席范龙佩举行会谈》,《人民日报》2014年4月1日第1版。

◇ 中欧人文交流的经验

经过多年实践，中欧之间的人文交流已经形成了中国与欧盟及其成员国双线并举的多边互动机制，其中中国同欧盟成员国之间的互动与合作占据主体地位。纵观中欧人文交流的既有实践，其成就与经验可以概括为以下几个方面：

（一）注重顶层设计，搭建高级别互动机制

中国与欧洲各自拥有悠久的灿烂文明，很早就重视文明交流与人文互动，并持续在双方关系的顶层设计中重视人文交流活动。

在2003年发布的首份《中国对欧盟政策文件》中，中国就明确提出，要致力于构筑中欧长期稳定的全面伙伴关系。"互鉴互荣，取长补短，扩大人文交流，促进东西方文化的和谐与进步"，是中国对欧盟的政策目标之一。[1] 2012年，在北京举行的第十四次中欧领导人会晤期间，双方领导人正式宣布建立中欧高级别人文交流对话机制，成为中欧高级别战略对话和中欧经贸高层对话机制之后的中欧关系"第三大支柱"，与前者相互补充、相互促进。在此机制推动下，双方形成了多层次、全方位的人文交流局面，取得了丰硕成果。截至2021年年底，中欧高级别人文交流对话机制已经举办五次会议。2014年发布的《中国对欧盟政策文件》又明确指出，"中国愿与欧盟一道，

---

[1] 《中国对欧盟政策文件》，《中华人民共和国国务院公报》，2003年第33号，http://www.gov.cn/gongbao/content/2003/content_62478.htm。

将东西方两大文明更紧密结合起来,树立不同文明和而不同、多元一体、互鉴互学、共同繁荣的典范"。① 2018 年颁布的第三份《中国对欧盟政策文件》再次明确提出,"坚持文明对话,和而不同,促进中欧两大文明交流互鉴"是发展中欧关系应秉持的原则之一。②

在中欧人文交流的多边互动机制下,既有中国同欧盟层面的交流协作,又大量存在中国与其成员国之间的合作互动。

除中欧高级别人文交流对话机制外,中英(2012)、中法(2014)、中德(2017)之间也分别建立了高级别人文交流机制。在这些机制框架下,中欧之间的人文交流倚重元首外交与首脑外交的引领作用,充分展示了其示范带动作用,使得双方之间的人文互动日益机制化、常态化。同时,中欧双方已在对方境内互设多个文化中心与语言培训机构,以及相应的文化行动网络,它们也成为双方人文交流的有机组成部分,是各自在对方组织开展常态性文化活动的主要行动者。此外,近些年来在中国—中东欧国家合作机制下,中国同诸多中东欧国家在人文交流领域内的合作日益密切,为经贸、科技等其他领域内的合作创设了良好的民意基础。

(二)开展领域宽广、形式多样的人文交流活动

多年来,中欧人文交流实践已经逐步形成了一个涉及领域宽广、

---

① 《深化互利共赢的中欧全面战略伙伴关系——中国对欧盟政策文件》,中央政府门户网站,http://www.gov.cn/xinwen/2014-04/02/content_2651490.htm,2014 年 4 月 2 日。

② 《中国对欧盟政策文件》,中央政府门户网站,http://www.gov.cn/xinwen/2018-12/18/content_5349904.htm,2018 年 12 月 18 日。

活动形式多样的互动格局，双方在双线、多边协作机制下的交流与合作内容不断拓展，形式日益丰富。中国与欧盟及各成员国分别在人文交流的不同领域，尤其是就文化教育、语言学习、新闻出版、遗产保护、创意产业、青年互访、智库交流等议题，签署了大量的框架性合作协议，并依此开展了众多丰富多彩的活动，进一步加深了中欧人民的相互了解和友谊。

中欧之间的人文交流活动已经涵盖几乎所有人文领域，其中以教育领域的交流与合作最为活跃，文化领域最为丰富，而智库等领域的交流与合作正成为新的亮点。诸多活动的组织形式也不断创新，从常见的文化展览与演出、语言学习、人员培训、举办赛事，到学生互换、青年与妇女交流、科研合作，再到翻译出版、电影拍摄、智库互动等，人文交流活动组织形式的变化，也持续为双方的人文互动注入新动力。同时，双方还定期共同举办主题文化活动年，比如"中欧文化对话年"（2012）、"中国—欧盟旅游年"（2018）等，通过动员广泛、主题集中的人文互动，拓展并深化双方的文化交流与民心相通。

多年来，中欧之间已经在人文交流领域内打造了一批富有影响力的活动品牌，比如"中国—欧盟文化艺术节""中欧文化高峰论坛""中欧高等教育交流与合作平台会议""中法文化之春""中国—中东欧国家文化合作论坛"等。这些活动的举办已经机制化、常态化，辐射广、影响大，而且也有一系列新活动先后涌现，比如"中德科技文化论坛""中英高等教育人文对话"等。同时，中欧之间的人文交流活动越来越多且日益深入地走进寻常百姓的生活中，不再过多拘于国际人文交流通常所表现出来的精英圈子，这预示着中欧人文交流将会更加顺民情、悦民意、通民心。

（三）形成多层级、多主体参与的实践机制

无论是从中国与欧盟层面来看，还是就中国与欧洲国家之间而言，中欧之间涉及领域宽广、规模巨大的人文交流逐步形成了高层支持、官民并举、多层级、多主体参与的实践与互动格局。在中国与欧盟及其成员国中央政府主导下，各地方政府紧密跟进，众多高校、社会与文化团体、企业、个人等积极参与。中欧双方还分别制定了长期合作规划，并通过具体的阶段性合作实践，将负责不同工作领域的政府部委联系起来，形成了较为广泛的联动协作机制。[①] 来自双方的众多高等院校、科研机构与学术团体，是多元参与主体中最为活跃者，它们极大地带动了中欧在诸多领域内的人员交流。[②] 同时，中欧双方在人文交流中，也支持双方的非政府组织依法依规开展合作，使之为促进中欧民间对话交流发挥积极作用。

值得注意的是，在中国与欧盟及其各成员国中央政府的带动下，中欧地方及其民众之间的人文交流越来越密切，活动越来越丰富。诸多欧洲国家越来越多地把同中国的人文交流纳入与中国地方合作的框架之下，深入挖掘各自具有地方特色的优秀文化资源，将之推介到中国，而中国各地方政府也注意整合其优势文化资源，将

[①] 比如，早在2013年第十六次中欧领导人会晤期间，双方就发表了《中欧合作2020战略规划》，对彼此在文教、青年、旅游等领域的合作制定了长期规划，诸多议题由双方不同部门具体对接落实。

[②] 举例而言，2005—2008年间，在中国政府、欧盟委员会的资助下，中国社会科学院牵头中国国内高校与德、法大学和科研机构在中国开展"欧洲研究中心"项目，传播欧洲一体化的理念和方法，在中国形成专注于欧洲的学术群体。

之带入欧洲。①

◇ 中欧人文交流实践中的问题与挑战

随着中欧人文交流活动的逐步拓展与深化,中欧双方在人文领域内的合作日益密切、成果日益丰富,同时也一直伴随着一些不容忽视的问题与挑战,它们从不同角度影响了中欧人文交流的进一步深化及其质量的提升。

(一) 中欧人文交流的总体环境有待改善

1. 欧洲对华认知日趋负面

近些年来,西方国家的多项民意调查表明,欧盟主要国家民众对中国的好感度普遍偏低,低于世界平均水平,且呈现出整体下降的趋势。② 而且,欧盟对中国认知的官方定位不如以前积极、正面。2019年,欧盟发布的《欧盟对华战略展望》(EU-China—A Strategic Outlook)③ 首次将中国定位为在不同政策领域内"与欧盟具有相同目标

---

① 比如,双方在"友好城市"框架下,开展了大量人文交流活动。值得注意的是,我国很多历史文化名城都与欧洲城市建有"友好城市"关系。

② 相关资料可参见：Laura Silver, Kat Devlin and Christine Huang, "Unfavorable Views of China Reach Historic Highs in Many Countries: Majorities say China has handled COVID-19 outbreak poorly", https://www.pewresearch.org/global/wp-content/uploads/sites/2/2020/10/PG_2020.10.06_Global-Views-China_FINAL.pdf.

③ European Commission, "EU-China—A Strategic Outlook", https://ec.europa.eu/info/sites/default/files/communication-eu-china-a-strategic-outlook.pdf.

的合作伙伴"的同时，还视之为"需要寻求利益平衡的谈判伙伴"，"追求技术领先的经济竞争者"和"推广不同治理模式的制度性对手"。欧盟对中国的此种定位实际上是为中欧人文交流的深化铺设了一种偏向消极的氛围。

导致出现此种局面的原因，主要来自欧盟及诸多成员国各自所面临的内忧外患，以及在此背景下他们对中国和平崛起所积聚的不公正的认知，同时也受到美国对华态度巨大变化的影响。自2008年以来，金融危机、欧债危机、难民危机、乌克兰危机，以及恐怖袭击、民粹力量上升、英国"脱欧"等事件接连不断，致使欧洲一体化遭遇空前挑战。而且，欧洲各国经济发展、社会生态等也面临诸多困境，民众普遍深深地感受到各种不确定性，对其个人与国家的前途担忧。与此同时，中国经济与科技实力快速提升、社会长期稳定、综合国力与影响力显著增强。在逆全球化思潮、民粹势力的引导下，欧洲媒体与舆论普遍认定中国是当下经济全球化的最大受益者，而欧洲国家则成为"受害者"。在这样的背景下，受各种反华势力的推动，中国的形象在欧洲被广泛且持续贬损。在中欧人文交流中，这种被扭曲的针对中国的刻板认知、误解甚至是恶意曲解，成为一种极具负面影响力的社会背景与文化氛围。

2. 欧洲加剧对华人文交流的抵制与排斥

在价值观、意识形态引导下，欧洲不断在人文领域向中国挥舞"大棒"。近些年来，西方国家部分势力对孔子学院的抵制，已充分表明他们对中国的对外人文交流活动依然存有强烈的傲慢与偏见。中国的对欧人文交流，只要是涉及思想学说、价值理念等方面的内容，很容易被欧洲视为对其施加意识形态与政治影响，从而受到防范、抵制与打击。

2019年11月，英国下院在《谨慎的拥抱：在威权时代下捍卫民主》①报告中称中国对英国高校进行干预，中国在英留学生和孔子学院影响英国"学术自由"，并建议要制定战略以应对威权政府对英国大学构成的挑战。2021年9月，法国军事学校下属的战略研究所发布一份题为《中国影响力操作：权谋时刻》的报告。②这份假以学术之名的报告，将中国的对外交往描述为大规模、连续性、全球性、全方位、全球化的扩张行为，认为中国为展示其权势而进行了千变万化的"影响力战争"。报告发布后，世界多家媒体予以报道，并用各自方式进一步夸大了所谓负面甚至是危险的中国形象。该报告认为，中国"利用"孔子学院和孔子课堂，以教授中国语言和文化的名义，寻求增强某些欧洲机构对中国的依赖性，甚至将之用来从事间谍活动。

长期以来，西方国家对文化传播所能产生的影响有清晰而深刻的认识，他们也一直强调通过文化传播输出其价值观。由此，他们对于其他国家对欧开展文化传播是有所忌讳与提防的。鉴于中国对欧人文交流可以推进各国民众对中国的深入了解，甚至是形成积极的对华认知等，欧洲反华势力对此更是强烈抵制与严加防范的。

在人文交流中，对于文化艺术方面的展演活动，西方国家基本上是开门欢迎的，毕竟这对于活跃他们民众的文化生活有帮助。但是，在较深层面上介绍中国、引导各国民众深入了解中国的思想理念、价

---

① House of Commons, Foreign Affairs Committee, "A cautious embrace: defending democracy in an age of autocracies", https://publications.parliament.uk/pa/cm201919/cmselect/cmfaff/109/109.pdf.

② Paul Charon & Jean-Baptiste Jeangène Vilmer, Les opérations d'influence chinoises: Un Moment Machiavélien, Paris: Institut de recherche stratégique de l'école militaire, septembre 2021.

值体系与制度建构等方面的内容，则往往会被扣上意识形态宣传的帽子，遇到各种阻力。换句话说，中国的对欧人文交流，只要是涉及思想学说、价值理念等方面的内容，很容易被欧洲视为对其施加意识形态与政治影响，从而受到防范、抵制与打击。近些年来，西方国家部分势力对孔子学院的抵制，已充分表明他们对中国的对外人文交流活动依然存有强烈的意识形态偏见与拒绝姿态。

究其原因，虽然也有中国部分对欧人文活动的内容安排与组织经验不足等方面的因素，但更为重要的是，西方国家深悉文化传播在影响人的思想方面所具有的重要作用，对"思想中国"的拒绝也存在着政治乃至安全方面的考虑。

3. "文明冲突论"与霸权思维长期存在

在对华人文交流日益强调价值观、意识形态的当下，欧洲国家越来越无法心平气和地接受中华民族伟大复兴这一事实。欧美一些舆论将西方国家（尤其是美国）与中国之间的冲突，界定为"一场与一种完全不同的文明和不同的意识形态的斗争"。[①] 很明显，此种声音折射出一种非常危险的霸权主义倾向，其持有者意欲掀起新一轮"冷战"，将中西拖入所谓的"文明冲突论"中。

"文明冲突论"的认识论基础是，用西方排他性、对抗性、集团性的思维方式来看当代世界。[②] 具有明显破坏性的"文明冲突论"深刻地影响着包括欧洲在内的众多西方国家的政府官员和知识分子，这与近三百年来西方殖民主义与帝国主义历史密不可分，已经很深地嵌

---

① 《请斯金纳女士别玷污了文明》，国际在线，http://news.cri.cn/20190514/4a0be0fa-4f55-4790-8a8c-148b729370f0.html。

② 田德文：《"文明冲突论"错在哪里》，《人民论坛》2019年第21期。

入到西方社会的心理与思维方式之中。时下，中国的快速发展所遭遇的"中国威胁论"在欧洲一些国家的某些团体与媒体中越来越大行其道，原因不仅在于缺乏对中国的了解而导致的误解，更为深层次的背景是"文明冲突论"所带来的对西方自己的体制与价值的傲慢和对中国发展与中华文明的偏见。

面对中国的崛起，欧洲某些势力更习惯于在人文领域进行打压。中国越是强大，参与全球治理的能力越强，在世界上影响力越是提升，来自欧洲的抵制与打压越激烈。这种警惕与抵制在很大程度上是其西方中心论的世界观的折射。他们在西方中心论的视野下所看到的中国发展，不是对人类社会繁荣与进步的积极贡献，而是其自身从相对优势日益式微的过程中出现的利益受损，以及对中国会成为"世界霸权"的战略忧虑。恰恰是由于这样一种基本认知，他们才会对中国在世界交往中的每一步都以怀疑的态度来审视，阻挡中国深层次的对欧人文交流。在与中国的人文交流中，很多欧洲人希望推行的只是一种单边模式，只希望让他们自己的文化和价值更多地输入并影响中国社会与民众，而不希望中国文化更好地在西方社会得以传播和被客观了解。

尽管这种现象并不是以同样的方式和同等的程度存在于所有欧洲国家，但在整个欧洲社会却具有很强的影响力。无论中国如何声明绝不寻求霸权，他们根据自身的历史和对世界近代历史的认知，对此始终抱有极大的怀疑与不信任。让西方彻底改变对中国的这种不公正的认知框架也将是一个历史的综合过程，其中充满了各种矛盾与斗争。

实际上，这主要源自欧洲对华人文交流中的霸权主义思维。平等与尊重本来应该是不同国家、民族之间开展文明交流的基本原则，但是，在中欧人文交流中，我们依然能够感受到来自欧方的某些霸权思维，以及居高临下的傲慢姿态。欧洲一部分势力时常以所谓"人权""民主"等话语来指责甚至是干涉中国，尤其是一部分智库学者和汉学家、中国研究学者等，早已习惯于戴着有色眼镜审视中国，用双重标准来判定中国与自己。源自于汉学家、中国问题专家这类群体的有关中国的负面的知识生产与舆论传播，在中欧人文交流中一直起着主导性作用。

（二）中欧人文交流中的非对称性挑战

1. 中欧之间存在明显的影响力"势差"

2019 年，美国南加州大学外交研究中心联合英国波特兰公关公司持续共同发布的"全球软实力研究"系列报告显示，近年来在软实力影响位居世界前 20 位的国家中，基本上都是欧洲国家（其他还有美国、日本、加拿大等国家）。其中，法国、英国、德国和瑞典分别位居 2019 年软实力影响前 4 位。[①] 即使出现法国"黄马甲运动"、英国"脱欧"等影响较大的事件，均未对这两个国家的软实力带来负面影响。相比之下，中国的排名则一直徘徊在第 30 名的位置。

虽然这些"排名"的标准存在很大问题，其预设的结论是西方一定优于非西方、所谓"民主国家"必然高于其他国家，但很明显，中国对外软实力影响与自身的经济实力确实是不匹配的，与欧洲各国的文明交流所面临的影响力"势差"绝不容忽视。

目前来看，相较于中国文化，欧洲文化还是处于一种"上阶"位置，其他国家和地区的人们对之是向往的，文化上"西强中弱"这一

---

① Portland, "The Soft Power 30: A Global Ranking of Soft Power 2019", https://soft-power30.com/wp-content/uploads/2019/10/The-Soft-Power-30-Report-2019-1.pdf.

基本现状还没有改变。这也使得在中欧人文交流中,包括在教育、艺术、学术、科技等领域,欧洲文化对中国民众的吸引力远强于中国文化对欧洲民众的吸引力。

2. 中欧之间的深层次交流失衡

在中欧文化、艺术、教育、学术等众多方面的交流与合作中,尽管内容丰富多彩、形式灵活多样,但是就其展现出来的深层次影响力而言,中欧之间存在着较为明显的"势差"。中欧之间虽然每年都会组织大量的双向人文交流活动,但就文明互动、互鉴的深度而言,双方的深层次交流并不对称,存在较为严重的失衡现象。这种失衡现象最为集中地表现在双方在针对对方民众的影响力塑造方面,存在着明显的落差。一个特别明显的例子即是,虽然都是文明发源地,且中国的文明比欧洲历史更长、延续性更强,但欧洲的思想及诸多人文理念对中国社会和民众的影响却远远强于中国思想对欧洲社会和民众的影响。

如果就中欧双方在人文社会领域内的作品翻译、出版与传播等情况进行比较,可以发现,欧洲各类著作在中国的翻译、出版与传播,无论是数量还是质量,都远远多于、广于和深于中国著作在欧洲的情况。可以说,在知识的交流与传播方面,中欧/中西之间一直还处于严重的"逆差"状态。

以特别注重对外文化行动的法国与中国在图书出版领域内的互动为例,法国对中国的影响要远远大于中国对法国的影响。据法国出版联合会数据,2018年在法国同世界各国签订的版权转让或共同出版的合同中,被翻译成汉语的作品最多,占比为14%,而西班牙语则占比为11%、意大利语为10%、英语为6%。① 中国出版业从法国引进的图书主要包括青少年读物、人文与社会科学著作、学校教育读本及参考书、美术与艺术读物，以及科学、技术与医学著作等。而同一时期，在法国从国外引进并翻译成法语出版的图书中，源自汉语的作品仅占所有翻译作品的0.6%，远不及翻译自日语（12.6%）的图书总量。②

近些年来，法国出版业在国际上赢得了很大的成功，其人文社会科学类作品，以及时事类、随笔类和档案等图书在国际社会很受欢迎，而青少年读书、漫画作品和小说等则尤为受欢迎，这三类图书商品占其国际销售总量的72.5%。③ 据统计，仅2017年，法国就向世界各国共计出让13500种图书的版权，④ 为其出版业赢取巨大商业收益的同时，也非常广泛地将法国的文化及其价值观传播至世界各地。

以思想理论、知识生产、艺术创造等传播为代表的深层次文化交流，深刻地呈现着一个国家在文化领域内的对外影响力，是其软实力影响的重要指标。长期以来，中欧之间深层次的人文交流总体上所呈现出来的严重失衡现象，成为双方深化人文交流的一个重要障碍，欧方对此是乐见的、暗喜的，但对中国则极为不利。与此现象相对应，

---

① Syndicat national de l'édition, Les chiffres de l'édition 2018 – 2019, https://www.sne.fr/app/uploads/2019/06/RS19_Synthese_Web01_VDEF.pdf.

② Observatoire de l'économie du livre, Économie du livre: le secteur du livre: chiffres-clés 2017 – 2018, http://www.syndicat-librairie.fr/images/documents/chiffres_cles_livre_sll_2019_donnees_2017_2018_.pdf.

③ Syndicat national de l'édition, Les chiffres de l'édition 2018 – 2019, https://www.sne.fr/app/uploads/2019/06/RS19_Synthese_Web01_VDEF.pdf.

④ Patrick Kovarik, Le livre français "très dynamique" à l'international...à condition d'être traduit, https://www.capital.fr/lifestyle/le-livre-francais-tres-dynamique-a-linternational-a-condition-detre-traduit-1295374.

中国对欧文化交流总体上还缺乏有人文思想深度的顶层设计与行之有效的实际操作。

中国在对欧人文交流中的另一个突出问题是，杰出的一流人才未必都能及时站到交流的第一线。必须看到，通古今、明中西的思想家、人文社科学者与艺术家等优秀人才本来就不多，而他们在对欧人文交流中应有的作用也没有充分发挥出来。很多中欧文化交流学术与思想色彩不够浓，即使有学者参加，也未必是相关领域的佼佼者，且常常是装点多于实质，形式大于内容。同时也应当注意到，一些对欧文化活动的开展并不"走心"，常常止步于"完成任务"，并没有真正地将之推进到民心相知、相识、相倾的层面上。

3. 中国对欧人文交流中社会力量参与不足

尽管对欧人文交流已经形成了高层支持、官民并举、多层级、多主体参与的治理格局，但是总体来看，政府主导比较突出，社会力量参与不足，尤其是对社团组织创新优势的倚重不够。欧洲在对华人文交流中，其官方主导和搭建的框架倾向于调动民间组织与相关企业的力量，积极鼓励和引导它们去发现和开拓新的交流领域，并创新组织机制。而且，诸多民间组织与企业的参与还进一步活跃了文化产业的发展，创造了可观的经济效益。相较于欧洲而言，中国的实践在此方面还有待改善。更为重要的是，在中国对欧人文交流中，吸引社会力量的参与，能在一定程度上缓解针对中国在对外文化行动中进行意识形态宣传的指责，以赢得更为宽松、平和的气氛。

此外，中欧之间的人文交流存在较大的国别差异，"不均衡"的问题明显。人文交流活动在中国与部分欧洲国家（尤其是同英、法、德等大国）间表现得频繁，而在有些国家则明显较少。而且，这种国别差异还体现在人文交流活动的内容安排与活动的组织质量、人员往来的领域等其他方面。

◇ 深化中欧人文交流的路径革新

中欧人文交流的深化，需要加强统筹，回应问题与创新举措并举，全方位推进，尤其要深入思考如何避开政治意识形态的规训，为深入的民心相通创设条件。

（一）从"思想交流"的高度统筹中欧人文交流

中欧两大文明的交流可在"和而不同"的前提下，加强在思想层面的沟通与交流，推动双方民众在精神和心灵层面的相识相知相通，培育着眼于人类命运共同体建设的基本理念与愿景。

欧洲致力于对外文化传播的机构，比如法国文化中心、德国歌德学院、英国文化协会、西班牙塞万提斯学院等，在中国各地均具有很大的影响力，它们组织开展的诸多活动，虽然也大量包括语言培训、艺术展演等内容，但都特别强调文化活动的思想性，着眼于对"人"的影响和塑造，其人文情怀的渗透力很强。中国走向欧洲的人文活动安排应当多借鉴欧方做法，提升过去以"吹拉弹唱为主"的人文交流活动的层次，加强思想层面的沟通与交流。

中国应继续通过学术研究、翻译出版、艺术创作、治理合作等，切实加强中欧之间的"思想交流"，尤其是要着力推动"中国思想""中国学术"走出去项目，让更多的欧洲人了解中国的思想及其人文传统。一方面，要组织力量编写适合欧洲人阅读的介绍中国文化及其人文理念的作品，通过学术外译等项目推广出去；另一方面，也应加大翻译出版等方面的奖励机制与作用，鼓励欧洲学者积极识别并翻译优秀的中国文化作品，用他们最为恰切的语言表达把中国文化介绍给当地民众。因此，可考虑在中欧之间加大优秀中文图书翻译推广计划，借以鼓励欧洲各国学者与翻译家在哲学、历史、文学等诸多领域内选择优秀的中文图书翻译成欧洲各国语言文字，扩大和加深各国民众对中国的文化认知。

就深化对外思想交流而言，应进一步鼓励国家级科研机构和知名高校在欧洲设立各类学术研究中心，重点加强与欧洲学者的深入交流，同时还可以此为基地，加强对欧洲国家的实地调研。值得注意的是，包括英、法在内的很多欧洲国家的高校在中国设立了代表机构，这些机构为各国学者开展有关中国的研究，以及同中国学界与教育界进行交流，创设了良好的机制框架，有益于深化他们有关中国的知识生产。

可考虑邀请知识界、艺术界的杰出领军人物参与到对欧人文交流的不同领域，为之创造机制性平台，充分激发其能动性，把他们推向一线去"唱主角"。就此，可考虑启动"中欧人文学者交流计划"，以项目资助的方式，引导和鼓励各部门、各领域积极发现、培养和联络优秀思想文化类人才，并创造合适的活动载体与机制，将中国最优秀的人文与社科领域学者和文化艺术工作者推向对欧人文交流的一线，同欧洲开展深层次、高水平思想交流与文化互鉴，就影响中欧及人类未来发展的重大议题进行深入对话与讨论，并鼓励积极的学术争论与思想碰撞。

(二) 完善对欧人文交流的内容建设

1. 更多地呈现"现代中国"的形象

对欧人文交流的内容设置,既要特别抓取对方民众尤其是青年人感兴趣的议题,也要充分展现文化中国的整体形象,使交流对象全面认知中国。总体而言,我们对欧人文交流的内容,以往较多地呈现了"过去的""古老的"中国形象,这样的内容建设很容易会落入欧洲国家对中国的"二元叙事"之中,将古代中国与现代中国对立起来,并以"古代中国"来否定"现代中国",对于欧洲民众客观认知中国是非常不利的。法国在对外文化行动中向世界展示的,就既包括其优秀的历史文化遗产,也涉及当代文化艺术创作的最新成果,尤其是其在文化领域内的思想创造,二者相互映衬。[①] 中国在对外文化传播中,将自身在当代发展中所取得的巨大社会进步与文化艺术发展及其创作成果客观呈现出来,将有益于欧洲国家的民众与青年更深入了解和理性认识当代中国从哪里来、正在做什么、将会到哪里去。

2. 加强在文化遗产传承与文化多样性保护方面的交流对话

欧洲国家与民众对文化遗产传承与文化多样性保护表现出格外的兴趣,我们的对欧人文交流可在此框架下,与之加强互动,通过开展学术理论、技术成果、大众教育等方面的交流与合作,夯实在传承文化遗产与保护文化多样性方面的共识。在尊重和保护文化多样性的框架下,在对外文化交往中积极倡导"各美其美、美人之美、美美与

[①] 张金岭:《法国文化外交实践及其启示》,《当代世界与社会主义》2021年第4期。

共"的理念，从文明互鉴的高度出发，通过多年的交流、交心，逐步达到"和而不同、互鉴互通"。

3. 在地方合作的框架下将中欧人文交流带入双方公共文化服务领域

公共文化服务在人文精神培育方面具有不可忽视的重要作用，着眼于中欧人文交流的深化与民心相通的推进，可以借助中欧各国的公共文化服务体系建设，让各国民众在自己的社区内了解对方文化，让中国文化进入欧洲的社区之中，以更日常、更便捷、更深入的方式推进人文交流。尤其是着眼于欧洲不同国家民众的日常生活，设计和安排与之相关的人文交流活动。日常生活中的文化实践对于人的理念与价值诉求的形塑极为重要，可通过向欧洲民众介绍与阐释中国人在其日常生活中如何待人接物、行为处事，来加深彼此的文化认知与亲近感。

4. 深入推进中国学界在人文与社会科学领域内对欧洲各国的知识生产

目前来看，相较于欧洲大国，中国在国别与区域研究方面的知识生产还十分薄弱。可借鉴西方国家开展有关世界各地经验研究的做法，引导并鼓励中国的青年学者到欧洲各国开展以实地调研为基础的经验研究，增强中国人文社会科学的知识生产对当代欧洲各国现状的关注，深入了解各国社会是如何成为人们今天所看到的样子的，深入了解其思维方式、价值诉求，以及与之相关的制度设计等，克服一般性介绍或膜拜性推崇。

（三）革新对欧文化交流的行动载体

1. 拓展对欧文化交流的文化产业网络

欧洲国家越来越重视在对外文化行动中潜在的经济利益，因而特别强调文化产业及相关产品与服务的对外推广，如此一来，既可向外辐射文化影响力，也可创造可观的经济财富。更为重要的是，在对外经贸合作中开展的文化交流活动，可在一定程度上避免来自西方社会的意识形态方面的偏见。基于欧洲的此类经验，在中国对欧人文交流中，放长线、做细活，通过市场机制将文化产品合法输出，在"润物细无声"的过程中，获得欧洲各国对中国的了解度和认同感。可通过孵化一批致力于对外文化推广的创意企业，鼓励它们以文化经济运作的方式，引导文化消费，开展对外文化交流。

2. 创新中欧人文交流的数字化载体

欧洲各国在对外人文交流中，特别强调对新技术、新媒体的利用，特别强调对外文化行动载体的数字化建设。这是未来人文交流、文化互动的大趋势之一。而且，新冠疫情在全球的暴发，给世界各国之间的交流与合作带来了巨大挑战。在此背景下，探索新的人文交流机制成为当务之急，而对数字化与互联网的应用，则成为最重要的技术手段之一。

就具体的文化项目设计而言，可在中欧合作的框架下，共同建设一系列虚拟博物馆，比如聚合中欧各国重要博物馆馆藏的"中欧文化遗产博物馆"、由"一带一路"沿线国家共同参与的"'一带一路'文化博物馆"等；中欧可共同开发数字化的教育资源，以深化双方在基础教育、高等教育与职业教育领域内的合作等。类似项目的实施，既可在中欧双方均重视数字化转型的背景下，创新和深化中欧之间的人文交流，还可以带动一部分文化产业与文化经贸项目的拓展，实现共赢。

同时，还应注意积极发展和利用数字技术与视听媒介载体，生产优秀的对外文化视听节目。在世界各国普遍重视数字技术与视听媒体载体的背景下，培育和制作优秀的数字与视听节目品牌，是充分利用新技术优势的关键所在。可以在充分进行受众调查的基础上，集中设计和培育一部分优秀的视听节目，寓传播于娱乐之中，通过网络数字技术和新媒体扩大对欧洲年轻人的传播。

（四）完善对欧文化交流的组织机制

1. 同欧盟及其成员国之间的人文交流要有所区别

中国与欧盟及其成员国之间的人文交流应当明确各自不同的定位，有所区别地突出各自不同的战略性，在策略上突出"务虚"与"务实"的互补。

在联盟层面，中欧之间的人文交流宜突出全局性、对话性和象征性，搭建机制性平台。与欧盟开展的人文交流活动，要注意有一定的辐射范围，借助欧盟的动员力量，广泛联系欧洲各国，促进欧洲各民族对中国的客观认知与理解，在战略高度突出中欧人文互动的意义。

在国家层面，中国与欧洲国家之间的人文交流应突出学习性、切磋性和交流性，从务实的角度深化互动。欧洲各国存在着各自不同的人文传统，与不同民族的交往互动需要考虑其民族与文化特性，而且相较于泛指的"欧洲文化"而言，具体的欧洲各民族文化更值得与之深入互动与互鉴。就此，要强调不同国家和民族文化的平等与相互尊重，注意保持国别之间人文互动的相对均衡，坚持大国小国一律平等对待，不让欧洲民众产生中国人心目中的"欧洲"只是法国、德国等几个大国的误解。

2. 加强组织机制统筹，激发社会力量活力

中欧之间的人文交流已经搭建了较为完善的机制框架，其实践成效的取得关键在于落实，一是充分发挥多元行动主体应有的作用，二是充实各项目机制的内容供给，既要体现项目延续性，又要注入创新元素，让双方民众对中欧人文交流充满期待。

从中国方面来看，需要进一步明确和强化国家层面的统筹机制。在国家层面统筹，应建立广泛的部际协作机制，邀请各相关部委和机构参与，强化政策协作，以免出现"政出多门""低水平重复"，或彼此不协调等现象。同时，在各部门领域内，积极动员社会力量的参与，充分发动相关社团组织与文化企业的积极性，鼓励它们创新其对外文化行动实践。

在对欧开展的文化交流中，应继续淡化政府主导的色彩，强化社会组织乃至文化企业和民间团体的作用，如文化艺术团体、智库、高校、社团组织、基层社区等。借重社会力量，既有益于广泛地调动社会资源，还可引导创新，通过社团组织发现中欧人文交流的新问题，拓展新领域，创设新形式。可以项目制方式资助社会力量参与对外人文交流活动，并主动打造一批走得出、迎得进、留得下的文化产品和文化团队。

第六章

全球治理中的中欧关系

当今世界深处"百年未有之大变局"的特殊历史时期,在全球政治经济秩序深刻变革,全球化程度日益加深,以智能化和数字化为代表的技术革命等多种因素合力作用下,全球性问题在规模、数量和影响力上都远超以往,正在对国际安全产生着巨大的塑造性影响,也对人类的全球治理能力提出了更高要求。全球治理的方式、路径和理念等多个面向,都面临艰巨的变革任务。[①] 新冠肺炎疫情暴发以来,相互掣肘、"一地鸡毛"的国际抗疫合作闹剧,再次凸显了国际社会全球治理供给不足的重大弊病,中国学者秦亚青认为疫情冲击导致了全球安全文化的退化,国际抗疫合作的失败是合作型全球安全文化向着冲突型全球安全文化的退化发展。[②] 提升全球治理的有效性,亟待改革完善现有体制机制,加强治理能力建设。

中国将推动全球治理作为构建"人类命运共同体"的重要内容,不仅以自身行动积极承担全球治理义务,而且致力于推动全球治理体

[①] 秦亚青、俞正梁等:《全球治理体系变革和建设的研究重点与路径建议》,《国际观察》2021年第3期。
[②] 秦亚青:《新冠肺炎疫情与全球安全文化的退化》,《国际安全研究》2021年第1期。

制机制优化和效能提高。习近平主席在2019年3月举行的中法全球治理论坛上,一针见血地阐述了当前全球治理面临的"四大赤字",包括治理赤字、信任赤字、和平赤字和发展赤字,强调了要通过发挥世界贸易组织等全球多边机制和欧盟等区域多边机制的建设性作用,破解上述难题,共同建设人类命运共同体。① 而欧盟自冷战结束以来一直是全球治理相关理念的积极倡导者、议题的引领者、实践的推动和参与者。作为全球治理实践的先驱,1992年联邦德国前总理勃兰特(Willy Brandt)等28位国际知名人士,在联合国内部发起成立了"全球治理委员会"。在1995年发布的报告《天涯若比邻》中,该委员会对全球治理的内涵作出了经典界定,② 迄今为止,这一定义在全球范围内被不同背景的人士广泛引用,产生了巨大的学术和政策影响力。由于欧洲一体化与全球治理在理念和实践上部分重合,欧盟作为全球性力量,在全球治理体系中始终具有独具特色的优势,即使在近年来深受国际金融危机、欧债危机、难民危机、民粹主义兴起、英国脱欧、新冠肺炎疫情等多重危机影响,经济活力不彰的状况下,依然是不可或缺的全球治理主体。

中欧是维护世界和平的"两大力量"、促进共同发展的"两大市

---

① 习近平:《为建设更加美好的地球家园贡献智慧和力量——在中法全球治理论坛闭幕式上的讲话》,《人民日报》2019年3月27日第3版。

② 报告认为全球治理是"个人和机构,公共和私人管理一系列共同事务方式的总和,它是一种可以持续调和冲突或多样性利益诉求并采取合作行为的过程,包括具有强制力的正式制度和机制,以及无论是个人还是机构都在自身利益上同意或认可的各种非正式制度安排"。参见 The Commission on Global Governance, *Our Global Neighborhood: The Report of the Commission on Global Governance*, Oxford: Oxford University Press, 1995, chapter 1。

场"和推动人类进步的"两大文明"。① 在当前全球治理体系相对失灵的艰难动荡时局，作为最大的发展中国家和最大的发达国家联盟，中国和欧盟共同承担着提供理念方案与行动支持，维护全球多边秩序稳定的国际责任。双方在全球治理领域的竞合状态，在一定程度上甚至决定全球治理体系的发展方向和绩效。本章的研究对象，是以联合国为中心的全球治理框架下的中欧关系。首先，对中欧全球治理合作现状进行追踪梳理；其次，考察中欧在全球治理方面的分歧与竞争；最后，系统性分析中欧深化全球治理合作的制约因素，研判和展望未来前景。需要指出的是，鉴于目前学界对全球治理的界定尚存争议②，为了便于开展研究，本节采用中国学者蔡拓的定义，即"全球治理是以人类整体论和共同利益论为价值导向的，多元行为体平等对话、协商合作，共同应对全球变革和全球问题挑战的一种新的管理人类公共事务的规则、机制、方法和活动"③。全球治理包括了国际组织、各国政府和各国公民三个层面的多元行为体，④ 所涵盖领域囊括了人类在全球化世界中面临的经济发展、气候变化等治理议题。

---

① 《中欧联合声明折射中欧关系三大特征：全球性、战略性、示范性》，凤凰网，2019年4月12日，https://ishare.ifeng.com/c/s/7loZcPCHpSc。

② "全球治理"这一概念肇始于20世纪90年代，联合国全球治理委员会和许多西方学者参与了此次学术辩论，形成了若干影响广泛和深远的权威定义。代表性的包括：[美]詹姆斯·罗洗瑙主编：《没有政府的治理》，张胜军等译，江苏人民出版社2001年版；[美]约瑟夫·奈等主编：《全球化世界的治理：世界政治中的秩序与变革》，王勇等译，世界知识出版社2003年版；James N. Rosenau, "Governance in the Twenty-First Century," *Global Governance*, Vol.1, No.3, 1995；The Commission on Global Governance, *Our Global Neighborhood: The Report of the Commission on Global Governance*, Oxford: Oxford University Press, 1995。

③ 蔡拓：《全球治理的中国视角和实践》，《中国社会科学》2004年第1期。

④ 俞可平：《全球治理引论》，《马克思主义与现实》2002年第1期。

◇ 中欧在联合国框架内的全球治理合作

行为体的多元化是全球治理的根本特征，主权国家和非国家行为体相互联结形成的整体性多层治理互动，构成了当代全球治理体系的基本结构。在由功能各异的各种国际组织与国际规制构成的超国家全球治理体系中，拥有高度国际权威的联合国机构居于核心位置，甚至可以说是在大国权力博弈的权力"极"之外存在的权威"极"。[1] 联合国也因此成为中国和欧盟围绕全球治理进行互动博弈的重要平台，双方在联合国框架内围绕全球治理议题的竞争与合作，构成了中欧关系的重要内容。

（一）中欧参与联合国全球治理事务的现状

1949年中华人民共和国成立后，中国政府始终重视维护和平稳定的国际秩序，积极承担全球治理相关义务。早在1954年，当时还在被西方国家孤立的中国就提出了深远影响国际关系的"和平共处五项原则"，和平共处五项原则1970年被联合国大会通过的宣言正式接受，并在1974年联大公报中被重申，成为联合国官方确认的处理国际事务的基本准则之一。这是中国为全球治理贡献智慧和方案的早期和典型案例。1971年10月中华人民共和国恢复联合国合法席位后，作为安理会五大常任理事国之一，50多年来中国在尊重联合国核心

---

[1] 蔡拓、杨雪冬、吴志成主编：《全球治理概论》，北京大学出版社2016年版，第98页。

地位的基础上，积极承担全球治理的责任义务。以参与联合国维和行动为例，自 1990 年首次派出维和部队以来，截止到 2020 年 9 月，中国累计派出 4 万余名维和士兵，"派出维和官兵的数量和类型全面发展，从最初的军事观察员，发展到工兵分队、医疗分队、运输分队、直升机分队、警卫分队、步兵营等成建制部队以及参谋军官、军事观察员、合同制军官等维和军事专业人员。中国维和官兵的足迹遍布柬埔寨、刚果（金）南苏丹等 20 多个国家和地区，在推进和平解决争端、维护地区安全稳定、促进驻在国经济社会发展等方面作出了重要贡献"[1]。此外，中国也先后签署加入《生物多样性公约》（中国 1992 年签署公约，1993 年对中国生效）、《联合国反腐败公约》（2003）、29 项联合国人权公约等，并逐渐在气候变化、国际发展援助、全球公共卫生治理等方面成为最为积极的推动者和议题引领者之一。当前中国正在致力于推动构建"人类命运共同体"，参与联合国框架内的全球治理活动是其中重要的组成部分。一是积极奔走倡导和以身示范，推动构建人类卫生健康命运共同体；二是创建减贫治理的全政府全社会参与模式和帮扶格局，为全球贫困治理提供了中国方案，为联合国可持续发展目标的实现做出了巨大贡献；三是全面制定并实施了气候变化方案，宣布碳达峰碳中和目标愿景。[2] 蔡拓认为"全球治理与国家治理已获得了前所未有的战略重要性，成为当代中国的两大战略考量"[3]。

---

[1] 中华人民共和国国务院新闻办公室：《中国军队参加联合国维和行动 30 年》白皮书，2020 年 9 月 18 日，http://www.gov.cn/zhengce/2020-09/18/content_5544398.htm。

[2] 秦亚青、俞正梁等：《全球治理体系变革和建设的研究重点与路径建议》，《国际观察》2021 年第 3 期。

[3] 蔡拓：《全球治理与国家治理：当代中国两大战略考量》，《中国社会科学》2016 年第 5 期。

欧盟与联合国被称为"自然伙伴",共同的价值观和国际关系目标将双方凝聚在一起。虽然欧盟并不是联合国的成员国,但是欧盟长期作为联合国的永久观察员国参与会议和活动,[①] 且欧盟成员国均为联合国会员国,两个组织之间还存在着多种多样的联系机制,如双方互设了代表处、自 2000 年以来建立了部长级会晤机制、[②] 欧盟委员会主席及外交和安全政策高级代表与联合国秘书长之间建立了定期会晤机制等。[③] 故而双方多年来始终维持着密切良好的全球治理合作关系,共同致力于在多边主义原则基础上推动以联合国为中心的全球治理体系健全完善。一方面,欧盟在理念和政策宣示上始终强调联合国在全球治理体系中的中心地位,将联合国作为欧盟贯彻"有效多边主义"对外政策理念、发挥全球性影响力的重要平台。21 世纪以来,欧盟相继发布的大战略文件,如 2003 年的《欧盟安全战略》、2016 年的《欧盟外交和安全政策的全球战略》,都一再强调将联合国作为多边主义国际秩序的支柱,支持以联合国为中心和平解决一切国际争端。另一方面,欧盟积极参与和推动联合国框架下的全球治理事业发展。从 1964 年在纽约建立新闻办事处以来,在欧盟委员会的牵头推动下,欧盟与联合国内部关涉全球治理议题的组织建立了机制化的联络关系(见表6—1),运用不同方式深度参与了多种类型的全球治理活动,

---

① 1974 年 10 月,联合国大会通过 3208 号决议,授予欧共体永久观察员地位,1993 年《马斯特里赫特条约》生效后,这一地位被欧洲联盟继承。2011 年 5 月,联大通过第 A/65/276 号决议,授予欧盟"被提升的观察员(Enhanced Observer Status)"。European Council, *EU at the UN General Assembly*, June 1, 2019, https://www.consilium.europa.eu/en/policies/unga/.

② 简军波:《欧盟参与联合国全球治理——基于"冲突性依赖"的合作》,《欧洲研究》2013 年第 2 期。

③ 赖雪仪:《欧盟——以联合国为中心的全球治理的积极推动者》,载严少华、赖雪仪主编《欧盟与全球治理》,社会科学文献出版社 2020 年版,第 40—68 页。

其方式方法包括了利用联合国观察员的身份，协调联合国内部的欧盟成员国立场、加强与主要大国的立场协调、通过发展援助鼓励和引导发展中国家参与全球治理、[①] 在气候变化等领域引领和推动国际议程等。[②] 在资金供给上，欧盟及其成员国也是为联合国提供最多援助资金的地区行为体，为联合国框架下各类援助活动的顺利开展提供了重要保障。

表6—1　　　　　　　　　欧盟驻联合国机构代表团

欧盟驻联合国机构代表团	负责对应的联合国机构
纽约	联合国大会、联合国经济和社会理事会、联合国开发计划署、联合国儿童基金会
日内瓦	联合国难民事务处、国际劳工组织、世界卫生组织、联合国人权事务高级专员办事处
维也纳	国际原子能机构、联合国药物管制与预防犯罪办事厅
巴黎	联合国教科文组织
罗马	联合国粮食及农业组织、联合国世界粮食计划署、国际农业发展基金
内罗毕	联合国环境规划署

（二）中欧全球治理合作现状

作为分处欧亚大陆东西两端的两大国际政治行为体，自中国与欧

[①] 赖雪仪：《欧盟——以联合国为中心的全球治理的积极推动者》，载严少华、赖雪仪主编《欧盟与全球治理》，社会科学文献出版社2020年版，第53页。

[②] 叶江：《中欧关系新管窥：以国际体系转型及全球治理为视角的分析》，上海人民出版社2015年版，第40页。

共体1975年建立正式外交关系以来，双方虽然时有摩擦争议，但双边关系整体上保持了良好的发展势头。2003年中欧全面战略伙伴关系建立以来，中国和欧盟依托联合国框架，共同为全球治理事业的推动和体制机制的健全完善做出了重要贡献。总体来看，中欧现在已经有广泛且健全完善的全球治理合作机制，双方在联合国范围内的全球治理体系中也基本上呈现出"相互支持，相向而行"的合作趋势，特别是在近年来中国大力推动构建"人类命运共同体"和欧洲积极寻求战略自主的大背景下。简言之，全球治理合作在以往的中欧关系发展中扮演了重要的角色，也将在未来中欧关系中发挥更加积极的作用，中欧双方有着广泛的合作空间和共同利益，中国国务委员兼外交部部长王毅在2018年十三届全国人大一次会议记者会上明确指出"全球治理合作已成为中欧关系新的增长点……我们始终重视欧洲，支持欧洲一体化，看好欧洲发展前景，愿意同欧洲携手合作，为当今充满不确定性的世界注入更多稳定性和正能量"[①]。

中欧已经建立了密切的全球治理合作关系，双方拥有成熟的联系协调机制和稳定健全的合作网络，具体而言：

第一，成熟的全球治理政策联系与协调网络。双方已经建立形成了宽领域、多渠道、全方位、广议题的全球治理合作体制机制，以应对气候变化领域的全球治理为例，肇始于1998年的中欧领导人峰会为双方政治高层就全球治理议题开展广泛的政策协调提供了机制化平台；2005年第八次中欧领导人会晤后，中欧正式宣布在气候变化问题上建立伙伴关系，2010年正式建立中欧气候变化部长级对话机制。在上述合作机制下，多年来中欧进行了积极的磋商并保持了密切的联

---

① 《王毅：全球治理合作已成为中欧关系新的增长点》，新华网，2018年3月8日，http://www.xinhuanet.com/politics/2018lh/2018-03/08/c_137021782.htm。

系，为双方更好地协调在联合国气候变化大会等国际机制中的政策立场，共同推动议程形成发挥了积极的作用。此外，中国与英、法、德等欧盟成员国也建立了双边全球治理对话和合作机制，例如中国和法国共有 30 多个高层磋商对话机制，包括了战略、经济财金、人文等众多领域。2019 年 3 月 25 日，中国国务院新闻办公室和法国外交部共同举办了中法全球治理论坛，进一步升级深化了联合国框架下的双边全球治理合作关系。

第二，多领域、多层次的合作关系。经过四十余年的发展，中欧之间（包括欧盟整体和成员国）在全面战略伙伴关系框架下，已经建立了涵盖多领域的双边对话与协商机制，并维持了积极良好的合作关系，合作范围包括了经贸、政治、战略、科技、气候、公共卫生等众多领域，取得了令人瞩目的全球治理合作成果，中欧双方近年来一直在携手推动应对气候变化的历史性文件——《巴黎协定》的达成落实，在全球应对气候变化合作方面发挥了重要的引领作用。[1]

◇ 中欧全球治理竞争与分歧

中欧在全球治理具体领域的合作具有坚实的基础，面向未来也存在广阔的合作前景。但欧洲各国与中国之间的历史和政治起点截然不同，双方在全球治理的具体进程中也不可避免存在一定分歧与竞争。

---

[1] 《习近平在法国媒体发表署名文章 在共同发展的道路上继续并肩前行》，《人民日报》2019 年 3 月 24 日第 1 版。

（一）全球治理理念和参与方式竞争

中欧在基于"多边主义"的全球治理理念上存在一定认识差异。欧洲人希望建立起一个基于发源于欧洲的多边国际制度之上的世界秩序，以维持西方在国际社会中的主导地位。而中国则希望建立起一个基于力量对比多极化、文化多样化的世界秩序，以维护中国作为一个非西方国家在西方主导的国际社会中的利益。① 具体来说，一方面，出于自身的经验和非西方国家的兴起，欧盟充当国际机制和国际合作的积极推动者，它希望通过有效的机制和权威的国际规范保证国际合作与秩序稳定，即有效多边主义的政策目标。欧盟认同大国合作领导对国际秩序、国际合作与治理的作用，即多极的多边模式。欧盟主张的国际秩序与全球治理体系一定是它自身占据优势的秩序。另一方面，多极化和多边合作是中国和平发展和崛起的重要条件、必然方式和最终保证。伴随着新兴发展中国家的发展，公正合理的新秩序越来越具有现实可能性，中国致力于主张南北均衡的国际格局和多极化，认为在此基础上的国际机制才具有真正的合法性和权威性。②

以中欧在国际维和的全球安全治理参与为例，双方在参与方式与目标手段等方面体现出了差异与竞争。从参与方式的角度来说，中国的基本原则是仅参与联合国框架下的维和行动，支持联合国体制内的多边主义。欧盟则在其《安全战略报告》中明确提出了"有效的多

---

① 潘忠岐：《概念分歧与中欧关系》，上海人民出版社2013年版，第223页。
② 陈志敏：《中国、美国和欧洲：新三边关系中的合作与竞争》，上海人民出版社2011年版，第135页。

边主义"概念,[①] 强调国际法的作用与联合国在国际安全中的地位。欧盟在共同安全与防务政策框架内实施的所有冲突干预行动,或是得到联合国安理会的欢迎和授权,或是得到冲突方的同意和邀请。作为人道主义干预思想的坚定支持者,欧盟也希望保留其行动自由,以便能够通过维和行动来更好贯彻其对外政策目标。在目标手段方面,中国的国际维和行动重在恢复和稳定冲突地区的和平局势,主要依靠非作战手段。欧盟对国际维和行动的参与除了地区稳定的目标外,规范输出也是重要目标,并注重军事和民事手段的综合运用。[②] 中欧在国际维和实施方式与目标上的差异给双方全球安全治理领域的合作带来了诸多不确定性因素,也在一定程度上制约了双方协作的成效。

(二) 全球治理公共产品供给竞争

从区域维度来看,中国与欧盟及其成员国的全球治理公共产品供给竞争主要体现在非洲与东南亚地区。

在全球治理的地域选择上,中国的关注重点与联合国的总体取向一致,以非洲地区为重点。非洲是世界上最不稳定的地区之一,各种传统与非传统安全威胁并存,很多国家仍然积贫积弱、发展缓慢,中国积极参与非洲地区的安全与经济治理既是出自对中非传统友谊的重视,也是其全球治理的重要一环。对于欧盟来说,非洲和东南亚是其实施干预行动的两个重点地区。非洲历史上曾是英、法、比、荷、葡等欧盟成员国的殖民地,除了安全利益的考虑,欧盟希望保持在非洲

---

① EU, *European Security Strategy*, 2003.
② 陈志敏:《中国、美国和欧洲:新三边关系中的合作与竞争》,上海人民出版社2011年版,第159页。

的传统政治和经济影响力，并将之转化为后殖民时代欧盟重要的政治和经济利益。① 早在 1975 年，欧洲经济共同体（欧共体）就与非洲、加勒比海地区和太平洋地区的 46 个发展中国家在多哥首都洛美签署《洛美协定》，欧共体为这些发展中国家提供了多方面经济援助。进入 21 世纪后，非洲增长潜力开始得到有力释放，要求进一步巩固政治稳定和推进民主进程的呼声也在升高。欧盟对非洲地区的治理也表现出了更加浓厚的兴趣。中国与欧盟在对非发展合作模式上存在明显差异，中国主张不附加条件、以民生为导向、发展引导型的"安哥拉模式"；欧盟倡导附加条件、以民生为导向、支配型的"捐助—支援"模式。中国与欧盟在全球治理上的路径分歧导致了非洲发展合作"制度导向"和"问题导向"的差异与竞争。② 在非洲地区的安全与经贸公共产品供给中，中国与欧盟及其部分成员国不可避免存在竞争。

在东南亚地区，1977 年欧盟成为东盟对话伙伴，1980 年 3 月 7 日签署的《东盟与欧洲经济共同体合作协议》是双边关系机制化的标志。在 2020 年 12 月 1 日举行的第 23 届东盟—欧盟外长视频会议上，东盟与欧盟宣布升级为战略伙伴关系。2020 年 12 月 9 日，欧盟高级代表首次应邀参加了第 14 届东盟国防部长系列会议，在防务合作以及应对非传统安全挑战方面与亚洲国家开展对话。东盟—欧盟战略伙伴关系有望使双方综合性合作关系发展进入快车道。欧盟还会在其重点关注的气候变化、数字化转型、可持续发展以及包括劳工权利在内

---

① 陈志敏：《中国、美国和欧洲：新三边关系中的合作与竞争》，上海人民出版社 2011 年版，第 158 页。
② 严少华、赖雪仪主编：《欧盟与全球治理》，社会科学文献出版社 2020 年版，第 114—137 页。

的人权领域推进与东盟的多边合作。① 欧盟通过参与东盟及其成员国的地区治理进程加强与东南亚国家的紧密关系，并维持和强化其在东南亚地区的影响力。比如法国与东盟伙伴保持着深度的防务和安全合作，特别是在海上安全、维和行动培训和打击跨国犯罪有关的领域。② 在此情况下，欧盟和东盟及其成员国的合作不仅与中国形成了诸如区域安全秩序维护、地区经贸制度建设、应对非传统安全威胁等公共产品供给和制度竞争，也在一定程度上稀释了中国之于东盟的吸引力。

（三）话语权和价值观竞争

欧盟参与全球治理的进程起步较早，其在全球环境领域具有相当明显的优势。20世纪90年代"政府间气候变化专门委员会（IPCC）"的成立及《联合国气候变化框架公约》的制定标志着"气候政治"成为国际关系热点话题。欧盟根据这两类气候热点话题，制定并推广了大量国际气候话语规则，如"2摄氏度警戒线"、"排放权交易体系"（Emissions Trading System）、"碳关税""低碳经济"等，欧盟的这些话语规则现已成为全球科学界、新闻界、学术界乃至国际气候谈判中的主流话语。③ 欧盟在气候领域具备强大的话语权与影响力，领先于美国等发达国家，更远远超过中国等发展中国家。当前中国的全

---

① 杨悦：《多边主义的胜利：东盟与欧盟伙伴关系升级》，《世界知识》2021年第1期。
② 《欧洲形势专家笔谈：欧盟的印太战略评估》，中国社会科学院欧洲研究所，2021年9月17日，http://ies.cass.cn/cn/work/comment/202109/t20210917_5361353.shtml。
③ 柳思思：《欧盟气候话语权建构及对中国的借鉴》，《德国研究》2016年第2期。

球治理话语权建设处在初级阶段，尚不具备与欧盟进行对等竞争的条件。但在不久的将来，中国与欧盟基于"多边主义"全球治理理念的差异会给双方话语权竞争带来深远影响。

与此同时，决定欧盟—中国关系的质量、双方在国际舞台进行合作的局限性以及合作潜力的因素不仅仅是政治与经济这些"硬事实"，更具有决定性的长期因素是"文化"与"价值观"交流。[①] 欧盟对中国支持其眼中的"非民主国家"，以及它在此类国家中进行的"价值中立外交"（Value-free Diplomacy）和无附加条件（No String Attached）援助项目严重关切，特别是在非洲和缅甸。[②]

由于中欧在全球治理理念和参与方式、全球治理公共产品供给以及话语权和价值观方面的分歧与竞争，中欧依托"一带一路"框架进行双边与多边合作为全球治理做出贡献仍任重而道远。2016年6月发布的《欧盟对华新战略要素》文件指出未来5年欧盟将推动双边投资，并将与中国通过紧密合作来解决双边、多边国际冲突和外交重点问题，但事实上欧盟强化双边投资的立场并未转化为对中国投资行为的信任。例如，欧盟于2017年对中国—匈牙利—塞尔维亚高速铁路项目开展调查，以确认这一项目是否违反了欧盟有关大型交通项目必须进行公开招标的法律。同样在贸易领域，欧盟也对涉及核心技术和利益的中资企业并购行为较为警惕，甚至采取贸易保护主义方式加以规避。新冠肺炎疫情暴发以来，随着欧盟地缘政治利益追求的增加，加之拜登执政后欧美关系的调整变化，欧盟针对中国的意识形态攻击

---

① ［美］沈大伟、［德］埃伯哈德·桑德施耐德：《中欧关系：观念、政策与前景》，周弘译，社会科学文献出版社2010年版，第255页。

② ［美］沈大伟、［德］埃伯哈德·桑德施耐德：《中欧关系：观念、政策与前景》，周弘译，社会科学文献出版社2010年版，第302页。

和诘难日益激烈，以所谓"人权问题"为由多次粗暴指责中国在新疆、西藏、台湾等内政问题上的政策，双方价值观和意识形态矛盾由此不断增加。价值观和意识形态竞争已经成为影响当前和未来中欧关系全球治理合作，甚至整体性双边关系的巨大风险。

◇ 中欧全球治理合作的空间和展望

基于中国与欧盟已有的合作实践，以及双方在全球治理过程中可控的差异与分歧，双方未来合作空间预期向好。从全球治理的主体来看，中国与欧盟国家以及发展中国家的合作前景明朗。在推动全球治理体系改革与建设过程中，中国坚定站在发展中国家的一边，希望增强广大发展中国家的代表性和发言权。欧盟国家也更加注重与发展中国家的协调，更加愿意考虑发展中国家的诉求。从全球治理的客体来看，在百年未有之大变局的背景下，当今世界安全形势呈现新的特点。作为全球治理客体的"生态环境"本身有了新的情况，也给全球治理主体带来了更多问题和更加艰巨的任务。中国与欧盟在全球治理主要议题上存在较强共识，全球治理客体的复杂性在一定程度上为双方的合作提供了广阔前景。

中国的迅速崛起也使得欧盟日渐接受中国在全球治理模式上的创新，从而进行相应的外交战略调整。[1] 欧盟在2016年外交战略中首次提出了欧盟、美国、中国并列为"G3"的概念，意味着欧盟认可中国是世界上最为重要的力量之一，并希望通过中美欧三方力量等级的

---

[1] Noesselt N., "Sino-EU Cooperation 2.0: Toward a Global 'Green' Strategy?", *East Asian Community Review*, 2019, Vol. 2, No. 1. p. 49.

框定来重新定义国际格局。① 中欧在全球治理领域存在广泛的共识，双方一致认同在维护现有多边机制的同时也应当对全球治理体系进行与时俱进的改革。

百年大变局背景下，全球治理体系面临新的调整，中国与欧盟及其成员国在全球治理领域面临诸多合作空间与议题：第一，如何改革联合国？随着南方国家中新经济力量的崛起，如何改进与改革全球性或地区性机构？第二，如何改革国际法？如何确立一项国际法治原则（包括人权领域）？第三，如何促进地区内部和地区之间的合作？如何对地区性组织之间的合作提供支持？②

当前，中欧面临在"一带一路"框架下创新全球治理合作路径的机遇。2020中欧企业家峰会青岛论坛于2020年9月19日在青岛国际会议中心隆重开幕。会上，中外企业家联合会联席主席、法国前总理、法国总统中国事务特使让—皮埃尔·拉法兰指出，"一带一路"项目使得我们各方能够为我们的社会、文明，尤其是企业之间，寻求更好的联系。我们有一个共同愿望，那就是希望合作，在这个伟大倡议的基础上，找到多种先进的、现代的合作形式，这与我们对21世纪多边主义的期望是相呼应的。③ 在实践层面，中国可推动"一带一路"倡议与欧亚互联互通战略对接。2018年9月20日，欧盟委员会与欧盟对外行动署联合发布题为《连接欧洲和亚洲——对欧盟战略的设想》的政策文件，强调将"基于规则"与亚洲的实际相结合，重

---

① 冯存万：《全球治理变化与中欧合作拓新》，《国际论坛》2020年第1期。
② ［美］沈大伟、［德］埃伯哈德·桑德施耐德：《中欧关系：观念、政策与前景》，周弘译，社会科学文献出版社2010年版，第252页。
③ 《法国前总理拉法兰：中欧合作助力全球治理》，参考网，2020年9月19日，https://www.fx361.com/page/2020/0919/7037112.shtml。

点打造交通、能源、数字及人际交流网，与亚洲国家和组织建立互联互通伙伴关系，同时还要在双边、地区以及国际组织层面增进合作。[①] 同时，中国可依托"一带一路"框架在非洲与东南亚地区开展第三方市场合作。中国与欧盟在促进非洲与东南亚的可持续发展方面具有相同目标，但囿于其自身凝聚力受挫和资源限度，欧盟难以凭借一己之力提升所有国家相对低下的经济发展水平和相对落后的基础设施建设。在新冠肺炎疫情肆虐这个大背景下，中国和欧洲在非洲发展问题上共同合作的紧迫性更加凸显，中国与欧盟依托"一带一路"框架在非洲与东南亚地区开展第三方市场合作存在广阔空间。

此外，鉴于欧盟与中国之间存在政策路径上的真实差异和持久的价值观分歧，双方要在具体政策领域达成共识与合作可采用自下而上的方法——即着眼于双方已经存在共同利益的问题，如海盗或失败国家以及地区不稳定。[②] 自下而上的方法有助于凝聚当前全球治理的多边合作力量，并可以在一定程度上管控分歧矛盾。同时，中国与欧洲国家基于自下而上的多边合作可以淡化双方的理念、概念、价值观差异，从而缓解竞争阻力。

[①] 《欧盟发布欧亚互联互通战略　表示将同亚洲国家加强合作》，新华网，2018年9月20日，http://www.xinhuanet.com/world/2018-09/21/c_1123462190.htm。

[②] 潘忠岐：《概念分歧与中欧关系》，上海人民出版社2013年版，第252页。

第三篇

机遇与挑战

中国国家主席习近平2019年6月7日在第二十三届圣彼得堡国际经济论坛全会上的致辞中指出："当今世界正经历百年未有之大变局。新兴市场国家和发展中国家的崛起速度之快前所未有，新一轮科技革命和产业变革带来的新陈代谢和激烈竞争前所未有，全球治理体系与国际形势变化的不适应、不对称前所未有。"

百年未有之大变局下，随着中国国家整体实力和世界影响力的提升，中欧关系的复杂性和接触面进一步提升，传统中欧关系之外出现了诸多新议题和新讨论。本篇将从数字、基础设施联通、极地和对外援助等"低政治"议题入手，概述中欧合作的广阔领域，描绘中欧关系的"底层架构"和"新边疆"，并进而分析这些支撑性因素对中欧"高政治"关系的约束性影响。这些新时代的新领域，既蕴涵着双方可通过深化合作，进而造福双边和世界的各类机遇，同时也不能排除其中也隐藏着可能引发中欧新矛盾的摩擦点和导火索。

第七章

数字主权视野下中欧数字竞合态势

当前,数字领域的竞争与合作已经成为中欧关系中重要的组成部分。中欧在数字领域不是简单的合作或竞争的关系,而是基于各自国情和全球数字战略环境作出的不同战略选择的竞合关系。随着新兴技术的快速发展和人们对网络空间依赖度的增加,国家间围绕科技主导权、数字贸易规则的博弈日趋激烈,以致网络空间行为体对国家主权在网络空间的适用性产生不同的认知。

信息时代背景下的中欧主权观虽在措辞上有所差异——中国倡导"网络主权",欧盟主张"数字主权"——但二者实质有相容之处:强调信息时代维护主权的重要性、反对网络霸权主义、注重通过提升数字技术能力和加强对数字平台企业的管控,来维护国家网络空间的安全与数字经济利益。2020年以来,欧盟在"战略自主"框架下积极构建数字主权,争取对全球数据规则和标准制定的主导权,融入其中的欧盟价值观以及深受美国影响的数字政策,使中欧在数字领域存在着竞争、矛盾甚至冲突。认清数字主权视野下的中欧数字竞合态势有利于推动中欧数字伙伴关系行稳致远。

◇ 中欧网络/数字主权实践进程

相比之下，中国比欧盟更早地意识到网络信息时代主权的重要性，国情、政治制度、历史文化还有数字能力的差异直接导致了中国与欧盟在网络空间主权问题上的认知、实践方式与进程上的差异。中国的网络主权观最早可追溯到 2010 年 6 月，中国国务院新闻办公室发表了《中国互联网状况》白皮书，明确指出中国境内的互联网属于中国主权管辖范围，建设、利用和管理好互联网关系到国家经济繁荣、国家安全、国家主权、尊严和人民根本利益。[①] 2011 年 9 月，中俄等国向联合国提交"信息安全国际行为准则"文件，重申与互联网有关的公共政策问题的决策权是各国的主权。[②] 这可视作中国数字时代主权观在国际层面的初次实践。后来，时任外交部条法司司长黄惠康在 2012 年 10 月召开的网络问题布达佩斯国际会议上将"网络主权"原则列为网络空间治理的首要原则。[③]

2014 年 11 月，中国国家主席习近平在致首届互联网大会的贺词中呼吁国际社会要尊重网络主权，维护网络安全。2015 年 7 月 1 日，

[①] 中华人民共和国中央人民政府：《中国互联网状况》，2010 年 6 月 8 日，http://www.gov.cn/zhengce/2010-06/08/content_2615774.htm。

[②] 中华人民共和国外交部：《中俄等国向联合国提交"信息安全国际行为准则"文件》，2011 年 9 月 13 日，https://www.fmprc.gov.cn/web/wjb_673085/zzjg_673183/jks_674633/jk sxwlb_674635/t858320.shtml。

[③] 中华人民共和国外交部：《外交部条法司司长黄惠康在网络问题布达佩斯国际会议上的发言》，2012 年 10 月 9 日，https://www.fmprc.gov.cn/web/ziliao_674904/zyjh_674906/t977343.shtml。

第十二届全国人大常委会第十五次会议通过《中华人民共和国国家安全法》,"网络空间主权"概念首次出现在中国的法律文件中,提出要加强网络管理、防范、制止和依法惩治网络违法犯罪行为,从而维护国家网络空间主权、安全和发展利益。在 2015 年 12 月召开的第二届世界互联网大会上,习近平主席在演讲中明确提出了以"尊重网络主权"为全球互联网治理体系变革的"四项原则"之首,并提出了构建网络命运共同体的"五点主张"。之后,全国人大在 2016 年 11 月 7 日通过了《网络安全法》,建立了国家网络安全工作的基础性法律框架,为维护国家网络空间主权奠定了坚实的法治基础。①

随着网络空间逐渐成为大国博弈的主战场之一,中国的网络主权观逐渐上升到国家网络空间战略层面。首先,中国于 2016 年 12 月发布了《国家网络空间安全战略》,将网络空间视为国家主权的重要组成部分,坚定捍卫网络空间主权,坚决反对通过网络颠覆中国国家政权、破坏中国国家主权的一切行为,同时指出要强化网络空间国际合作,与国际社会共同构建和平、安全、开放、合作、有序的网络空间;② 其次,在 2017 年 3 月,中国外交部与国家互联网信息办公室共同发布《网络空间国际合作战略》,将"主权原则"列为网络空间国际交流与合作的基本原则之一,同时将"维护中国网络主权、安全和发展利益"作为中国参与网络空间国际合作的首要战略目标;③ 再次,2019 年 10 月,世界互联网大会组委会发布了《携手构建网络空

---

① 王春晖:《〈网络安全法〉是维护国家网络空间主权的基石》,2017 年 6 月 1 日,http://news.cyol.com/content/2017-06/01/content_16136742.htm。
② 中华人民共和国国家互联网信息办公室:《国家网络空间安全战略》,2016 年 12 月 27 日,http://www.cac.gov.cn/2016-12/27/c_1120195926.htm。
③ 中华人民共和国外交部:《网络空间国际合作战略》,2017 年 3 月 1 日,https://www.fmprc.gov.cn/web/ziliao_674904/tytj_674911/zcwj_674915/t1442389.shtml。

间命运共同体》概念文件，明确将"尊重网络主权"作为构建网络空间命运共同体的重要前提；最后，中国的网络主权观的传达不再局限于国家领导人和权力机关，中国多所高校、智库和科研机构在2020年11月联合发布了《网络主权：理论与实践（2.0）》成果文件，系统阐述了"网络主权"概念，将其界定为"一国基于国家主权对本国境内的网络设施、网络主体、网络行为及相关网络数据和信息等所享有的最高权和对外独立权"[①]。该文件不仅确认了网络主权是权利与义务的统一，还呼吁国际社会共同探索网络主权实践。

值得注意的是，维护数据主权逐渐成为中国维护网络主权的核心内容，这主要反映在两个重要政策文件上，中国先是于2020年9月8日提出了《全球数据安全倡议》，而后于2021年6月10日颁布了《中华人民共和国数据安全法》。其中《全球数据安全倡议》为全球制定数字安全国际规则提供一个蓝本，强调要"尊重他国主权、司法管辖权和对数据的管理权，不得直接向企业或个人调取位于他国的数据"。《中华人民共和国数据安全法》是中国首部数据安全领域的基础性立法，出台该法案是为了通过规范数据处理活动和保障数据安全来维护国家主权、安全和发展利益，同时该法案是为了保护个人、组织的合法权益。总的来说，中国网络主权观以维护国家网络安全利益为主要目标，它不仅立足于维护中国的网络主权，还以尊重他国网络主权作为构建有效的网络空间治理新秩序的核心，中国信息时代的主权观通过"构建网络空间命运共同体"得以升华。

欧盟信息时代的数字主权观分别由"技术主权""数据主权"和"数字主权"组成，概念的内涵层层叠加，实现的难度层层递进。这

[①] 《网络主权：理论与实践（2.0版）》，2020年11月25日，https：//2020.wic-wuzhen.cn/web20/information/release/202011/t20201125_21724489.shtml。

些概念以欧盟自身利益出发，以提升其数字能力、独立性和竞争力为主要目的，是促进欧洲在数字领域领导权和战略自主权的重要手段。[①] 2020年2月19日，欧委会接连发布了三份重要的战略文件：《塑造欧洲的数字未来》《欧洲数据战略》和《人工智能白皮书》，旨在捍卫欧盟的"技术主权"，其中《欧洲数据战略》为全欧洲提出了一个统一的数据战略，《人工智能白皮书》明确了欧洲人工智能监管框架。为了提升欧洲在人工智能领域的创新能力，2020年3月，欧委会又发布了《欧洲新工业战略》，该战略将"打造欧洲数字化未来"作为三大目标之一，提出欧洲保持技术与数字主权的举措，如加快在人工智能、5G、数据和元数据分析等领域的研究和资金投入，尽快开展6G网络的研究与资金投入等。2020年9月，欧委会下属的通信网络、网络数据和技术总司发布《塑造欧洲数字化转型》研究报告，强调以确保数字技术主权和网络安全以及提升竞争力作为欧盟数字化的重要目标，提出了欧盟国家建设数字化经济的九大倡议，包括推动欧盟技术生态系统达到全球最佳水平、为战略性B2B行业构建欧盟数据平台、增强公民对个人数据的控制等。以上一系列战略文件反映了欧盟追求"技术主权"的决心。此外，欧盟成员国也在积极探索技术主权的实践，2020年6月，由德法牵头、欧盟27国共同参与的欧洲本地云储存项目Gaia-X正式启动，其目标是促进和提升欧洲的云服务，降低欧洲对美国云计算巨头亚马逊、微软和谷歌的依赖，通过自主开发欧洲的下一代数据基础设施重新掌握数据主权。

至此，欧盟数字主权观逐渐成形，2020年7月欧洲议会发表的《欧洲数字主权》具有里程碑意义，明确将"数字主权"定义为欧洲

[①] European Parliament, *Digital Sovereignty for Europe*, EPRS Ideas Paper, July 2020.

在数字世界中自主行动的能力,既是一种保护机制,又是促进数字创新的进攻手段,着手从数据经济和创新、隐私与数据保护以及网络安全、数据控制和在线平台行为三个方面来提升欧盟公民、企业和成员国在数字领域的竞争力和领导力。[①] 同年 12 月,欧委会计划斥资 75 亿欧元打造"数字欧洲"计划,以改善欧洲在云计算、人工智能、5G 等数字科技发展水平落后的局面,提高欧洲在全球数字经济中的竞争力并实现技术主权。为了进一步增强欧盟的"数据主权",欧委会又于当月推出了《数字服务法》和《数字市场法》两部草案,旨在打击互联网巨头企业的垄断行为,提升欧盟在数字规则制定中的主导权以及在数字领域的竞争力。事实上,2016 年 4 月推出的《通用数据保护条例》已为欧盟在全球范围内推行其数字治理规则奠定了坚实的法律基础,有利于提升其在数字领域的领导力和增强其数字战略自主性。之后欧委会在 2021 年 3 月发布了《2030 数字罗盘:欧洲数字十年之路》,给欧盟未来 10 年实现数字化转型指明了方向和具体的实施路径。从以上梳理可总结出欧洲数据主权观的主要特征是:欧盟以"技术主权"和"数据主权"为支点,通过出台和完善数字经济领域的一系列战略和法律法规,来提升欧盟数字技术自主权和在全球数字贸易规则中的主导权,以增强它的数字能力和竞争力。

总的看来,中国将"网络主权"视作国家主权在网络空间的自然延伸,强调通过加强对网络空间的控制实现国家网络空间安全。欧盟将"数字主权"定义为数字世界中的一种能力,通过增强"技术主权"和"数据主权"实现其在数字领域的自主能力和竞争力。首先,两者都认识到国家间的竞争从传统领域拓展到了网络空间,对网络空

---

① European Parliament, *Digital sovereignty for Europe*, European Parliamentary Research Service, Ideas Paper Towards a more resilient EU, July 2020.

间数字主权的掌控对维护国家利益变得至关重要。其次，在实践的方式和目标上有相同之处，两者实践信息时代主权的方式是通过颁布法律和制定具体政策等。再次，人工智能、大数据、云计算、区块链等新兴数字技术的发展、创新及其广泛应用，不仅导致全球网络安全形势发生巨大变化，也重新塑造着主权国家与国际关系，[①] 中欧的主权观中皆重视提升数字技术水平和加强数据治理对维护网络空间的安全与利益的重要性。最后，中欧在维护网络空间主权方面都面临着巨大挑战，需要不断平衡数字安全、主权与数字创新、发展之间的关系，需要对自己的网络空间战略不断进行调整。

尽管中国与欧盟信息时代的主权意识都在增强，但两者提出的动机却不尽相同。中国网络主权意识的增强源自于不断增加的网络攻击、网络入侵和网络窃密等违法犯罪行为以及网络空间的权力争夺日益加剧。在中美对抗背景下，网络空间已成为大国博弈的竞技场，美国凭借其技术创新、关键基础设施、产业引领与全球网络规则制定等方面的优势，对他国实施大规模网络监控和网络攻击，并通过网络传播干预他国的舆论环境，通过网络空间传输西方自由民主价值观颠覆他国政权。这是中国坚持对网络空间进行主权管辖最重要的现实原因。而欧盟的数字主权观是自2017年特朗普担任美国总统后逐渐萌生的，特朗普"美国优先"政策给美欧关系带来严重冲击，以致欧盟内部追求欧盟独立自主的呼声不断增多，这被视为欧盟网络空间战略调整最主要的原因。[②] 早在2018年年初的达沃斯会议上，德国总理默克尔就对欧洲的数据主权表示担忧，她在2019年11月还公开敦促欧

---

① 郎平：《互联网如何改变国际关系》，《国际政治科学》2021年第2期。
② 鲁传颖、范郑杰：《欧盟网络空间战略调整与中欧网络空间合作的机遇》，《当代世界》2020年第8期。

洲从美国硅谷科技巨头手中夺回对其数据的控制权,希望通过开发自己的数据管理平台减少对美国数字平台的依赖,提升欧盟自身的数据存储、数据处理和数据分析方面的能力。

除此之外,中美贸易战和科技战直接助推了欧洲数字主权观的发展,随着中美战略对抗升级,美国拉拢欧盟打压中国的期待不断增加,越来越多欧洲国家意识到在数字经济和数字关键技术上的落后以及对他国的依赖,直接制约了它们的政治和外交自主决策空间,而提升"技术主权"和"数字主权"是摆脱对中美数字技术和关键数字基础设施依赖的最优选择。理清中欧信息时代的主权观与实践进程有利于系统地分析和探讨中欧在数字领域合作面临的挑战与机遇。

◈ 构建中欧数字伙伴面临的挑战

2019年12月16日,国务委员兼外长王毅在欧盟知名智库——欧洲政策中心(European Policy Center)指出中欧应成为绿色伙伴、数字伙伴和自贸伙伴,围绕智慧城市、人工智能、数据安全、技术规则标准等加强互补合作。在中国看来,中欧之间的合作远大于竞争,共识大于分歧,是伙伴而不是对手。然而,欧盟方面却把中国定位成"合作伙伴、竞争者和制度性对手",双方对彼此的角色认知差异不利于中欧进行数字领域的深度合作。

第一,中欧政治关系不稳阻碍双方在数字领域深化合作。长期以来,欧盟一些成员国推行价值观外交,对中欧关系不时造成干扰,自欧盟2019年3月将中国视为经济和制度上的竞争对手后,中欧政治与经济关系又平添了许多嫌隙。近年来,欧盟一些政客在人权、涉港、涉疆、涉台等议题上大做文章,持续给中欧关系带来负面影响,尤其是2021年3月,欧盟跟随美国就所谓的"新疆人权问题",对中国的4名官员和1个实体实施制裁,之后又以2020年年底完成的《中欧全面投资协定》为筹码,要求中国撤销对欧盟的反制,最终导致该协定被搁置。之后,欧委会又于2021年9月公布了《欧盟印太合作战略》,旨在扩大欧盟在印太地区的影响力。这一战略有可能增加南海、东海与台海等问题复杂性。最后,2021年10月,欧洲议会通过了"欧盟—台湾政治关系与合作"决议,企图深化与台湾的伙伴关系,并讨论与其签署投资协议,欧盟这一具有挑衅性的对台政策使得中欧关系急剧恶化。鉴于中欧在价值观上的根本分歧长期存在,如果欧盟在对华政策上以价值观为导向,与美国一同对抗和遏制中国,不仅危害双边数字合作,双边政治、经贸和外交关系都会停滞不前,甚至是倒退。

第二,中欧在数据权属、数据跨境流动等数据治理议题上主张相异。中欧在数据和跨境数据流动治理模式上存在重大分歧。首先体现在对数据属权的认知上,在中国,数据所有权为全民共有,解决数据权属遵循的原则包括:党的领导、主体在民、主权在国、政府管理、全民共有、企业开发、共享共用、法律保障。[1] 从《通用数据保护条例》规定中可看出,欧盟非常注重对数据隐私的人格权保护,试图赋予个人更多的权利,来决定企业如何使用他们的数据,这体现了欧盟在打造数字规范框架时,主要以个人权利为中心,强调欧洲价值理念。[2] 由于中欧对数据权属问题的区别导致了它们有着不同的数据治

---

[1] 屈臣:《数字经济时代,数据权属与安全难题何解?》,《瞭望》2021年第17期。
[2] 邱静:《中美数字科技博弈中的欧洲策略》,《现代国际关系》2020年第9期。

理模式：欧盟主张在基本权利和价值观的基础上由个人控制数据，中国数据治理模式更强调国家在数据安全和治理方面的主导地位。[1] 数据经济和创新、隐私与数据保护以及网络安全、数据控制和在线平台监管都主要围绕数据展开，与中国政府主导的治理模式难以相容。此外，《通用数据保护条例》作为"史上最严"的数据监管条例，在法律合规、信息技术和数据管理等方面有着严格的规定，直接影响中国数字企业在欧盟的业务与投资，尤其是中小企业的数据合规成本非常高。例如2018年年底，中国摩拜就接受德国数据监管机构的调查，被怀疑可能违反了欧盟数据法。欧盟的数据法规给数字经济企业在完善个人数据保护方面提出较高要求，可能会阻碍中国数字经济企业进入欧盟数字单一市场。

第三，欧盟倡导的"数字主权"战略会压缩中欧开展数字合作的空间。欧盟主张数字自主权对中国而言是一把双刃剑，一方面，欧盟希望通过降低在数字技术上和关键数字基础设施上对美国的依赖来提升其数字能力，中国加强中国维护网络空间安全和数字经济安全，是为了对抗美国网络霸权，因此，网络空间领域"去美国化"是中欧面临的共同课题，[2] 这一共识一定程度上可为中欧开展数字合作创造空间。另一方面，欧洲推行数字主权也会相应地降低对中国数字技术和数字基础设施的依赖，从而压缩中欧开展数字领域合作的空间，比如在共同制定全球数据治理规则和新兴技术领域交流与合作方面会受到

---

[1] United Nations Conference on Trade and Development (UNCTAD), *Digital Economy Report 2021. Cross-border data flows and development：For whom the Data Flow*, Geneva 2021.

[2] 鲁传颖、范郑杰：《欧盟网络空间战略调整与中欧网络空间合作的机遇》，《当代世界》2020年第8期。

限制。① 欧盟数字主权意识的觉醒以不断加剧的中美地缘政治博弈为背景，鉴于欧盟当前有限的数字能力，它必须平衡好中美关系，既保持与美国的军事安全联盟，也不损害与中国的经贸关系。② 有欧洲学者指出，欧盟"技术主权"背后蕴含了文化（Culture）、控制（Control）、竞争力（Competitiveness）和网络安全（Cybersecurity）四个要素：欧盟在数据监管方面捍卫个人权利和商业自由的价值观；欧盟及其成员国利用政策工具控制数字经济结果；欧盟想提高欧洲跨国企业未来在世界市场上的竞争力和对技术标准制定的影响力；确保个人数据和企业数据安全。③ 欧盟在数字政策上不会放弃西方价值观，正努力将现实世界的价值观念转化为信息虚拟世界的领导力，出于冷战思维将中国数字技术政治化，无疑会影响双边在数字方面展开深度合作。比如欧盟担心中国通过"数字丝绸之路"输出符合中国战略目标的数字技术和关键基础设施的标准与规范，努力限制中国规制和标准的影响力，因此，与"一带一路"沿线的一些欧洲国家开展跨境数据流动对中国数据要素市场的监管体系提出巨大考验。④

第四，美国是阻碍中欧数字合作的主要变量。虽然欧盟与美国在数字技术标准、数字监管方面存在分歧，但大多数欧盟成员国处于美国的数字生态体系中，因此欧洲数字主权的实践离不开与美国的技术

---

① 中国网：《深化中欧5G合作，构建数字合作伙伴关系》，2020年10月14日，http：//www.china.com.cn/opinion/think/2020-10/14/content_76804128.htm。

② 吴世樱：《夹在中美地缘政治之间的欧洲数字主权》，《安全内参》2021年2月20日，https：//www.secrss.com/articles/29362。

③ Matthias Bauer and Fredrik Erixon：*Europe's Technology Sovereignty：Opportunities and Pitfalls*，European Centre for International Political Economy（ECIPE），Occasional Paper No. 02/2020，p. 8.

④ 刘宏松、程海烨：《跨境数据流动的全球治理》，《国际展望》2020年第6期。

合作，而在与中国进行数字技术领域合作时难免受到美国因素的干扰。首先，美国持续给欧洲国家施压，阻止其使用中国供应商提供的设备。为了遏制中国的经济和技术崛起，美国一直以安全威胁为由阻止它的盟友及其他国家使用华为的网络技术产品，华为因此失去了与许多欧洲国家签署5G合同的机会。2020年10月9日，比利时两大电信运营商Orange比利时和Proximus（比利时电信移动公司）宣布，将逐步在比利时和卢森堡用诺基亚的设备替换华为的移动设备，并支持爱立信为其提供5G核心网服务。虽然华为表示这是运营商组织招标和自由市场竞争的结果，事实上，这两家电信运营商明显是由于政治压力才在5G网络中放弃华为设备。2020年10月21日，瑞典以"威胁国家安全"为由禁止中国企业参与本国5G建设。之后不久，斯洛伐克、保加利亚、北马其顿、科索沃与美国签署了5G安全声明，加入美国所谓的"清洁网络"计划。2020年11月，英国议会提出一项"电信法案"，明确禁止英国的电信公司使用华为设备，并对违反禁令的电信公司处以营业额10%或每日10万英镑的惩罚。2021年4月，德国联邦议院通过"信息技术安全法2.0"，将对未来进入电信基础设施的"关键部件"进行严格审查。比起英国的"电信法案"，德国的这一法案留有一定的裁量空间，只要电信设备供应商提供的设备能够满足欧盟的技术安全标准，并提供"安全保证书"，便可参与德国5G网络基础设施建设。不过这一法案的出台虽然顶住了美国的压力直接禁用华为，为加强5G设备的技术和安全审查提供了法律基础，但明显给中德在数字领域的合作增加了难度。

其次，为了打压中国，美国加大与中国的竞争对手企业的合作力度，欧洲企业坐享渔翁之利。美国国务院负责网络、国际通信与信政策的副助理国务卿罗伯特·斯特雷尔（Robert Strayer）于2020年2月访问里斯本时称爱立信、诺基亚和三星提供的5G不逊于华为提供的技术。在中美技术地缘政治博弈背景下，欧洲的电信企业爱立信和诺基亚不仅逐渐占据欧洲市场，也从美国市场获利。2021年年初，T-Mobile美国公司与爱立信、诺基亚分别签署了价值数十亿美元的5G合同。7月，爱立信又与美国最大运营商Verizon达成了一份高达83亿美元的5G设备订单。据爱立信和诺基亚官网上2022年1月的数据显示，爱立信在全球签署了170份5G商用合同，拥有108个5G营运网络，[①] 诺基亚则签署了207份合同，拥有72个5G营运网络。[②] 尽管华为在5G专利和技术上领先，但在海外5G订单和市场上却逐渐落后于爱立信和诺基亚，华为在2020年2月将其5G商用合同订单数更新至91个后就没有更新。[③] 在更广泛的地缘政治背景下，电信基础设施已被政治化，中国电信设备提供商在欧美市场的生存空间被严重挤压。

最后，美国拜登政府努力改善美欧经贸关系，积极拉拢欧盟国家与其共同遏制中国。拜登上台后不仅注重修复美欧政治关系，还努力改善双边经贸关系。2021年10月，美欧先后就数字税争端和钢铝关税达成协议暂时平息双方的贸易争端。数字税争端可追溯到2019年7月，法国参议院批准了一项对在法国境内营业收入超过2500万欧元和全球营业额超过7.5亿欧元的企业征收3%数字税的法规，美国四

---

① Ericsson, "168 Commercial 5G Agreements or Contracts with Unique Operators", https://www.ericsson.com/en/5g/contracts.

② Nokia, "Service Provider Commercial 5G Deals in Countries and Areas", https://www.nokia.com/node/61066/latest/.

③ 一鸣：《一大半在欧洲！华为5G商用合同总数仍居首位》，观察者网，2020年2月20日，https://www.guancha.cn/ChanJing/2020_02_20_537517.shtml。

大互联网公司——谷歌、亚马逊、脸书和苹果都成为征税目标。对此美国政府拟对价值约13亿美元的法国进口商品加征25%的关税，以报复法国拟开征的数字服务税。也是因数字税问题，美国于2021年6月对英国、意大利、西班牙、土耳其、印度和奥地利等国价值20亿美元的商品征收25%的关税。到10月底，美欧就数字税争端达成协议，停止对英国、法国、意大利、西班牙和奥地利五个欧洲国家关税威胁，欧洲国家则暂缓向美国科技巨头征收数字税。几乎同一时间，美欧在罗马参加二十国集团领导人峰会期间就钢铝关税达成协议，美国虽继续对欧盟钢铝产品征收关税，但允许"一定数量"的欧盟钢铝产品免关税进入美国市场，作为回报，欧盟也将暂停对美国进口产品征收报复性关税。美欧经贸关系的缓和有助于修复跨大西洋伙伴关系，如果美国联合欧洲在经济上孤立中国，将不利于中欧在数字技术和数据治理方面展开合作。

◇◇ 中欧在数字领域的合作空间

2020年，中国首次超越美国成为欧盟最重要的贸易伙伴，中欧经贸关系既是中欧政治关系又是双边数字合作的"压舱石"。尽管中欧在数字领域存在竞争与博弈，但依然有合作的空间。与美国相比，中国与欧盟的数字自主能力都有待加强，在确保网络基础设施的运转和安全方面面临着巨大挑战。

首先，中欧经贸合作可以有效带动中欧数字合作。近年来，互联网、大数据、云计算、人工智能、区块链等技术日益融入经济社会发展各领域全过程，数字产业化和产业数字化相互促进，数字经济与实体经济深度融合且相互交织,随着数字技术与国际贸易融合渗透不断深入,中欧经贸关系很难完全避开数字贸易与往来。的确,在5G建设和5G专利方面,中国的信息通信技术企业华为、中兴与欧洲的信息通信技术企业爱立信、诺基亚存在竞争关系,虽然多数欧盟成员国已经禁止使用华为5G,但是中国对欧洲电信企业参与中国5G市场合作保持开放,允许诺基亚、爱立信参与中国5G建设,欧盟也希望中国能给欧盟国家的信息通信技术、产品和服务提供市场。[1] 中国庞大的数字市场和欧洲数字单一市场对双方都有较强的吸引力,中国维护"网络主权"需要欧洲数字市场和技术的支持,欧盟增强"数字主权"也需要中国的数字技术和庞大的市场。

其次,欧盟在推行数字主权过程中同时依赖中美两国的数字技术优势,不会完全隔绝中国的数字技术和生态。据联合国发布的《2021年数字经济报告》,2021年世界排名前100的数字平台中有86%分布于美国和亚太地区,仅有12%来自欧洲,而且欧洲国家仅占全球最大数字平台市值的3%。[2] 欧洲国家在数字平台技术和应用上的落后,极大地限制了它的数据能力、数字贸易和数字技术创新能力。在中美科技博弈背景下,第三国通常有三种行动选择:一是加入中国或美国,完全依赖一个国家的技术;二是选择性地依赖中美不同的技术,对现下相互依存的关系进行战略利用;三是国家可以尝试通过解除捆

---

[1] 鲁传颖、范郑杰:《欧盟网络空间战略调整与中欧网络空间合作的机遇》,《当代世界》2020年第8期。

[2] United Nations Conference on Trade and Development (UNCTAD), *Digital Economy Report 2021. Cross-border data flows and development: For whom the Data Flow*, Geneva 2021, p. 22.

绑减少对中美两国技术的依赖。① 因此，欧盟提升"数字主权"将首先以合作为基础，同时借助中美数字技术的优势尽快提供它的数字能力。对技术依赖型国家来说，它们的经济压力会增大，政治回旋余地受到限制。如果欧盟仅仅依赖美国的技术，与中国数字技术隔离，不会改变当前欧盟数字技术水平落后的局面。

再次，完善双边与多边数字合作机制可为中欧数字合作提供契机。虽然欧盟于2021年9月提出的"印太战略"被不少学者解读为欧盟追随美国对华抗衡的政策工具，但不能排除欧盟在印太地区寻找中国作为其区域伙伴来增强其自身的地缘政治影响力。2021年11月1日，中国正式提出申请加入由新加坡、智利、新西兰于2020年6月签署的《数字经济伙伴关系协定》（DEPA），希望与各成员国加强数字经济领域合作、促进创新和可持续发展。加入这一全球首个数字经济伙伴关系协定，为中国参与制定全球数字经贸规则和全球多边贸易治理提供了更多便利，有利于提升中国在数字经济领域的竞争力和影响力。数字经济领域的国际多边合作已成为多国共识，中欧作为数字经济领域的先行者可以借助已有的合作框架或倡议推荐双边数字合作，一道推动全球数字经济的有序和均衡发展。② 另外，中国和欧洲在第三方市场的数字合作潜力巨大。欧盟最新的对非合作关系主要立足于数字化转型，③ 2020年3月欧盟委员会发布《欧盟对非洲关系新战略》，提议欧非应建立五大领域的伙伴关系，其中就包括数字化转型伙

---

① Barbara Lippert and Perthes Volker, "Strategische Rivalität zwischen USA und China", SWP-Studie 2020/S 01, May 2, 2020, https：//www.swp-berlin.org/publikation/strategische-rivalitaet-zwischen-usa-und-china.

② 应品广、詹海潇：《构建中欧数字合作新机制推动经贸关系迈向高水平》，《国际商报》2020年10月9日第6版。

③ 向文洁：《欧盟进军非洲，争夺数字话语权》，《人工智能资讯周报》总第128期。

伴关系。中国在推进数字丝绸之路建设时，同样注重加强与非洲的数字经济合作，未来中欧与非洲国家的数字合作将呈现竞合态势。

最后，在数字经济蓬勃发展的背景下，中欧在强化数字市场监管和推动平台合规建设方面有合作空间。面对大型互联网科技企业的崛起，为了维护数字经济健康可持续发展，中欧双方都有意规范大型互联网企业的竞争行为。2020年12月，欧委会发布《数字服务法》草案明确数字服务提供者的责任和义务，推出《数字市场法》草案来确保公平和开放的数字市场；中国市场监管总局依据《反垄断法》分别于2021年4月对阿里巴巴集团以及10月对美团因其市场垄断行为作出行政处罚。尽管中国的处罚行为主要基于反垄断法而非数字市场法，但双方在强化数字市场监管和推动平台合规建设方面仍有合作空间，但需要双方加强沟通对话来凝聚共识，夯实合作基础。

◇ 结语

未来全球网络空间内，国家与国家之间、国家与非国家行为体之间围绕数据的博弈将会继续加剧。为了进一步推动全球数字技术的发展与应用，中欧在数字领域的合作必不可少。中国一方面需要适应欧盟及其成员国数字战略的变化，另一方面也应积极建构和引领数字时代中欧关系的发展，其中包括以下几点具体的举措：第一，在尊重彼此数字主权观的基础上，加强中欧数字领域高层对话，扩大与欧盟在数字领域的合作共识，以建设性态度寻求中欧数字合作最大公约数；第二，中国需要稳住与美国的政治和经贸关系，谨防美国对华"脱钩"政策演变为欧美联合对华"脱钩"政策，为中欧数字经济的合作创造良好的政治环境；第三，中国既要注重欧盟数字政策的导向，又要在数字领域加强与欧盟的利益捆绑，为双方在数字经济领域开展合作创造条件；第四，中国应积极倡导包括欧盟在内的多边数字合作新机制，鼓励企业在信息基础设施和数字服务等领域开展合作，共同推动全球数字化转型。

在数字主权背景下，中国与欧盟在政治经济上的分歧一定程度上也映射到了双边的数字关系，使得中欧数字领域的合作充满挑战。同时，数字领域的合作正在成为中欧关系的一个新维度，双方的信息时代的主权观具有相容之处，欧盟实现数字自主权以与他国的数字合作为前提，中国强调网络主权观不损害他国的利益，所以二者仍可在相互尊重信息主权的基础上成为数字伙伴，提升数据安全管控能力和强化国家基础设施保护能力，成为全球网络命运共同体的主要构建者和推动者。

第 八 章

中欧互联互通与"一带一路"

习近平主席2013年提出建设"丝绸之路经济带"和"21世纪海上丝绸之路"(简称"一带一路")的倡议,致力于亚欧非大陆及附近海洋的互联互通,构建全方位、多层次、复合型的互联互通网络,实现各国多元、自主、平衡、可持续的发展。

2015年3月中国政府公布的《推动共建丝绸之路经济带和21世纪海上丝绸之路的愿景与行动》纲领性文件指出:"'一带一路'贯穿亚欧非大陆,一头是活跃的东亚经济圈,一头是发达的欧洲经济圈,中间广大腹地国家经济发展潜力巨大。"[①] 包括波兰、罗马尼亚、捷克、匈牙利、塞尔维亚、克罗地亚在内的中东欧国家,均为"一带一路"国家;以西欧为主的欧洲发达国家和欧盟,也都是中国极为倚重的合作伙伴。

"一带一路"倡议提出已有9年时间。在这9年中,欧盟及德国、法国等欧盟成员国,已于2020年正式退出欧盟的英国,作为"一带一路"国家的中东欧国家,以及意大利、希腊、西班牙和葡萄牙等对

---

① 中国国家发改委、外交部和商务部:《推动共建丝绸之路经济带和21世纪海上丝绸之路的愿景与行动》,新华网,2015年3月28日,http://www.xinhuanet.com/world/2015-03/28/c_1114793986.htm。

华友好的南欧国家，对此联通中欧的倡议的态度如何？它们曾经出台过哪些与"一带一路"有关的政策举措？在"百年未有之大变局"背景下，欧洲同"一带一路"相对接的政策是否受到美国因素影响？"一带一路"与欧盟近年来倡导的"战略自主"是相互促进，还是相互排斥的关系？本书在广泛整理和深入分析欧盟及英国政策文件的基础之上，以欧盟机构和欧洲国家涉及"一带一路"的政策演变和对华外交为重点关切，探讨中欧关系中，欧洲如何因应中方提出的"一带一路"倡议而进行政策调整。"一带一路"倡议在当代中欧关系史上具有极其重要的意义，扭转了自中国改革开放以来，欧方主导中欧关系议题设置的历史。中国学界有必要研究和梳理欧洲方面对此观察、认知和反应的全过程，并了解它们在此段"东升西降"当代史中的心路历程。

◇ 欧盟对"一带一路"倡议的反应

习近平主席 2013 年提出"一带一路"倡议后，欧盟及英国在政策层面对此项宏伟倡议经历了一个观察、反馈、再考量的过程。2015年，英国率先打破沉默，宣布加入中国主持设立的亚洲基础设施投资银行（以下简称"亚投行"），法国、德国、意大利等欧盟国家随后加入。中国与欧盟自 2015 年起，在互联互通领域进行紧密的政策沟通，"一带一路"与欧洲投资计划（即"容克计划"）相互对接，中国与欧盟设立了互联互通平台；2018 年欧盟委员会公布题为"连接欧洲和亚洲——对欧盟战略的设想"①（以下简称《连接欧亚设想》）的政策文件，提出自己联通欧亚的原则和政策目标。但2019年之后，欧盟以及在2016年公投后决定退出欧盟的英国，出现地缘政治转向，开始强调与中国在治理模式上的差异，视中国为"制度性对手"，对"一带一路"倡议的防范心理上升。2021年7月，欧盟发布"全球联通欧洲"文件，将互联互通提升到事关欧盟经济、外交、安全和价值观利益的高度，更多强调价值观、发挥民主国家作用、重视私人投资和依靠多边机构等要素，未来可能导致中欧"一带一路"国际合作面临更多挑战。下面我们来详细看一下欧盟对"一带一路"倡议的态度变化②。

（一）欧盟对"一带一路"的观察期（2013—2015年）

2013年中国国家主席习近平首次提出"一带一路"倡议时，欧盟并未在短时间内做出反应和直接表态。面对这一中国首倡的联通计划，欧盟方面经历了一段"认知之旅"。

2013年11月，中欧在首脑会晤后共同发布《中欧合作2020战略规划》，但这一高规格总体规划并未提及"一带一路"③倡议。欧盟

---

① European Commission, "Connecting Europe and Asia-Building Blocks for an EU Strategy", Brussels, 19.9.2018, JOIN (2018) 31 final, https://eeas.europa.eu/sites/default/files/joint_communication_-_connecting_europe_and_asia_-_building_blocks_for_an_eu_strategy_2018-09-19.pdf.
② 刘作奎将欧洲对"一带一路"的反应分为观望期（2013—2014年）、参与期（2015—2016年）、防备期（2017年）和竞合期（2017— ），见刘作奎《欧洲与"一带一路"倡议：回应与风险（2019）》，中国社会科学出版社2019年版。
③ 《2013年第十六次中国欧盟领导人会晤发表〈中欧合作2020战略规划〉》，新华网，http://www.xinhuanet.com/world/2013-11/23/c_118264906_2.htm。

之所以采取慎重的态度，一方面是因为"一带一路"倡议为中方提出，这与过往欧方主动设置议程的态势有异，欧方需要适应时间；另一方面也是由于中欧双方的战略思维不同，欧方相对更加习惯在具体领域中寻找合作和对接举措。不过，在中方的推动下，2014年3月当习近平主席访问欧盟布鲁塞尔总部时，双方在《联合声明》中写入"中欧加强交通运输关系潜力巨大，双方决定共同挖掘中国丝绸之路经济带倡议与欧盟政策的契合点，探讨在丝绸之路经济带沿线开展合作的共同倡议"[1]。交通运输被欧盟委员会等机构认为是欧盟可与"一带一路"倡议对接和融合的领域，毕竟包括运输、通信和能源等基础设施领域在内的欧盟泛欧网络的确需要外部伙伴共同建设，欧盟的《里斯本条约》第171条曾规定"联盟可以与第三国合作，以推动具有共同利益的项目及保证网络的互通性"[2]。同时，运输及其他泛欧网络建设也是欧盟与成员国共享的权能领域[3]，布鲁塞尔可制订部分这一领域的共同政策，因此也能实质性出台一些与"一带一路"对接的举措。

（二）欧盟对"一带一路"的积极反馈期（2015—2019年）

2014年11月底，欧盟推出了欧洲战略投资计划，即"容克计划"，该计划旨在利用公共资金拉动对基础建设和教育科技创新等领

---

[1] 《关于深化互利共赢的中欧全面战略伙伴关系的联合声明》，中央政府网站，2014年3月31日，http://www.gov.cn/xinwen/2014-03/31/content_2650712.htm。

[2] 《欧洲联盟基础条约：经〈里斯本条约〉修订》，程卫东、李靖堃译，社会科学文献出版社2010年版，第112页。

[3] 张骥、陈志敏：《"一带一路"倡议的中欧对接：双层欧盟的视角》，《世界经济与政治》2015年第11期。

域的投资，但巨大投资缺口成为重大挑战。鉴于该计划投资的重点领域与"一带一路"互联互通的投资领域和覆盖范围有相似之处，中欧双方找到了战略对接的重要契机。2015年6月，李克强总理在布鲁塞尔出席第17次中欧领导人会晤期间，双方领导人正式决定共同支持"一带一路"倡议与"容克计划"对接。在之后发表的联合声明中，十分之一的内容同"一带一路"相关，双方同意在"互联互通合作平台""泛欧交通运输网"、亚投行等领域相互合作。同年9月底，在北京召开的中欧经贸高层对话会上，中欧签署了《建立中欧互联互通平台的谅解备忘录》和《中欧在5G领域开展战略合作的联合声明》，加强国际产能合作，建设互联互通基础设施，开展"泛欧交通运输网"与"一带一路"倡议之间的合作，并探索数字经济、网络安全等合作新领域，签署了《关于在第五代移动通信领域开展战略合作的联合声明》。这些迹象标志着中欧"一带一路"合作正式开启。

对2012年启动，后被纳入"一带一路"倡议的"中国—中东欧合作机制"，欧盟方面尽管疑虑重重，但仍保持建设性的态度。2015年11月，欧盟派代表以观察员的身份出席中国—中东欧"16+1"苏州峰会。在此次会晤中，李克强总理总结道"中欧已就'一带一路'建设与欧洲发展规划、国际产能合作与欧洲投资计划、'16+1'合作与中欧合作'三个对接'达成重要共识"[①]。为促进沿线国家民心相通，欧盟进一步巩固与发展了同中国的机制化的人文交流平台，持续推进中欧高级别人文交流对话，2016年表态欢迎中方参与欧盟在科研创新领域设立的"地平线2020计划"，并鼓励中国相关研究人员申

---

① 《李克强出席第四次中国—中东欧国家领导人会晤》，中央政府网站，2015年11月25日，http://www.gov.cn/guowuyuan/2015-11/25/content_5016291.htm。

请欧洲科研委员会和"玛丽·居里行动计划"提供的奖学金和交换计划。

2018年9月，欧盟委员会公布《连接欧亚设想》政策文件，这是在中国提出"一带一路"倡议5年后，欧盟终于出台的自己的欧亚联通初步规划设计。当年10月初，笔者在布鲁塞尔访问时，见到了欧盟对外行动署亚太司司长贡纳尔·维冈（Gunnar Wiegand）和《连接欧亚设想》的一些核心起草者，对这一被英国《金融时报》等媒体称为"欧版'一带一路'"[①]的文件进行了较为深入的了解。维冈等人强调，欧盟委员会制订《连接欧亚设想》是为了落实欧盟两年前通过的《欧盟外交与安全全球战略》，这是带有鲜明欧洲特色的、代表欧盟"道路"的亚欧联通方案。总体来看，此份欧盟方案同两年前公布的《欧盟外交与安全全球战略》均将中国视为其"相互连通"战略中的主要亚洲合作对象，期望中国能够深度参与解决世界其他地区，特别是亚欧大陆的冲突和治理。欧盟希望将自己内部成熟发达的"泛欧交通运输网络"与亚洲连接，这与"一带一路"中以"中欧班列"为标志的铁路和公路建设和调度目标一致，此份欧盟文件中注明欧盟已经注意到中欧铁路运输运力的大幅增长。欧盟希望推动沿线国家数字经济和绿色经济的发展，这也符合"一带一路"范畴中"数字丝绸之路""绿色丝绸之路"的涵盖之义[②]。当然，欧盟提出了诸多对欧亚联通建设中的法制化、透明化和市场化要求，要"基于规则"制订亚欧联通中的公约和技术标准，这也体现出欧盟版欧亚联通方案同中方倡议的"一带一路"相竞争的一面。

[①] 贾平凡：《欧版"一带一路"要来了》，《人民日报海外版》2018年9月29日。
[②] 赵晨：《欧亚互联互通如何牵手"一带一路"》，《半月谈》2018年第20期。

（三）欧盟对"一带一路"的态度进入戒备期（2019年至今）

随着"一带一路"倡议的不断实施和东西方力量对比趋向平衡，特别是美国特朗普政府和战略界人士对此倡议的污名化和诋毁①，欧盟对地缘政治的担心大幅增长。2019年3月12日，欧盟委员会提交《欧盟对华战略展望》政策文件是一个具有标志性的事件。此份报告明确描绘出欧盟眼中中国的变化："中国不能再被视为一个发展中国家，它已是一个关键的全球行为体和具有领先技术的大国。"基于此判断，该报告对中国进行了多重定位，指出"在不同的政策领域，中国既是与欧盟有相似目标的合作伙伴，又是欧盟需要找到利益平衡点的谈判伙伴，还是同样追求技术领导地位的经济竞争者，也是扩展不同治理模式的制度性对手（systemic rival）"②。"一带一路"在一些欧盟机构眼中，成为中国对外扩展模式的载体。德法英等西欧国家内一些人士认为，中国政府提出的"一带一路"倡议在价值观领域影响了广大发展中国家，它的治理方式、融资手段和发展理念都与欧洲相差

---

① 特朗普2018年8月在私人场合表示，"一带一路"倡议"可能扰乱全球贸易并具有冒犯性"。Annie Karni, "Trump Rants Behind Closed Doors with CEOs", *The Politico*, August 8, 2018；美国战略界发明了一系列诋毁"一带一路"的失实理论，如"债务陷阱论""滋生腐败论""产能污染论""破坏安全论""输出模式论""规则替代论"等，见 Joel Wuthnow, Testimony Before the US-China Economic and Security Review Commission, Hearing on "China's Belt and Road Initiative: Five Years Later," January 25, 2018, pp. 2 – 4；赵明昊：《大国竞争背景下美国对"一带一路"的制衡态势论析》，《世界经济与政治》2018年第12期。

② European Commission, "EU-China: A Strategic Outlook", Strasbourg, March 12, 2019, https://eeas.europa.eu/topics/external – investment – plan/34728/eu – china – relations – factsheet_en.

甚远。

2021年12月1日，欧盟委员会宣布启动"全球门户"（Global Gateway）计划，力争到2027年筹集3000亿欧元，重点面向发展中国家在全球进行基建投资，着重关注数字化、健康、能源、气候等领域。该计划主要仍是基于欧盟2018年发布的"欧亚互联互通"战略，并特别强调互联互通对于"经济增长""安全""经济复苏"的重要性。但该计划9月首次公布时，欧盟委员会主席冯德莱恩却偏偏要提及中国，她在2021年的盟情咨文中表示：欧盟很擅长为修建道路融资，"但在一座中国所有的铜矿场和中国所有的港口之间修一条完美的路，对欧洲来说没有意义。在这类投资上，我们需要变得更聪明"[1]。欧盟外交与安全政策高级代表博雷利也提出该计划要与中国的"一带一路"倡议有所不同。这些欧盟领导人的表态显露出欧盟对"一带一路"倡议的疑虑和防范心理。

◇◇ 欧洲主要国家和地区对"一带一路"倡议的反应

欧洲主要国家和地区对"一带一路"的政策走向存在分化现象。概括来说，欧盟的两大发动机——德国和法国，再加上已经退出欧盟的英国，它们的态度变化与欧盟基本同步；而南欧国家和中东欧国家中的大多数对"一带一路"仍持积极态度（尽管立陶宛退出了"中国—中东欧国家合作机制"），这就使得欧盟27个成员国中有超过半数签署了推进"一带一路"建设合作文件。目前，中国在南欧和中东

---

[1] Von der Leyen, "2021 State of the Union Address", Sep. 15, 2021, https://ec.europa.eu/commission/presscorner/detail/ov/SPEECH_21_4701.

欧国家收购和投资建设的希腊比雷埃夫斯港和匈塞铁路等旗舰项目或运营良好，或正在积极推进。它们使得欧洲同"一带一路"的政策沟通和对接仍有很大发展潜力。下面我们分国别和地区来进行简要观察。

（一）英国对"一带一路"的政策演变

英国在全球贸易体系和全球金融体系中有着非常重要的地位。英国虽未出台连贯全面的政策来应对"一带一路"倡议，但对"一带一路"倡议下的具体项目有积极的评估和回应。英国参加"一带一路"倡议具体项目合作有两个考量。一方面，利用中英经济的互补性在"一带一路"基础设施项目的务实合作中寻找发展机会，尤其"一带一路"倡议提供了融资需求，英国可以发挥在金融和法律服务等方面的优势。另一方面，英国对"一带一路"倡议的影响有某些担忧，比如其适用运作标准。英国希望"一带一路"倡议下的合作项目按最高的经济、环境、社会、金融标准交付，维护现有的国际通行标准，强调在基于规则的国际体系内进行合作。2015年3月，英国率先加入亚投行，是第一个宣布加入亚投行的西方大国，给欧盟其他核心国家的加入带来了积极的示范效应。同年10月，习近平主席访英，与英国首相卡梅伦共同发布《中英关于构建面向21世纪全球全面战略伙伴关系的联合宣言》，中英关系面向未来开启"黄金时代"①。英国将其基础设施升级投资计划及"英格兰北方经济中心"等与"一带一路"对接，大大延展了"一带一路"的范围。此外，英国也是

---

① 《中英关于构建面向21世纪全球全面战略伙伴关系的联合宣言》，新华网，2015年10月22日，http://www.xinhuanet.com//world/2015-10/22/c_1116911370.htm。

率先共同核准和签署《"一带一路"融资指导原则》的西方大国。2017年5月，在第二届"一带一路"国际合作高峰论坛高级别会议中，英国财政大臣菲利普·哈蒙德将英国描述为"一带一路"倡议的"天然合作伙伴"①。随着"一带一路"的发展，英国有了更多实质性的参与。英国政府指定前汇丰银行集团主席范智廉为英国财政部"一带一路"金融与专业服务合作特使。2018年英国议会跨党派"一带一路"和中巴经济走廊小组正式成立，目的是增进英国各界对"一带一路"倡议的了解和参与②。2018年1月，英国首相特蕾莎·梅首次访华期间再次表态，在贸易和投资方面，英国欢迎"一带一路"为亚洲乃至世界繁荣和可持续发展提供的机遇，中英两国进一步合作以优化"一带一路"的跨地区合作，确保其满足国际标准③。英国希望参与制定"一带一路"倡议和其他基础设施建设的相关规则，试图确保中国遵守西方在全球投资、贸易、基础设施建设等领域设定的人权、劳工、环保等各项标准，从内部影响"一带一路"相关规则制定、适用国际通行标准选择④。

但2016年英国公投决定脱离欧盟后，在政治上长期陷入脱欧僵局，中英"黄金时代"褪色，英国对待"一带一路"的两面性上升。

---

① "Belt and Road Forum in Beijing: Chancellor, Philip Hammonds Speech at the Belt and Road Forum in Beijing", 14 May 2017, https://www.gov.uk/government/speeches/belt-and-road-forum-in-beijing-chancellors-speech.

② 《英国议会成立跨党派"一带一路"和中巴经济走廊小组》，2018年9月11日，http://world.people.com.cn/n1/2018/0911/c1002-30287154.html。

③ "Prime Minister's Press Conference with Premier Li", 31 January 2018, https://www.gov.uk/government/speeches/prime-ministers-speech-in-china-31-january-2018.

④ 于洁：《英中各有所求、各取所需的"黄金时代"》，2018年2月6日，https://www.bbc.com/zhongwen/simp/uk-42955964。

一方面，英国提出"全球英国"战略，亟须在全球寻找新的密切的合作伙伴，中国在这其中将扮演重要的角色，英国希望成为海外人民币最大的离岸交易中心，为"一带一路"建设提供专业的国际金融服务；但另一方面，在5G和核电站等项目中跟随美国强调莫须有的"国家安全"因素。

（二）德国对"一带一路"的政策演变

2014年李克强总理访问德国期间，中德双方发表《中德合作行动纲要：共塑创新》，德国对拓展中国与欧洲之间陆路贸易通道及"丝绸之路经济带"倡议表示欢迎。其中，第8条和第71条分别倡议发挥"丝绸之路经济带"在交通运输合作和促进中亚地区沿线国家稳定与繁荣的作用[1]。德国积极支持和参与亚投行建设。2015年3月，在首次中德高级别财金对话联合声明中，德国宣布愿意以意向创始成员国身份加入亚投行[2]。德国是最先宣布以创始成员国的身份加入亚投行的国家之一，并在协调欧盟成员国就此问题达成共同立场方面发挥了重要作用。2015年10月，默克尔访华期间，进一步阐述德国立场，表示德国愿深化同中方在经贸、产业和金融方面务实合作，积极参与"一带一路"和亚投行建设，尤其关注丝绸之路沿线投资项目[3]。面对李克强总理在2016年德国总统高克访华期间提出的在"一

---

[1] 中华人民共和国驻法兰克福总领事馆：《中德合作行动纲要：共塑创新》，2014年10月10日，http：//frankfurt.china-consulate.org/chn/lqgk/201608/t20160812_3550386.htm。

[2] 财政部：《首次中德高级别财金对话联合申明》，2015年3月19日，http：//wjb.mof.gov.cn/gongzuodongtai/201503/t20150319_1204150.htm。

[3] 《李克强：打造中德合作"全面升级版"》，2015年10月30日，http：//finance.sina.com.cn/china/20151030/014023623672.shtml。

带一路"框架下开展的第三方合作,德国因期待中国更具体的合作建议而并未马上回应[①]。但德国表示愿致力于将德国的"工业4.0战略"同"中国制造2025"进行对接。随后,在2016年6月发布的《第四轮中德政府磋商联合声明》中,两国进一步明确了在第三国及第三方市场合作中的具体原则。同时,德国也强调欧盟层面的作用,欢迎中国与欧盟在"一带一路"和亚欧运输通道建设领域的合作,在现有的中欧互联互通平台的机制下,探讨促进德方企业更好参与的路径[②]。德国对待第三方市场合作的态度由之前的观望发生转变。

但德国一直担心中国与中东欧合作会分化欧洲,削弱欧盟对东欧和东南欧国家的影响力。同时,德国作为中东欧国家最大的投资者,与中国在中东欧地区存在一定程度的市场竞争关系。2017年后,德国企业界对"一带一路"的负面情绪不断积累,并将其上升为德国和欧盟的对华新战略。不过,德国总理默克尔仍持有理性态度。2019年5月,默克尔在德国北部城市汉堡考察时,赞扬"一带一路"倡议对汉堡港的发展起了重要作用[③]。美国也是影响德国对华政策的重要因素。但自特朗普上任后奉行单边主义和"美国优先"政策,尽管美国要求德国及其欧洲盟友共同抵制中国的"一带一路"倡议,但德国依旧在涉及自身在华重大利益的议题上坚持与中国合作,体现一定的独立性。

---

① 郑春荣:《"一带一路"倡议视域下的中德关系:潜力与挑战》,载黄平、赵晨主编《"一带一路"与欧洲》,时事出版社2017年版,第78页。
② 中华人民共和国驻法兰克福总领事馆:《第四轮中德政府磋商联合声明》,2016年6月13日,https://www.fmprc.gov.cn/ce/cgfrankfurt/chn/lqgk/t1388823.htm。
③ 张远:《默克尔说一带一路倡议对汉堡港发展有显著作用》,《人民日报》2019年5月12日第3版。

(三) 法国对"一带一路"的政策演变

法国政府起初对"一带一路"倡议并未有回应,但是法国对华友好人士对"一带一路"倡议持积极态度。2015 年 2 月,法国前总理德维尔潘在法国《回声报》发表题为"参与新丝绸之路建设"的文章,称新丝绸之路作为中国经济和外交的优先项,象征着以西方为主导的全球化思维的转变,法国应认真看待和利用好"一带一路"倡议[1]。2015 年 6 月,外交与国际发展部部长洛朗·法比尤斯在鲁昂举办的以"一带一路"为主题的中国—诺曼底论坛上称法国对"一带一路"表示欢迎。但在奥朗德任内,法国政府基本未正式表明对"一带一路"的态度。

2017 年 5 月马克龙当选法国总统后,法方对"一带一路"的态度开始出现积极转变。马克龙当选后,在与习近平主席通话时表示,法国新政府将深化两国在外交、经贸、工业等领域和"一带一路"建设框架内的务实合作[2]。2017 年 9 月,博鳌亚洲论坛巴黎会议召开,主题即为"一带一路:亚欧战略对接"。马克龙在论坛期间表示,"一带一路"是中方提出的重大倡议,具有重要的政治、经济和文化意义,法方愿与中方在共同遵守相关规则和标准的基础上,积极参与"一带一路"建设,促进亚欧大陆和非洲的繁荣稳定发展[3]。2018 年 1

---

[1] Dominique de Villepin, "Faisons le pari de la nouvelle route de la soie", *Les Echos*, 27 February, 2015.

[2] 中华人民共和国外交部:《习近平与法国当选总统马克龙通话》,2017 年 5 月 9 日,https://www.fmprc.gov.cn/chn/pds/wjdt/gjldrhd/t1459987.htm。

[3] 《博鳌论坛巴黎会议聚焦"一带一路"对接亚欧发展新战略》,2017 年 9 月 18 日,https://www.imsilkroad.com/news/p/51573.html。

月，马克龙把古代丝绸之路的起点西安作为首次出访中国的第一站，正面积极响应"一带一路"，也强调该倡议应具备互惠性和双向性。与此同时，法国也表达出疑虑与担忧。马克龙表示"一带一路"不能成为新的"霸权之路"[1]。此外，为了更积极地参与到"一带一路"具体项目中，法国建立了一个由欧洲与外交事务部、经济部和财政部在内的跨部级工作组，其主要任务是确定中法合作尤其是第三方合作的路线图[2]。之后，法国的疑虑有所增加。在2018年8月外交使节会议上，马克龙明确将"一带一路"定义为带有"霸权性质"的全球化愿景[3]。

2019年后，法国对待"一带一路"的政策表态呈现出两面性的特点。一方面，法国总统马克龙积极寻求将"一带一路"倡议与欧洲联通战略更好融合的"欧亚议程"；另一方面，也保有审慎的防备姿态，强调充分动员和发挥法国自己的力量。在2019年驻外使节会议中，马克龙提出把欧洲的"欧亚议程"置于优先地位，同时也强调法国必须发挥大国影响力，提出建立"印太轴心"，作为中国"一带一

---

[1] Élysée: Discours du président de la République au Palais de Daminggong, publié le 9 janvier 2018. https://www.elysee.fr/emmanuel-macron/2018/01/09/transcription-du-discours-du-president-de-la-republique-au-palais-de-daminggong.

[2] Alice Ekman, et al., "La France face aux nouvelles routes de la soie chinoise", Etudes de l'Ifri, octobre 2018, p. 46.

[3] Discours du président de la République Emmanuel Macron à la conférence des ambassadeurs et des ambassadrices de 2018, publié le 27 août 2018, disponible sur https://www.elysee.fr/emmanuel-macron/2018/08/27/discours-du-president-de-la-republique-a-la-conference-des-ambassadeurs.

路"倡议的补充①。法国国防部于2019年5月发表了《法国印太防务战略》报告，全面论述了印太地区的安全形势、法国的印太防务战略以及法国将采取的措施，其中宣称中国通过"一带一路"倡议，已经成为管控印太公共海域和海上通道的主要力量之一②。马克龙政府在积极参与中国"一带一路"倡议的同时也强调中国和欧洲在均衡的伙伴关系框架内开展合作，法国在中欧"一带一路"中发挥积极的协调作用。

（四）南欧国家对"一带一路"的政策演变

相比于西欧诸国，受2009年欧债危机冲击最大的葡萄牙、西班牙、希腊、意大利等南欧欧盟成员国在"一带一路"倡议提出初期即对"一带一路"倡议持开放态度，它们普遍认为来自中国的投资可使本国经济更快摆脱衰退，实现高质量增长。希腊、意大利和葡萄牙等三个南欧国家均与中国签署了"一带一路"合作谅解备忘录。2018年8月，王毅国务委员兼外长会见来华访问的希腊外长科齐阿斯时，双方签署了两国政府间共建"一带一路"合作谅解备忘录，希腊表示积极支持习近平主席提出的"一带一路"倡议，希望以此为契机推动

---

① Discours du président de la République Emmanuel Macron à la conférence des ambassadeurs et des ambassadrices de 2019, publié le 27 août 2019, disponible sur https://www.elysee.fr/emmanuel-macron/2019/08/27/discours-du-president-de-la-republique-a-la-conference-des-ambassadeurs-1.
② 张林初：《2019年〈法国印太防务战略〉报告评析》，载丁一凡主编《法国发展报告（2021）》，社会科学文献出版社2021年版，第216页。

两国务实合作迈上新台阶,人文交流达到新高度①。同年12月,在习近平访问葡萄牙期间,中葡双方签署共建"一带一路"合作谅解备忘录,双方同意不断深化海洋领域合作,发展中葡"蓝色伙伴关系"②。2019年3月,中国国家主席习近平对意大利国事访问期间,中意两国在罗马正式签署政府间关于共同推进"一带一路"建设的谅解备忘录。意大利是首个签署该备忘录的欧盟创始成员国和七国集团(G7)国家③。

随着欧盟整体对"一带一路"的消极态度加深,南欧国家在"一带一路"问题上逐渐感受到布鲁塞尔和德国、法国等大国的压力,但它们力争成为中欧在基础设施领域合作的桥梁和门户,依然热切盼望来自中国的投资。

(五)中东欧国家对"一带一路"的政策演变

中东欧地区国家是欧盟国家中最先主动回应"一带一路"倡议的集群,但不同的国家对"一带一路"有不同的期待。在2012年正式启动的中国与中东欧国家合作的"16+1合作"④机制中,双方在互联互通、贸易投资、人文交流等重点领域已开展全面合作。在2013年中国—中东欧国家布加勒斯特峰会上,中国与中东欧国家达成了

---

① 《中国与希腊签署共建"一带一路"合作谅解备忘录》,中国一带一路网,2018年8月28日,https://www.yidaiyilu.gov.cn/xwzx/gnxw/63988.htm。

② 《中华人民共和国和葡萄牙共和国关于进一步加强全面战略合作伙伴关系的联合声明(全文)》,中国一带一路网,2018年12月6日,https://www.yidaiyilu.gov.cn/zchj/sbwj/73795.htm。

③ 《中国与意大利签署"一带一路"合作文件》,中国一带一路网,2019年3月24日,https://www.yidaiyilu.gov.cn/xwzx/gnxw/83639.htm。

④ 2019年希腊加入后成为"17+1合作"。

《中国—中东欧国家合作布加勒斯特纲要》,使双方在经贸、金融、互联互通、环保能源、人文交流等方面的合作全面加速①。2015年6月,匈牙利与中国签署了《关于共同推进丝绸之路经济带和21世纪海上丝绸之路建设的谅解备忘录》,这是中国与欧洲国家签署的第一个"一带一路"合作文件,也是匈牙利提出的"向东开放"政策与"一带一路"倡议开始进行深入对接的表现。此后,波兰、塞尔维亚、捷克、保加利亚和斯洛伐克分别签订了共同推进"一带一路"建设的谅解备忘录。在中东欧国家与"一带一路"的对接中,双方高层交往频繁。中国—中东欧合作机制内容逐渐丰富。2015年11月,双方发布《中国—中东欧国家合作中期规划》,明确2015—2020年的工作方向和重点,"16+1合作"将充分把握"一带一路"建设带来的重要契机,不断拓展合作空间,同时为"一带一路"建设做出更多贡献②。2017年11月,第六次中国—中东欧国家领导人会晤发表《中国—中东欧国家合作布达佩斯纲要》,各方表示愿以"16+1合作"为依托,继续共商、共建、共享"一带一路",推动"一带一路"倡议与欧洲投资计划等重大倡议和各国国家发展规划相对接③。在此会晤期间,中国与爱沙尼亚、立陶宛、斯洛文尼亚三国签署了合作文件。至此,所有中东欧国家均与中国签署了"一带一路"合作备忘录。"一带一路"倡议与中东欧16国实现全面对接。2018年7月,在第七次中国—中东欧国家领导人会晤中,与会各方发表了《中国—

---

① 《中国—中东欧国家合作布加勒斯特纲要(全文)》,2013年11月26日,http://www.gov.cn/jrzg/2013-11/26/content_2535458.htm。

② 外交部:《中国—中东欧国家合作中期规划》,2015年11月24日,https://www.fmprc.gov.cn/web/zyxw/201511/t20151124_335737.shtml。

③ 《中国—中东欧国家合作布达佩斯纲要(全文)》,2017年12月1日,http://www.gov.cn/xinwen/2017-12/01/content_5243611.htm。

中东欧国家合作索非亚纲要》,进一步表明积极落实业已签署的"一带一路"建设合作文件,支持"一带一路"建设同中欧互联互通平台、泛欧交通网络西巴尔干延长线以及相关周边合作倡议相对接①。共建"一带一路"成为中国—中东欧合作的亮点。

但在美国挑动下,2019年起,立陶宛等极少数中东欧国家开始质疑"一带一路"和"中国—中东欧国家合作机制"。2021年,立陶宛外长宣布退出"中国—中东欧国家合作机制"。随着美国重返中东欧,美国将中东欧视为新的地区战略支点,有意将其打造为遏制中俄的战略抓手。而同时欧盟在中东欧地区希望继续发挥主导作用,特别是德国,作为中东欧国家最重要的经贸和政治伙伴,它对"一带一路"在这一地区的发展态势也同样忧虑。不过,中国同中东欧地区在高科技产业、传统制造业、农业、旅游业、基础设施等领域存在较大的合作潜力,有助于中东欧地区的"工业化"。

整体来看,欧盟及其主要成员国,以及英国对待"一带一路"倡议的政策反应可分为三个时期:2013—2015年为观察期,2015—2019年为积极反馈期,2019年后进入博弈色彩加深的戒备期。2013—2015年,欧洲方面对"一带一路"这一"新鲜事物"正在努力"做功课",处在了解和研究中国倡议、筹划如何与中方开展合作的时刻。自2015年始,欧洲国家和欧盟开始对"一带一路"倡议作出积极反馈。2015年5月,在英国财政部和伦敦金融城推动下,英国率先表态加入中国倡导建立的亚投行,随后德国、法国、意大利等欧盟重要国家相继加入亚投行。但当2017年特朗普入主白宫后,美欧跨大西洋传统盟友关系出现巨大裂痕,进一步削弱了欧洲的安全感。在地缘政

---

① 《中国—中东欧国家合作索菲亚纲要》,2018年7月9日,http://politics.people.com.cn/n1/2018/0709/c1001-30133555.html。

治因素重新回归国际政治议程，大国竞争气氛日趋浓重的国际环境中，欧盟和德法英等欧洲大国明显开始担忧和提防外部世界的各种变化，其中也包括中国的持续崛起。2019年3月，欧盟提出的对华"合作伙伴、竞争者和制度性对手"三重定位标志着欧盟和西欧大国对"一带一路"倡议在内的中国方案有了戒备心理，欧洲同中国在"一带一路"对接问题上进入2.0版的新时代。

◇ 地缘政治还是互联互通工具：以中欧班列为例

部分国家将"一带一路"倡议理解为大国用来发挥政治影响力的地缘政治工具。美国军方侧重从军事安全的角度攻击"一带一路"的"战略性"。比如，2018年，美军太平洋司令部哈利·哈里斯（Harry Harris）抨击"一带一路"，称它可使中国能够影响全球航道，是中国的一种有协调的、战略性的努力，旨在替换美国及其盟友和地区伙伴的位置，世界海洋中的"全球咽喉要道（global chokepoints）"都因"一带一路"而受到压力[1]。部分欧洲领导人和精英人士也有这方面的深层担心。比如，2018年，法国总统马克龙在一年一度的法国驻外使节大会上就坦承了自己的看法，称"一带一路"是近几十年来最重要的地缘政治理念[2]；德国慕尼黑安全会议主席伊辛格（Wolfgang

---

[1] "All Global Chokepoints Under OBOR Pressure: Admiral Harris", *The Economic Times*, February 15, 2018.

[2] Speech by President Emmanuel Macron-Ambassadors' Conference 2018, https://www.diplomatie.gouv.fr/en/the-ministry-and-its-network/news/ambassadors-week/ambassadors-week-edition-2018/article/speech-by-president-emmanuel-macron-ambassadors-conference-2018.

Ischinger)和提出"软实力"概念的美国学者约瑟夫·奈,2021年牵头撰写了欧美如何协调应对中国的《当心差异:跨大西洋中国政策的优先事项》报告,其中明确说"'联通'的本质就是地缘战略"[1]。这种观念上的地缘政治考量在很大程度上影响到欧盟及英国对"一带一路"倡议的认知,间接给中欧互联互通制造出政治障碍,它也是中欧联通工程博弈增强,进入"2.0"版新时代的重要原因。那么究竟"一带一路"有多强的地缘政治意涵呢?笔者将以中欧班列为例进行详解。

中欧班列是"一带一路"倡议的重要组成部分,但在部分熟读史书、有历史感的西方人士眼中,铁路是极其敏感的地缘政治工具:19世纪末俄国新建的铁路就使莫斯科能以前所未有的速度和广度投射力量,让它不断扩张的边界逐步接近英国在中亚、西亚和南亚的势力范围[2]。可中欧班列的运行模式很明显同传统的铁路有明显差异,不同之处至少有以下四点。

第一,中欧班列并非中国单独修建的用以沟通欧亚的铁路干线,而是通过协调沿线各国的铁路运营方来实现高效连接。中国虽然是中欧班列的首倡方,但并不拥有各国铁路企业的股权,根本无法控制沿线国家的铁路运行。

第二,中欧班列在亚欧大陆通行时,由于沿线国家轨距不同,需要两次换轨,甚至是三次换轨才能抵达目的地,这更增加了地缘控制

---

[1] Aspen Strategy Group, MERICS and Munich Security Conference, "Mind the Gap: Priorities for Transatlantic China Policy—Report of the Distinguished Reflection Group on Transatlantic China Policy", July 2021, p. 32. https://securityconference.org/en/publications/report-of-the-transatlantic-reflection-group-on-china/.

[2] [美]格雷厄姆·艾利森:《注定一战:中美能避免修昔底德陷阱吗?》,陈定定、傅强译,上海人民出版社2019年版。

的不可能性。比如，从中国发往德国的班列，首先要在中国的二连浩特、满洲里、阿拉山口等口岸吊装换车，从中国的标轨（1435毫米）换俄轨（1520毫米宽轨），经中亚国家或俄罗斯抵达波兰后，再换回1435毫米的标轨，进入德国。如果目的地是西班牙，在西班牙和法国边界还要再换成伊比利亚轨距（1668毫米）。

第三，中欧班列的运营并非由中国政府承担，其产权是分散的，运营方既有国有企业，也有民营企业和混合所有制企业。比如最早的中欧班列——渝新欧，就是2011年美国惠普公司（HP）希望开拓从中国西部向欧洲运输的新通道，将自己企业在重庆生产、拟出口销售到欧洲的电脑等产品不用转运至中国东南沿海再走海路，而同中国地方政府和物流企业协商开通；而最长的一条中欧班列——从浙江义乌开通西班牙马德里的"义新欧"铁路，则是敢闯敢干的浙江义乌民营物流企业——天盟实业公司开创，现在也依然是国有民营成分皆有的混合制企业运营。

第四，中欧班列是具有开放性和包容性的系统工程。中方并未对中欧班列的货品进行限制，反而是千方百计希望扩大货源，尤其是希望增加中国从欧洲的进口，以减轻从中国发往欧洲的货运班列因返程货物不足而导致的"空驶"成本。中欧班列问题已是中国同欧盟互联互通平台主席会议的重要议题。同时，日本、韩国等东亚邻国也在利用中欧班列运输它们发往欧洲的出口产品。日本经济产业省2018年已委托日本通运公司对中欧班列进行了10次运行测试，结果证明切实可行，这是日韩可资使用的运输新路径。

综上可见，中欧班列的本质并非"地缘政治工具"，而是促进互联互通的有机工程。它目前之所以取得了较大成果，根本原因是它符合经济理性（成本收益）。中欧班列兼具快速高效和成本优惠的特点，其运输时间仅为海上运输的 1/3，而运输成本只有空运的 1/6 到 1/8。而且它也符合绿色环保的世界理念，铁路运输产生的二氧化碳排放比空运低 95%，是海运的 50%，在全球应对气候变化行动方面，中欧班列实际上做出了很大贡献。

美欧一些智库抨击中欧班列，认为中国意在躲避美国的海权优势，建设中欧班列是为了在陆上"建立一条替代性横跨欧亚的供应链"[①]。但且不说中欧班列的开行并未影响中国海运的发展，即使如此，中欧班列作为多元化安全保障中的新一环，不也在不确定的国际环境中为亚欧大陆的消费者和厂商提供了新的可靠选项吗？2021 年 3 月，日本籍"长赐"号大型货轮横堵苏伊士运河，造成国际航运的"世纪堵船"事件，中欧班列为分散物流，保障全球运输发挥了重要分流作用。中欧班列更为中欧共同应对新冠肺炎疫情提供了生命线保障。2020 年，中国经济从新冠肺炎疫情中恢复的速度明显快于美国，为欧盟国家提供了众多抗疫产品。由于防控疫情的要求，国际贸易中海运和空运这两种传统的进出口货物运输方式受到各种制约，运量剧减，这时以中欧班列为代表的铁路运输作用凸显，反而挑起了货物贸易的大梁。中欧班列承接海运、空运转移的货物和防疫物资，开行量和运输量均有大幅增长，成为疫情期间的"生命通道"，也变为"一带一路"建设的标志性成果。2011 年至 2020 年年底，中欧班列共开行 3.3 万列，但仅 2020 年中欧班列开行列数就达到 1.24 万列，首次单年开行超过 1 万列，同比增长 50%，运送集装箱 113.5 万标箱，同比增长 56%。疫情期间，中欧班列运送医疗物资 939 万件，共计 7.6 万吨，大

[①] Andrew A. Michta, "Can China Turn Europe Against America?", WSJ, https://www.wsj.com/articles/can-china-turn-europe-against-america-11600013768?cx_testId=3&cx_testVariant=cx_4&cx_artPos=4&mod=WTRN#cxrecs_s.

力支持了"一带一路"沿线国家的疫情防控、医疗救助等方面的工作。

◇ 结语

"一带一路"倡议不是目前西方主导的国际经济秩序的替代品，而是增加了现有国际经济秩序中的发展中国家立场和声音，鼓励具有不同政治体制的国家共同参与、推动国际经济体制改革，形成更公平、更合理的国际经济新秩序。欧盟和西欧国家要适应由非西方世界提出全球问题解决方案，提供国际公共产品的"新现实"，的确仍然需要一个较长时间的过程。

中国的"一带一路"倡议并非主张与发达国家隔离，也不是要打破现有国际经济体系，而是希望与沿线国家一道，通过基础设施建设发展经贸合作，更多地参与国际经济治理，并非强制输出中国意识形态与中国模式。除发展中国家外，欧盟同样是中国"一带一路"倡议的重要合作伙伴。以德国为例，"中国制造2025"和德国"工业4.0战略"的对接，便是中国"一带一路"倡议在德国的具体实施。德国"工业4.0战略"旨在融合信息技术与制造技术，实现生产灵活化与智能化，而中国是制造业大国，现阶段目标是转型升级成为制造业强国，实现智能化生产。中国有大数据、云计算等信息技术优势，而德国则拥有先进的智能技术以及电子制造技术，双方合作可以实现"强强联手"，优势互补，提升双方技术和经济实力。

当然，我们也要看到，由于中欧在市场准入与行业规则等领域的异质性，欧洲期待中国"一带一路"倡议更加透明与开放。为此，我们也应不断推动中欧高层互访，加强中欧智库合作与交流，搭建人文交流平台，阐释"一带一路"倡议的具体含义，发挥外交对经济发展的正面促进作用。发达国家拥有技术优势，中国拥有一定的资金优势以及基础设施建设强项，而"一带一路"国家拥有巨大的市场潜力，上述三方可进行有机结合。因此，它并非中国版的"马歇尔计划"，而是促进南南合作与南北合作、发达国家与发展中国家合作的重要平台，是构建以合作共赢为核心的新型国际关系的重要步骤。

第九章

中欧在北极治理上合作的机遇和挑战

北极是中国重要的战略新疆域,积极参与北极事务是中国未来对外合作的趋势。在北极事务多边治理领域,中国作为"近北极国家"同包括欧洲(包括欧盟)在内的国际社会的交流与合作,既是现实的形势需要,也是展现大国担当与责任的良好机遇。未来,中国同欧洲可以继续围绕气候变化、生物多样性保护等问题加强科研交流、深化务实合作,这将为中国今后加强同欧洲在国际论坛和多边场合的接触提供较好的机遇和平台,也有利于反击和消除西方所谓"北极中国威胁论"之消极影响。但在中美欧俄等各方力量博弈趋向加剧和复杂化,北极理事会等国际机制自身存在不足以及新冠肺炎疫情依然肆虐全球等情况下,中欧在北极治理中的交流与合作仍将面临阻碍和挑战。

◇ 北极问题的由来

第二次世界大战结束之后,原本相对安宁的北极地区不再平静。随着20世纪50年代后期加拿大首先宣布对北极地区拥有主权,美国、丹麦、俄罗斯、挪威等国也对该地区提出了领土主权的要求。在冷战阴云的笼罩之下，以美苏为首的两大阵营在地区与全球层面都展开了一系列博弈和竞争，北极地区成为美苏两个超级大国进行军事较量和对抗的重要场域。苏联解体后，北极的地缘战略地位在后冷战时期一度有所下降，该地区的气候变化、环境保护与自然资源开发、原住民权利以及北极地区可持续发展等则逐渐成为国际社会关注的主要问题。在这一背景下，域内外行为体特别是环北极国家（A8）一方面围绕北极自然资源、领土与领海主权等展开激烈争夺，另一方面则通过构建有关国际机制以寻求和开展多边层面上的合作。例如，1996年北极国家在加拿大渥太华成立的"北极理事会"（Arctic Council），就是致力于北极地区环境、社会与经济可持续发展的重要多边合作机制。

然而，众多国家在将目光纷纷投向北极的资源之际，也对该地区的岛屿与北冰洋地区提出领土的要求，导致北极地区的地缘政治与地缘经济意义相互交织在一起，并凸显出与冷战时期相比更为重要的战略价值，而且有可能触发涉及军事冲突等安全问题。2007年8月，俄罗斯在北冰洋海底的"插旗行动"，成为轰动一时的重大标志性事件——这一宣示主权"归属"的行动，对以美国为首的西方各国以及冷战结束后持续演化的全球秩序形成了某种"挑衅"，北极地区安全局势由短暂的缓和转为新一轮涉及主权与领土竞争的紧张态势。鉴于此，就不难理解为何美国在2009年1月发布的北极政策国家安全指令，其中强调美国在北极地区拥有广泛的根本的国家利益。紧接着，同年2月，挪威、冰岛、丹麦、瑞典、芬兰5国就召开了关于北冰洋军事安全合作机制的会议，宣称将合作控制北极水域，保证石油和天然气运输通道的畅通。由于上述国家中，挪威、冰岛为北约成员国家而没有加入欧盟，瑞典、芬兰是欧盟成员国却非北约成员，而丹麦则同时既是欧盟成员也是北约成员，因此这五个国家召开的此次会议被视为北约、欧盟加入北极争夺行列的标志。[①] 时至今日，北极已经成为 21 世纪世界上一个兼有互相竞争特征、多边治理色彩以及地缘政治与地缘经济战略意义的较为复杂而特殊的高北地区（High North）。

◇ 当前北极治理的新形势

如前所述，随着全球气候变暖导致北极地区冰雪融化加速，包括北极环境变化、北极航道所有权、北极捕鱼权以及北极资源开发与该地区自然与社会环境保护等在内的北极治理问题引发了国际社会越来越多的关注。但同时，近些年来，有些国家在北极地区展开的军备竞赛和资源争夺等局面的持续，导致北极治理问题出现并面临诸多新的复杂形势。

首先，北极地区的军备竞赛趋势有所加强，北极的地缘政治意义和地位呈上升趋势。这主要表现在美国、俄罗斯等越来越重视北极以及在该地区的军事存在。近年来，两国军方在重新审视北极安全局势之际，对各自的北极战略做出调整，并强化了军事存在与地缘争夺。

一方面，俄罗斯在北极的军事活动越来越频繁，不但自苏联解体以来首次派遣了军用飞机飞越北极前往北美，还发射了第一颗北极监

---

① 曾望：《北极争端的历史、现状及前景》，《国际资料信息》2007 年第 10 期。

测卫星,这些都在某种程度上给美国造成了压力。2021年12月,俄罗斯北方舰队海军陆战队在北极地区进行演习,而在3月俄罗斯三艘核潜艇在北冰洋同时突破厚达1.5米的冰层浮出冰面,让目前尚未掌握这项技术的美国感到震撼。另一方面,北极被美国五角大楼列为复杂的地缘政治地区——2021年6月,美国海岸警卫队司令海军上将卡尔·舒尔茨(Karl Schultz)声称"在北极,存在等同于影响力"。[①]美国空军将增加北极投资作为战略,以军事演习表明在该地区的需求。美国国防部正式宣布将建立新的北极区域安全研究中心,旨在促进整个北极地区在安全问题上的合作。就在不久之前,美国国防部于2021年11月宣布成立特德·史蒂文斯北极安全研究中心(Ted Stevens Center for Arctic Security Studies),该中心设在阿拉斯加州的安克雷奇(Anchorage)。由于安克雷奇是美国北方司令部(U. S. Northern Command)下属阿拉斯加司令部(Alaskan Command)所在地,新设立的史蒂文斯北极安全研究中心将进一步有利于强化美国军方与这类机构在北极地区安全问题上的合作,包括威胁感知和预判等。因此,美国国防部对北极的关注,正在逐渐落实为具体的行动,而其同俄罗斯之间的这类军事军备竞赛,将促使北极的地缘战略意义继续上升。

其次,除美国、俄罗斯之外,域内外其他国家、国际组织以及非政府组织等诸多行为体纷纷通过各种不同方式强化对北极事务的关注和介入。

---

① Morgan Artyukhina, US Coast Guard Considering Arctic FONOPS to Counter Russian Presence at the North Pole, June 29, 2021, https://sputniknews.com/world/202106291083269415-us-coast-guard-considering-arctic-fonops-to-counter-russian-presence-at-north-pole/.

加拿大作为北极国家之一,尽管其总体实力和国际影响力不如美俄两个大国,但在北极事务上扮演着重要角色——例如,加拿大因其与欧盟在海豹产品问题上存在分歧与争端,曾经否决了后者加入北极理事会观察员的申请。如今,加拿大也开始在北极地区积极采取军事活动。2021年8月,加拿大海军的北极和近海巡逻舰在该国北部开始了为期四个月的首次作战任务。这是60多年来加拿大军舰第一次采取此类行动,其目的既是为了展示该国海军完成北美绕航任务的新能力,也借此表达其对北方包括北极领土主权问题的关注。

日本、韩国等其他国家在北极事务上的兴趣和行动都有明显表现。例如,日本近期出台的新海洋政策,包含应对朝鲜导弹与北极航道等方面的内容,还在北极投入使用了首艘LNG破冰船。韩国将全面加大财政支出把釜山市建设成为"极地城市",还计划于2022年年初在本国与北极理事会成员国、欧盟举行会议,讨论北极地区的捕捞配额问题。日韩两国,同中国一样都是于2013年成为北极理事会的观察员,但中国与它们相比在北极事务上的言论和行动都一直更为低调和谨慎。

此外,北约针对俄罗斯在北极的行动,也在加强战略规划和相关合作的准备。北约于2021年6月召开的峰会虽然尚未能就北极问题达成最终协议、形成一致的北极安全政策,但已经将北极纳入其作为政治与军事联盟的重要战略场域。未来,北约各国可能很难能够在较短时间内就统一的北极战略最终达成共识,但在北约框架内将北极事务提上议程却有可能成为"家常便饭"——尤其是北约大肆渲染中国、俄罗斯对自身以及北极地区产生威胁时。特别应该指出的是,由于欧盟27国中绝大多数国家同时也是北约成员国,欧洲能否在北极治理或北极事务方面践行其在近年来高调宣扬的所谓"战略自主"

"欧洲主权"抑或"战略主权",[①] 甚至于有能力扮演一个真正具有地缘政治意义上的全球角色,是非常值得怀疑的。

◇ 中欧未来合作的可能路径与主要挑战

在北极治理问题上,中欧之间的合作既有一定的机制基础,也拥有存在利益相同或相似的领域。因此,未来中欧合作存在一些可能的路径。

首先,从机制基础来看。自1975年中欧建交后,中欧关系获得了巨大而且深入的发展,业已形成了具有全方位、多层面、各领域等特征的一系列合作机制,为双方就包括北极问题在内的各种议题的沟通与协调奠定了良好的基础,为推进和拓展务实合作搭建了必要的平台。比如,肇始于1998年的中欧领导人峰会,是中欧双方之间最高级别的政治磋商机制,其中涉及的议题就包括气候变化和北极事务等;继2003年中欧确立全面战略伙伴关系后,2005年举行的第八次中欧领导人峰会发布了《中欧气候变化联合宣言》,标志着中欧双方在应对气候变化问题上已经建立了伙伴关系。为落实该宣言的部署,中欧关于气候变化的部长级对话与合作于2010年启动。2012年9月,第十五次中欧领导人会晤后发表的《联合公报》指出,中欧双方"认识到北极地区的日益重要性,尤其是在气候变化、科学研究、环

---

① 当前,这些话语标签在欧洲已经成为一种"政治正确",它们与在欧洲某些智库报告、欧盟机构以及欧盟成员国领导人演讲中所表达的内涵有近似之处,但针对不同对象和政策领域的实质却有明显差异——对诸如"技术主权""防务自主"或"战略伙伴关系"等的解读,需要看具体或特定的语境。

境保护、可持续发展、海洋运输等相关方面，同意就北极事务交换意见"。2013 年，第十六次中欧领导人会晤后发表的《中欧合作 2020 战略规划》中倡议，中欧双方将"开展联合行动，提升海事安全，加强相关国际法专业知识共享，加强包括联合研究项目在内的北极事务交流"。① 可见，中欧双方在涉及气候变化等问题的北极事务上，已经具备较好的沟通与合作的重要基础。

其次，从合作领域来看。携手应对全球气候变化，已经成为近些年来包括中国和欧洲在内的绝大多数国际社会成员的共同意愿和协调行动。中欧在全球应对气候变化问题过程中的合作为双方在北极事务（应对北极气候变化、北冰洋冰川融化等）的合作奠定了良好基础，从而展现出中欧在北极治理具体领域合作的可能图景。

据报道，2021 年夏季北极地区出现了 30 摄氏度的高温天气，这一现象使得关注和应对全球气候变化的呼声越来越高。2021 年 8 月，联合国政府间气候变化专门委员会（IPCC）发布的第六次评估报告第一工作组报告《气候变化 2021：自然科学基础》指出，人类活动导致的全球变暖正在加剧，全球许多区域出现并发性极端事件、复合型事件将变得更加频繁——例如高温热浪和干旱并发等极端陆地事件，以风暴潮、海洋巨浪和潮汐洪水为主要特征的极端海平面事件，以及叠加强降水引发的复合型洪涝灾害事件。对此，该报告提出要尽早实现净零碳排放以有助于实现温控目标。

就中欧在北极治理领域的合作而言，中国和欧洲在应对全球气候变暖和减少碳排放等方面，不但拥有相同或相近的政策理念，还签署了一系列国际协议和合作文件。因此，应对北极地区气候变暖是中欧

---

① 《第十六次中欧领导人会晤发表〈中欧合作 2020 战略规划〉》，新华网，2013 年 11 月 24 日，http://news.xinhuanet.com/fortune/2013-11/24/c_125752294.htm。

双方在观念上的重要共识与合作上的务实领域。这一点，从前述中欧双方之间合作机制的部分可以得到证明。2020年9月，中欧决定建立环境与气候高层对话和数字领域高层对话，打造中欧绿色合作伙伴、数字合作伙伴关系，为中欧战略伙伴关系在新时代更加健康发展注入了新的生机与内涵。

此外，2020年9月22日，中国国家主席习近平在第七十五届联合国大会一般性辩论上发表重要讲话，宣布中国将"努力争取2060年前实现碳中和"的目标。2021年11月，在英国格拉斯哥召开的联合国气候变化大会期间，中国和美国发布联合宣言，承诺采取强化的气候行动，以有效应对气候危机。在此次大会召开前夕，中国作为世界上最大的发展中国家于10月发表《中国应对气候变化的政策与行动》白皮书，[①] 以大国担当展现了为全球应对气候变化做出积极贡献的庄严宣示与郑重承诺。中国呼吁国际社会紧急行动起来，全面加强团结合作，坚持多边主义，全面落实《巴黎协定》，努力推动构建公平合理、合作共赢的全球气候治理体系。对欧洲来说，这些都给曾经作为气候变化治理先锋者的欧盟以及欧盟成员国带来了全球合作应对气候变化的巨大和良好机遇。而在北极治理中，中欧如能就气候变化以及与其相关的该地区可持续发展、环境保护、原住民生存发展权利等问题进一步推进交流与合作，将是值得期待而且也能够取得务实成果的。

当然，中欧在北极问题上的合作尚面临一些阻碍和挑战。这其中，既涉及现有北极治理主要机制的"先天不足"，也受到当前及今后北极问题面临的地缘政治与地缘经济等复合因素的影响。

[①] 《〈中国应对气候变化的政策与行动〉白皮书》，中国政府网，2021年10月27日，http://www.gov.cn/zhengce/2021-10/27/content_5646697.htm。

首先，从治理机制障碍或困境来看。

目前，北极理事会仍是北极治理中最重要的区域性机制安排。1996年9月，美国、俄罗斯、加拿大和北欧五国（冰岛、挪威、瑞典、芬兰、丹麦）——这八个领土处于北极圈的国家在加拿大渥太华签署《渥太华宣言》，正式成立了北极理事会。根据该宣言，北极理事会是一个政府间高级别论坛，其工作职责被限定于推动北极地区的可持续发展和环境保护问题，成员国外长会议每两年举行一次。自成立以来，北极理事会正式成员国一直仅限于上述环北极国，但已逐步接纳了38个观察员，其中包括中国、世界气象组织和其他6个组织；此外，6个代表北极原住民群体的组织和其他北极居民则成为北极理事会的永久参与者。

第一，北极理事会自身存在很多缺陷，要求北极理事会进行改革的呼声则日益强烈。自北极理事会成立20多年以来，北极地区的战略重要性以及北极事务的全球性日益凸显。随着有关北极资源开发、公海渔业管理、传统安全、航运、旅游以及原住民保护等问题不断涌现，北极理事会成立之时被赋予的工作职责（环境保护与可持续发展）已远远不能适应当前北极治理的现实需要。2008年，丹麦、俄罗斯、美国、加拿大和挪威五国首次就北极问题举行部长级会议，明确提出不再缔结新的国际条约，而依靠现有的国际法主要是海洋法来解决北极纠纷。因为关于北极地区的条约规定都涉及全球、区域与双边等多个层面，如果订立新的条约来解决北极争端，势必会改变各国的利益竞争格局。这导致关于北极地区治理的国际机制建设举步维艰，而这种治理机制的缺陷与不足和当前北极治理面临的现实困境构成了某种类似"互为因果"的关系，但归根结底在于在该地区各相关行为体之间的利益争端难以得到妥善解决。

第二，欧盟与北极理事会的关系较为复杂。一是，欧盟与北极理事会在成员国方面有一定的重合。丹麦、芬兰和瑞典三国既是欧盟成员国也是北极理事会的成员国。不过，这三个国家在北极理事会中只代表自己，而不代表欧盟。法国、德国、波兰、意大利和荷兰等欧盟成员国是北极理事会的正式观察员，但在北极事务决策上没有发言权。二是，在北极理事会中，作为一个整体的欧盟并非正式成员，也还未获得正式观察员的身份，而是由欧盟委员会代表欧盟派遣观察员参加北极理事会的特别会议。这并不意味着欧盟被完全排除在北极理事会之外，更不能说欧盟被排除在北极事务或北极治理之外。如上所述，芬兰、瑞典与丹麦三个北极理事会国家是欧盟成员国（格陵兰为丹麦属地，却并非欧盟的一部分），因此它们事实上受到大多数欧盟立法的约束；尤其是瑞典和芬兰，这两个国家的北极领土直接受到欧盟经济和社会等政策的影响。从这个意义上说，欧盟对北极事务是能够发挥独特作用的。

此外，北极理事会的观察员制度遭到了质疑。有的认为该制度的准入条件过于苛刻，获得观察员的身份及地位要受到诸多限制；有的则认为，现有观察员对其在北极理事会中的地位普遍不满，因而希望改变这一情况、增加发言权。但根据北极理事会的议事规则，观察员制度改革需获得8个正式成员国的一致同意。中国于2013年正式成为该理事会的观察员。反观欧盟，其近年来多次申请成为北极理事会观察员，但先后由于加拿大、俄罗斯等国的反对而至今仍未能如愿。

由上述可见，北极理事会作为政府间论坛自身存在一些"天然不足"，比如职能较有限、改革难度大、不涉及军事安全（传统安全）议题等。此外，中国和欧盟相对于该理事会正式成员而言，在北极理事会关于北极治理议程和行动的决策中所能发挥的作用处于十分弱势的境地。显然，中欧没有也很难获得同北极八国一样的在北极治理中的主导话语权。这种情况，不利于中欧在北极理事会这一机制平台上就北极事务进行双边与多边的交流合作。

其次，从地缘政治和地缘经济的复合因素来看。

如前述，近些年来美国在北极事务上更为关注，其主要目标包括抢占军事有利地形，开发丰富资源和保持长期经济活动，它经常宣称俄罗斯（如今越来越将"中俄"视为一个整体）在北极地区有"侵略性行为"包括军事化行动，因而既要削弱俄罗斯在北极的影响力，也对中俄在北极事务上的合作持警惕和防范态度。拜登上台后，美国在同欧洲盟友修复改善关系之际，却继续采取对华强硬政策，甚至不惜拉拢欧洲在对华政策方面进行协调联动。实际上，中美欧俄等各方力量在北极这一特殊场域的治理问题上，存在许多共同利益并且应该共同挖掘合作潜力。

比如，在北极事务方面开展专业性的学术交流、推进为改善该地区基础设施等民生条件的多边务实合作，这些有助于沟通与合作渠道的拓展，将有利于缓解当前上述各方特别是中美、欧俄等之间在地缘战略与地缘政治上的紧张关系。但问题在于，假如抛开多边交流与合作而是仅仅局限于中美、美欧双方在北极事务上的互动，一是很难获得突破性成果，二是任何一对双边关系的推进，都有可能引发更多更大的怀疑与警惕。

中国对北极事务的参与，从最开始主要是科学考察。1999年，中国首次派出北极科考队赴北极地区进行科学考察；之后，对该地区的矿产资源和渔业等也表现出兴趣。2004年7月，中国在挪威的斯瓦尔巴特群岛建立了首个北极科学考察站——黄河站，为加强国际交流与合作提供了重要的科研平台。中国在2018年1月发表的首份《中国的北极政策》白皮书指出：中国倡导构建人类命运共同体，是北极事务的积极参与者、建设者和贡献者，努力为北极发展贡献中国智慧和中国力量。该文件阐明了中国在北极问题上的基本立场，阐释了中国参与北极事务的政策目标、基本原则和主要政策主张，为中国相关部门和机构开展北极活动和北极合作提供了指导。未来，中国将从战略与长远角度出发，立足自身作为北极理事会观察员的实际，依据北极治理的现有机制，继续推动有关各方更好参与北极治理，与国际社会一道共同维护和践行真正的多边主义，积极促进北极的和平、稳定和可持续发展。

近十多年来，欧盟已在北极事务上发挥了作为"软力量"的重要作用，包括资助北极科研等。未来，它将从"地平线2020"计划中拿出1500万欧元，在2021—2025年资助"北极激情"（Arctic Passion）项目。在2021—2023年俄罗斯担任北极理事会轮值主席国期间，欧盟能否如愿成为北极理事会观察员，尚待观察。虽然拜登上台后美国与俄罗斯于2021年6月在日内瓦举行了首脑会晤，但8月20日美国以俄罗斯反对派人士纳瓦利内事件和"北溪－2"天然气管道项目为由，宣布对俄罗斯多个实体和个人实施制裁，美俄两国关系走向尚不明朗。欧盟一方面同美国加强了盟友之间的协调，在对华政策等方面有加大联动的倾向，另一方面欧盟在继续寻求和坚持所谓"战略自主"的情况下可能希望在处理同俄罗斯和中国关系的过程中发挥一定的"独立性"。在具备欧俄关系改善以及中国力所能及做出建设性工作等条件下，俄罗斯有可能在其担任北极理事会轮值主席国期间将欧盟接纳为北极理事会观察员列入议程，这对中欧关系通过北极事务多边治理得到某种程度的改善是有利的。至少在某种程度上，可以降低或削弱近年来欧方对中国关于"制度性竞争对手"定位的消极影响。

针对北极地区当前军事化和地缘战略争夺等趋势增强的局面，中国与欧洲应共同继续向国际社会呼吁将北极打造为"和平之地"，反对加剧北极紧张局势的政策。中国作为北极的重要利益攸关方，在参与北极事务上宜继续秉承尊重、合作与共赢三大政策理念，为促进北极可持续发展发挥更多建设性作用。不过，在当前美俄等大国在北极地区事务上地缘政治思维强势回归而且有可能加剧的背景下，中欧在北极治理中究竟是战略伙伴还是竞争对手，并不完全取决于双方各自以及相互的意愿和努力。

◇ 展望

就目前看，在北极治理问题上，国际社会包括西方阵营内部存在分歧，难以在阻挠对华参与北极事务问题上做到铁板一块。2021年拜登政府上台后，美国与欧洲等盟友在对华政策方面的协调与联动频频显现，通过炮制所谓"印太战略""新疆人权"问题和涉及香港事务等话题，在经贸、科技、意识形态等领域遏制、打压和削弱中国。特别是在美国及其北约盟友撤离阿富汗造成中国周边地区安全局势遭遇新挑战之际，美欧等西方势力一方面甩掉反恐战争"包袱"，另一方面更加聚合资源来防范打压中国的态势愈加明显。在上述国际环境大背景下，在北极事务多边治理领域，中国同欧洲围绕气候变化、生物多样性保护等问题的交流与合作，有助于加强同欧洲在国际多边论坛和场合的沟通，也有利于驳斥和反击西方某些势力别有用心而炮制的所谓"中国威胁"论。就当前与今后一段时期看，中国同欧洲

（包括欧盟）的交流与合作，既是通过多边治理实现维护和促进北极可持续发展这一目标的现实需要，也是中国作为崛起中的最大发展中国家展现大国担当与责任、同国际社会一道共同构建"北极命运共同体"和人类命运共同体的良好机遇。

基于关于北极事务的国际合作机制与治理模式已经基本定型的态势，中国和欧盟作为域外的非北极行为体在北极治理中的话语权难以获得更大突破。因为"北极地区国际合作这种内核（也是硬核，由北冰洋沿岸五国构成）、核心（北极理事会）和外围（北极理事会观察员以及更广泛的国际社会）的三层地缘政治格局到此已基本形成，它既为北极地区的国际合作发展创造了一定条件，同时也为合作的拓展深入制造了某种障碍。"[1] 就中国来说，要成为北极理事会的正式成员国几乎没有可能，而对欧盟来说，其申请成为北极理事会永久观察员的努力何时能够"得偿所愿"则依然具有不确定性。

在中美大国博弈持续进行、西方势力围堵和"规锁"中国和平发展成为当前与未来一段时期国际格局演化中的重大事项等背景下，近期美欧日等针对中国的频频协调与联动值得关注。在北极治理等领域，中国作为"近北极国家"和北极理事会正式观察员仍面临如何尽早和有效打破西方国家在议程设置、多边谈判和规则制定等方面的围堵、封锁、打压等挑战。今后应持续努力探寻以北极治理中的气候变化、渔业与石油等资源开发和利用以及北极航道通航等，作为促进与深化中俄合作、推动全球治理多边机制创立与改革的重要内容。

就欧洲而言，2021年9月德国举行的新一届联邦大选结果已经出炉，支持环保与气候变化治理等议题的绿党已经进入执政联盟而且其

---

[1] 陈玉刚、陶平国、秦倩：《北极理事会与北极国际合作研究》，《国际观察》2011年第4期。

党首之一安娜莱娜·贝尔伯克（Annalena Baerbock）出任新一届政府外长职位。因此，"后默克尔时代"的德国外交政策有可能对俄罗斯和中国在北极事务上政策的走向更为关注。2022 年 5 月法国将举行总统大选，如果马克龙能够获得连任，则可能在推动落实《巴黎协定》的基础上继续扮演气候变化多边治理的"先锋"和"领导者"角色，在修复恶化的欧俄关系方面采取比德国更加积极有为的"缓和"与"拉拢"政策，从而对欧洲其他国家关于俄罗斯关系的决策产生某种"领舞"效应。当然，波罗的海国家和一些中东欧国家对于俄罗斯的负面态度在短期内还难以消除，在对俄罗斯的政策上也有可能有所摇摆，但这些国家在北极事务上的关切远不如从欧盟、俄罗斯获取经贸投资等红利更重要。

必须指出的是，在美国极力拉拢欧洲等盟友、打造围堵打压中国的所谓"民主国家联盟"之际，西方政客和媒体有可能借助北极事务炒作"中国威胁论"，甚至在误导和蒙骗国际社会方面变本加厉，恶意中伤抹黑中国作为和平发展力量的形象。受这些因素的干扰和影响，欧洲国家、加拿大、俄罗斯等可能会重新评估中国在北极事务上的参与。因此，中国应认清和把握好自身在北极事务中的身份与角色定位，在遵循现有国际法和维护现有北极治理机制的基础上，既要积极寻求在气候变化等问题上有所作为，也要考虑到在开辟北极航道和打造"冰上丝绸之路"等方面其他行为体的关切和疑虑，尽可能统筹好中国参与开发和利用北极资源、维护北极可持续发展等方面的利益。

2021 年是中国"十四五规划"实施的开局之年。在大国博弈加剧、新冠肺炎疫情加速、百年未有之变局演化的背景下，中国应抓住参与北极事务、应对气候变化和保护生物多样性等方面的机遇，既要在国际多边舞台上展现中国责任与形象，也要积极寻求同欧洲和美国、俄罗斯等行为体在北极治理等方面的交流合作，打破西方对中国意图构建的封堵联盟。今后，应密切关注俄罗斯与美国、欧洲（欧盟与其成员国）以及其他行为体在北极事务方面的关系变化以及有关政策规范的动态发展，切实维护并努力拓展中国在全球多边机制与北极治理以及对外交流合作中的利益。

第十章

三方发展合作:中欧关系的新疆域?

  中国和欧盟都是全球发展合作资源的重要提供者。进入21世纪以来,随着中国对国际事务参与的深化和经济实力的增强,用于发展援助的资金规模也快速增加。根据日本学者北野尚宏(Nohiro Kitano)的估算,中国的对外援助支出在过去二十年间(2001—2020年)总体保持了快速增长的势头。2019年,对外援助规模达到了59亿美元,位列世界第七位。[①] 欧盟长期以来是全球最大的发展援助资金提供者之一。2019年,欧盟向全球发展中国家提供了总额达155亿美元的发展援助资金,而2020年为应对新冠肺炎疫情,欧盟的发展援助支出更是增长了约四分之一,达到了194亿美元。如果将欧盟和其他主权国家相比较,可排在全球发展援助贡献的第三位,仅次于美国和德国。[②]

  当前,三方合作模式正逐渐成为全球发展合作领域的一个焦点,受到广泛的关注。进入21世纪以来,三方合作模式在中欧发展合作

[①] Naohiro Kitano and Yumiko Miyabayashi, "Estimating China's Foreign Aid: 2019 – 2020 Preliminary Figures", 14 December 2020, https://www.jica.go.jp/jica–ri/publication/other/l75nbg000019o0pq–att/Estimating_Chinas_Foreign_Aid_2019–2020.pdf.

[②] "Development Cooperation Profiles-European Union Institutions", 2021, https://www.oecd–ilibrary.org/sites/c0ad1f0d–en/index.html?itemId=/content/component/5e331623–en&_csp_=b14d4f60505d057b456dd1730d8fcea3&itemIGO=oecd&itemContentType=chapter.

中的重要性逐渐增强,双方也各自在该模式下进行了较为丰富的实践,而分别作为新兴援助国和传统援助方,中欧之间也已经就开展三方发展合作进行了长期的对话和探讨,并开展了一些项目。

◇ 三方发展合作概述

三方发展合作(Triangular Development Cooperation)也称三角发展合作,或者三边发展合作,是当前全球发展合作领域日益兴起的一种援助模式。三方发展合作的雏形最早可以追溯到 1978 年在布宜诺斯艾利斯召开的联合国发展中国家技术合作大会。在那次会议上通过了《布宜诺斯艾利斯发展中国家间推动和实施技术合作的行动计划》,要求"联合国的所有组织都应当扮演发展中国家间技术合作的促进者和催化剂的显著角色"[1],从而为三方发展合作的开展奠定了基础。

尽管三方发展合作作为一种理念,已经有四十多年的历史,但这种模式得到广泛关注只是最近十几年的事情。目前,对于这一模式依然没有一个得到普遍认可的定义。比如,联合国南南合作办公室将三方发展合作定义为一种传统援助国和多边组织通过提供资金、培训、管理和技术系统以及其他方式的支持等,促进南南倡议的合作模式。[2]经济合作与发展组织发展援助委员会则将三方发展合作定义为,"发

---

[1] United Nations Conference on South-South Cooperation, "Buenos Aires Plan of Action (1978)", https://www.unsouthsouth.org/bapa40/documents/buenos-aires-plan-of-action/.

[2] United Nations Office for South-South Cooperation, "About South-South and Triangular Cooperation", https://www.unsouthsouth.org/about/about-sstc/.

第十章　三方发展合作：中欧关系的新疆域？ **185**

展援助委员会援助国和南南合作提供者联合在发展援助受援国实施发展合作计划或项目的一种伙伴关系。"① 尽管概念不一，但普遍认为三方发展合作模式中包含了三种不同类型的角色，即促进者、核心国和受益国。其中，促进者帮助在国家和国际组织间建立联系以形成三方合作关系，并为三方合作提供资金和/或技术支持。这个角色通常由传统援助国和多边发展机构来扮演。核心国则通常具备较为丰富的发展经验和知识，并通过三方合作机制分享其知识和最佳实践，这一职能主要由新兴援助国来承担。而受益国则是三方发展合作成果的载体，主要责任在于为三方发展合作项目的顺利实施创造良好的条件。②

三方发展合作作为一种新兴的发展合作模式，被视为一种支出少而收益多的策略（A "More-for-less" Strategy），③ 有着特殊的优势。④

---

① Talita Yamashiro Fordelone, "Triangular Cooperation and Aid Effectiveness: Can Triangular Cooperation Make Aid More Effective?" paper prepared for the Policy Dialogue on Development Cooperation (Mexico City), 28-29 September 2009. 更多关于三方发展合作的定义，请参见 Nadine Piefer, "Dispelling the Myths of Triangular Cooperation-Evidence from the 2015 OECD Survey on Triangular Cooperation", *OECD Development Policy Papers*, May 2017, 6: 32-34; Talita Yamashiro Fordelone, "Triangular Cooperation: What's the Literature Telling Us?", OECD DAC, May 2013, 13-14。

② "Conclusions: Brainstorming Meeting on Triangular Cooperation", Lisbon, 13-14 September 2012, http://www.oecd.org/dac/dac-global-relations/OECD_Conclusions%20Brainstorming%20Meeting%20on%20Triangular%20Co-operation.pdf.

③ Deborah B. L. Farias, "Triangular Cooperation and the Global Governance of Development Assistance: Canada and Brazil as 'Co-donors'", *Canadian Foreign Policy Journal*, Vol. 21, No. 1, 2005, pp. 1-14.

④ Nadine Piefer, Jeets Hargovan, and Rebecca McKimm, "Triangular Cooperation in the Era of the 2030 Agenda: Sharing Evidence and Stories from the Field", http://www.oecd.org/dac/triangular-cooperation/GPI-Report-Triangular-Co-op-in-the-Era-of-the-2030-Agenda.pdf；袁晓慧：《三方合作：国际发展合作的新兴方式》，《国际经济合作》2020年第6期。

第一，三方发展合作有助于实现传统援助方资金和新兴援助国技术等的优势互补，从而更好地达成援助效果。由于发展阶段相近，新兴援助国普遍具有对受益国来说更加适用的发展经验、技术和知识。在三方发展合作模式中，这种资源可以为传统援助方所用，从而更好地达成合作效果。而新兴援助国尽管已经开始提供援助，但相比传统援助方来说，在资金和人力等资源上依然较为缺乏。因此，对新兴援助国来说，也可以通过与传统援助方合作来弥补自身资源的不足。第二，三方发展合作有利于促进不同发展合作参与者之间的交流与协调，从而进一步提升各自开展发展合作的能力。对于传统援助方来说，通过三方合作可以更好地认识和理解新兴援助国的援助理念、方式和标准，在改进自身发展合作实践的同时，也可以向新兴援助国推销其发展援助的概念、原则和模式等。而对于新兴援助国来说，则可以利用机会学习传统援助方的最佳实践，从而提升自身援助机构的能力。第三，三方发展合作将传统援助方、新兴援助国和受益国放在一个平台上，为三方开展对话、交流发展知识和经验提供了良好的条件，从而为新的发展知识的产生创造了可能。

当然，三方发展合作模式也存在着一定的局限性。[①] 第一，三方发展合作模式发挥作用的空间存在一定的局限性。三方发展合作事实上是将"南北援助"和"南南合作"这两种存在重要区别的路径纳入到同一个框架中。大规模的三方发展合作活动的开展需要传统援助

---

① Nadine Piefer, Jeets Hargovan, and Rebecca McKimm, "Triangular Cooperation in the Era of the 2030 Agenda: Sharing Evidence and Stories from the Field", http://www.oecd.org/dac/triangular-cooperation/GPI-Report-Triangular-Co-op-in-the-Era-of-the-2030-Agenda.pdf; 袁晓慧：《三方合作：国际发展合作的新兴方式》，《国际经济合作》2020 年第 6 期。

方和新兴援助国在援助理念、原则和目标等方面达成一定程度的一致。相较于双边发展合作,这显然是更加难以做到的。① 第二,三方发展合作可能导致较为高昂的协调成本。即使参与各方就合作意向达成了一致,要想真正开展合作项目也需要克服很多操作层面的困难。三方发展合作中的促进者和核心国往往在发展合作的法律框架、预算和采购程序以及管理和评估机制等方面都存在不小的差异,这就使得双方之间不得不经常开展协调,以保证合作项目达到预期的效果。这无疑增加了双方,尤其是人力资源普遍短缺的新兴援助国的负担。第三,三方发展合作可能会强化受益国的不利地位。新兴援助国在开展发展合作时,往往坚持平等和不干涉内政原则,充分尊重受益国的自主发展,而传统援助方则通过附条件援助的方式,试图让受益国接受它们的发展理念和道路。在开展三方合作的过程中,新兴援助国可能会被视作默许传统援助方的援助模式,并"继承发展援助的负面后果,迅速变成俯视它们小邻居的老大哥"②。

◇ 中欧参与三方发展合作的历史和现状

中国和欧盟都对参与三方发展合作采取了开放的立场,不仅在政策层面将三方发展合作作为开展援助活动的路径之一,也是全球参与三方发展合作项目较多的行为体。

---

① 庞珣:《新兴援助国的"兴"与"新"——垂直范式与水平范式的实证比较研究》,《世界经济与政治》2013年第5期。

② Siphamandla Zondi, "Trilateral Development Cooperation: How Do Poor Countries Experience It?", Institute for Global Dialogue, August 2015.

中国参与三方发展合作项目最早可以追溯到20世纪80年代初，而"三方发展合作"作为一个概念，早在宣告中非合作论坛机制创立的"中非合作论坛第一届部长级会议"上就已经出现。2000年10月，中非合作论坛第一届部长级会议在北京举行，会议通过了《中非经济和社会发展合作纲领》，其中明确指出了双方开展三方合作的重要性，并特别提出在农业领域"进一步探讨中国、非洲国家同联合国粮农组织等有关国际机构间进行三方合作的有效方式"①。此后，在中国于2011年和2014年发布的两份对外援助白皮书、2015年公布的对非洲政策文件，以及2016年发布的《落实2030年可持续发展议程中方立场文件》等重要文件中，均提及开展三方发展合作的重要性。2021年1月，中国发布了《新时代的中国国际发展合作白皮书》，强调"中国对开展国际发展领域交流和三方合作持开放态度，将继续坚持发展中国家定位，积极与有关各方探讨开展三方合作，丰富国际发展合作的方式和途径，提升国际发展合作的水平和能力"②。

中国之所以愿意参与三方发展合作，除了通过与其他援助方合作开展援助项目、提升国际形象之外，还试图通过与发达援助方的交流与合作，学习它们的援助知识和经验。在《新时代的中国国际发展合作》白皮书中，中国就表示"愿积极学习借鉴国际成功经验和有效实践"，③其中三方发展合作就是中国进行学习的重要途径之一。此外，中国也将开展此类项目作为服务于同发达援助方双边关系的工具之

---

① 《中非经济和社会发展合作纲领》，2000年10月12日，https://www.fmprc.gov.cn/zfhzlt2018/chn/zywx/zywj/t155561.htm。
② 中华人民共和国国务院新闻办公室：《新时代的中国国际发展合作》，2021年1月10日，http://www.scio.gov.cn/zfbps/32832/Document/1696685/1696685.htm。
③ 中华人民共和国国务院新闻办公室：《新时代的中国国际发展合作》，2021年1月10日，http://www.scio.gov.cn/zfbps/32832/Document/1696685/1696685.htm。

一,因此,三方发展合作项目的达成和实施也受到中国与其他援助方双边总体关系的影响。① 目前,中国已经是参与三方合作项目较多的国家之一,② 项目伙伴涵盖了联合国开发计划署、联合国粮食及农业组织、亚洲开发银行等多边发展机构以及美国、英国、德国、丹麦、澳大利亚等传统援助国,受益国遍布亚洲、非洲、加勒比和太平洋等地区。

欧盟对三方发展合作模式的认识经历了逐步深化的过程。2000年4月,欧盟发布了《欧洲共同体发展政策》通讯文件,作为欧盟开展发展援助活动的指导文件。在该文件中,欧盟强调与成员国和其他双边、多边援助方加强协调的重要性,但并没有直接提及开展三方发展合作项目。在此后不久欧盟理事会和欧盟委员会发表的联合声明中,也只是提出"与布雷顿森林机构和联合国机构以及其他援助方的关系非常重要",③ 欧盟"将在欧盟内部以及与其他援助方寻求更好的互补性"。④ 2005年12月,欧盟和成员国发展部门领导人共同签署了《欧洲发展共识》文件,为其开展发展援助工作提供了法律基础。在该文件中,欧盟认识到,"与其他援助方的协调和统一议程将对提

---

① Zhang Denghua, "Why Cooperate with Others? Demystifying China's Trilateral Aid Cooperation", *The Pacific Review*, Vol. 30, No. 5, 2017, pp. 750 – 768.

② Nadine Piefer, Jeets Hargovan, and Rebecca McKimm, "Triangular Cooperation in the Era of the 2030 Agenda: Sharing Evidence and Stories from the Field", http://www.oecd.org/dac/triangular – cooperation/GPI – Report – Triangular – Co – op – in – the – Era – of – the – 2030 – Agenda.pdf, p. 17.

③ *The European Community's Development Policy: Statement by the Council and the Commission*, Luxembourg: Office for Official Publications of the European Communities, 2000, p. 13.

④ *The European Community's Development Policy: Statement by the Council and the Commission*, Luxembourg: Office for Official Publications of the European Communities, 2000, p. 17.

供援助产生重大的积极影响"。① 为此，欧盟强调，将"致力于促进援助方之间更好的协调和互补"，承诺"与伙伴国家、其他双边发展伙伴以及联合国和国际金融机构等多边参与者密切合作，实施这一议程，以防止重复援助，并最大限度地提高全球援助的影响力和有效性"②。在这一时期，欧盟处理与其他援助方关系的重点是传统援助国和国际组织，而非新兴援助国，且关注的主要问题是与这些国家和机构的协调，以防止重复援助。三方发展合作尚不是欧盟援助部门关注的主要议题之一。

2011年，欧盟发布了《变革议程》文件，标志着欧盟对发展中国家援助政策的一次重大转变。在该文件中，欧盟强调其发展援助政策必须考虑到发展中国家之间日益加剧的分化，指出，"一些伙伴国家凭借自己的力量已经成为援助国，而其他国家则面临日益脆弱的局面"。为此，"欧盟现在必须探索与它们合作的新方式，并促进更具包容性的国际发展议程"③。欧盟提出，"在援助分配和伙伴关系方面的差异化路径是实现最大影响和资金价值的关键"，而这对一些国家而言，"可能导致欧盟发展赠款援助减少或丧失，并在贷款、技术合作或支持三方合作的基础上寻求不同的发展关系"④。2017年，在《欧洲发展共识》的基础上，欧盟发布了《新欧洲发展共识》文件，为

---

① "The European Consensus on Development", *Official Journal of the European Union*, 24 February, 2006, C 46/18.

② "The European Consensus on Development", *Official Journal of the European Union*, 24 February, 2006, C 46/6.

③ European Commission, *Increasing the Impact of EU Development Policy: an Agenda for Change*, Brussels, 13.10.2011 COM (2011) 637 final, p. 3.

④ European Commission, *Increasing the Impact of EU Development Policy: an Agenda for Change*, Brussels, 13.10.2011 COM (2011) 637 final, pp. 9 – 10.

欧盟在新的时代背景下开展发展援助工作指明了方向。在该文件中，欧盟延续了对发展中国家进行区分的做法，在承诺继续向最不发达国家提供援助的同时，也强调要加强与中等收入国家在可持续发展、减贫、难民等方面的对话和合作，而对于一些相对更加先进的发展中国家，欧盟则提出将通过创新性的方式同它们发展关系。根据欧盟的设想，"这些新的伙伴关系将促进最佳实践的交流、技术援助和知识分享。此外，欧盟及其成员国将与这些国家合作，推动符合发展有效性原则的南南合作和三方合作"。①

对欧盟来说，三方发展合作提供了一种在不同发展阶段的国家之间推动伙伴关系的创新性路径，借此欧盟可以协调和利用不同类型的资源，以更好地实现可持续发展目标。② 目前，作为一个国际组织，欧盟和联合国开发计划署、欧佩克国际发展基金、伊斯兰开发银行和泛美卫生组织等同为参与三方发展合作项目较多的行为体之一。③ 欧盟开展三方合作项目的重点在拉丁美洲地区。近年来，欧盟联合拉丁美洲国家发起了一系列三方发展合作项目，其中规模较大、较有代表性的是"国际合作与伙伴关系地区基金"（ADELANTE）项目。该项目由欧盟于2015年资助发起，项目规模约1000万欧元，涵盖了拉丁美洲地区的18个国家和54个各类组织。该项目是欧盟在拉丁美洲和

---

① "The New European Consensus on Development: Our World, Our Dignity, Our Future", https://ec.europa.eu/international-partnerships/system/files/european-consensus-on-development-final-20170626_en.pdf, p.47.

② "The European Union and Triangular Cooperation", Adelante 2, https://www.adelante2.eu/en/the-european-union-and-triangular-cooperation.

③ Nadine Piefer, Jeets Hargovan, and Rebecca McKimm, "Triangular Cooperation in the Era of the 2030 Agenda: Sharing Evidence and Stories from the Field", http://www.oecd.org/dac/triangular-cooperation/GPI-Report-Triangular-Co-op-in-the-Era-of-the-2030-Agenda.pdf, p.16.

加勒比地区开展三方合作的试点活动，旨在促进该地区国家的一体化并促进它们实现经济增长、民主、法治和应对气候变化等方面的发展目标。[①]

◇ 中欧三方发展合作的探索

进入 21 世纪后，随着中国和欧盟各自对三方发展合作模式认识的深化和实践活动的开展，双方也开始探讨通过这一模式开展合作的可能性。

在中欧对三方发展合作的探索中，欧盟是较为积极主动的一方。在 2002 年欧盟发布的《国别战略文件——中国篇（2002—2006）》中，就对中国在发展中国家群体中力量的增强表达了关注，尤其注意到随着 2000 年第一届中非领导人峰会的召开，"中国正在为自己定义更广泛的战略利益，包括强化作为发展中国家代言人的角色"。[②] 2003 年，欧盟发布了题为"走向成熟的伙伴关系——欧中关系的共同利益与挑战"的对华政策文件。在该文件中，欧盟提出，"在国际舞台上作为战略伙伴开展合作，符合欧盟和中国的明确利益，"而"中国作为新兴大国的特殊地位，在协调发展中国家和发达国家利益的共同努力中可以发挥显著的重要作用"。[③] 尽管如此，这一时期欧盟对华发

[①] "Adelante – About Us", https：//www. adelante – i. eu/en/about – us.

[②] "Country Strategy Paper-China", https：//eeas. europa. eu/archives/docs/china/csp/02_06 _en. pdf, p. 11.

[③] European Commission, *A Maturing Partnership-Shared Interests and Challenges in EU-China Relations*, Brussels, 10. 9. 2003, COM (2003) 533 final, pp. 7 – 8.

展合作的重点依然是协助中国解决内部问题，欧盟既没有对中国作为一个新兴援助国的身份给予充分的关注，也没有明确提及与中国在其他发展中国家开展合作活动的意向。

2005年，在欧盟方面的积极推动下，中欧就非洲问题举行了第一次非正式会谈。2006年，中欧在非洲问题上的对话和协商达到了一个高潮。在当年9月举行的第九次中欧领导人会晤上，非洲问题被写入了联合公报。在公报中，中欧双方除重申致力于千年发展目标与全球可持续发展，强调共同支持非洲的和平、稳定、可持续发展之外，还同意建立非洲问题对话机制。同年10月，欧盟发布了题为"欧盟—中国：更紧密的伙伴，扩大的责任"的新的对华政策文件。在该文件中，欧盟认识到中国已逐渐不再是一个典型的发展援助受援国，并将发展援助作为中欧建立紧密合作关系的领域之一。为此，欧盟提出三个重点方向，分别是：参与关于非洲可持续发展的结构性对话；支持改善非洲治理的区域性努力；探索改善中国融入国际努力以提高援助效率和协调，以及开展双边务实合作的机会。①

2007年，欧盟发布了《国别战略文件——中国篇（2007—2013）》。其中，欧盟明确指出，中国正变得不再是一个传统的受援国，而是一个重要的援助国和战略伙伴，因此，欧盟需要认识到中国的这种双重身份，和中国对其他发展中国家的援助活动加强协调。就非洲问题来说，欧盟强调，2006年双方同意建立的对话机制为欧盟将中国融入国际援助活动提供了平台。同年11月，中欧第十次领导人会晤在北京举行。在会后发表的联合声明中，中欧领导人提出，"双方同意继续进行中欧非洲问题对话，并积极探索在适当领域开展

---

① European Commission, *EU-China: Closer Partners, Growing Responsibilities*, Brussels, 24.10.2006, COM (2006) 631 final, p.6.

中欧非三方合作的有效方式和途径。"① 这是三方发展合作首次出现在中欧领导人会晤中，表明三方发展合作在中欧关系中的重要性显著提升。

在此前几年中欧就三方发展合作和非洲问题持续对话的基础上，2008年8月，当时负责发展合作事务的欧盟委员会委员路易·米歇尔（Louis Michel）在访问中国时，正式提出了"中、欧、非三角伙伴关系"战略的设想。同年10月，欧盟发表了题为"欧盟、非洲和中国：走向三方对话与合作"的文件。文件提出了欧盟与中国就非洲问题开展三方合作的指导原则（务实、渐进的方式；共享方式；有效的援助）和重点领域（非洲的和平与安全、支持非洲基础设施建设、环境和自然资源的可持续管理、农业和粮食安全），并强调在不同层面开展交流对话的必要性。然而，就在中欧就对非三方合作的探讨进入关键时期，随着中欧关系在2008年的恶化以及国际金融危机的暴发，受到自身困境影响的欧盟对中非合作的关注大大下降，双方之间开展三方合作的愿望也逐渐降低。②

在经历了几年的相对沉寂后，2012年，在前期与中国达成一致的基础上，欧盟决定与中国在非洲地区就控制常规武器扩散开展对话和合作。在欧盟的资金支持下，中欧非三方开展了为期两年的"中欧非常规武器管控对话与合作"项目，建立了联合专家工作组和研究中心。在这一时期合作成果的基础上，2019年，欧盟拨款资助三方在该领域继续开展对话和合作。③ 2014年11月，欧盟时任国际合作与

---

① 《第十次中欧领导人会晤联合声明》，2007年11月28日，https：//www.fmprc.gov.cn/web/gjhdq_676201/gjhdqzz_681964/1206_679930/1207_679942/t386518.shtml。
② 张春：《涉非三方合作：中国何以作为？》，《西亚非洲》2017年第3期。
③ "A-C-E Project on Arms in Africa"，https：//www.a-c-eproject.eu/about。

第十章　三方发展合作：中欧关系的新疆域？ | **195**

发展委员内文·米米察（Neven Mimica）在访问中国时，向中国提出了在非洲发展问题上开展对话并实施具体合作项目的提议，表示"希望中欧在非洲发展问题上展开对话以及开展具体的合作项目，以实现有效和透明的共同发展"。[①] 与此同时，欧盟也在气候变化等具体领域，与中国接洽探讨在非洲开展合作的可能性。[②] 在2019年欧盟发布的《欧盟对华战略展望》文件中，欧盟建议双方"应该建立对话，寻求协作并进一步参与，以保持在第三国落实可持续发展目标的势头"[③]。2020年，中国生态环境部联合欧盟气候行动总司共同开展了"中欧+东南亚"三方应对气候变化专家合作倡议。在这一时期，中国对与欧开展三方合作的积极性和主动性也在增长。2020年8月，国务委员兼外交部部长王毅就提出，中欧应"推动政治解决国际和地区热点问题，加强对非三方合作，为建立一个更可持续、更加安全的世界作出更大贡献"[④]。

尽管中欧就开展三方发展合作已经进行了十多年的探讨，但具体的合作成果不仅数量少、规模小，且仅停留在专家对话的层面，不管是示范带动作用还是政治影响力都较为有限。中欧之间的合作潜力之所以难以转化落实，不仅是由于三方合作模式本身具有的复杂性和中

---

① 张涵：《欧委会委员访华拟加强中欧在非洲合作》，2014年11月28日，http://finance.sina.com.cn/world/20141128/023120942786.shtml.

② Alexander Demissie and Moritz Weigel, "New Opportunities for EU-China-Africa Trilateral Cooperation on Combatting Climate Change", Briefing Paper, Deutsches Institut für Entwicklungspolitik (DIE), Bonn, 2017, No. 3.

③ European Commission, *EU-China-A Strategic Outlook*, Strasbourg, March 12, 2019, JOIN (2019) 5 final, p. 2.

④ 徐永春、刘芳：《王毅谈建设中欧四方面伙伴关系》，新华网，2020年8月31日，http://www.xinhuanet.com/world/2020-08/31/c_1126431768.htm。

欧之间在援助模式上的差异,①也是由于非洲等发展中受援国对该模式存有疑虑,②以及中国担心该模式可能损害其与发展中国家的关系。③此外,欧盟试图通过三方发展合作模式影响中国发展援助政策的意图,在一定程度上影响了中国与欧盟在开展援助项目上的合作。

◇ 中欧三方发展合作的前景

近年来,特别是新冠肺炎疫情发生后,全球发展形势发生了显著的变化,而欧盟也在内外压力下调整了其发展援助政策,更加走向保守化。2021年年初,随着欧盟就所谓新疆"人权"问题对华采取制裁措施,中欧关系也降至低点。在这种背景下,一方面,中欧之间加强三方发展合作以共同应对全球性挑战的迫切性显著增强;另一方面,双方之间开展三方发展合作的现实困难也进一步增加。

---

① Jin Ling, *Aid to Africa: What can the EU and China Learn from Each Other?* Occasional Paper 56, South African Institute of International Affairs, March 2010.

② Anna Stahl, *A Novel Conceptual Framework for the Study of EU Foreign Policy in a Multipolar World: The Case of EU-China-Africa Relations*, NFG Working Paper Series 14, 2015, Berlin: Freie Universität Berlin; Bas Hooijmaaijersa, "China's Rise in Africa and the Response of the EU: a Theoretical Analysis of the EU-China-Africa Trilateral Cooperation Policy Initiative", *Journal of European Integration*, Vol. 40, No. 4 2018, pp. 443–460; Zhang Denghua, "Why Cooperate with Others? Demystifying China's Trilateral Aid Cooperation", *The Pacific Review*, Vol. 30, No. 5, 2017, p. 763.

③ Serena Belligoli, "EU, China and the Environmental Challenge in Africa-A case Study from Timber Industry in Gabon", *Studia Diplomatica*, Vol. 53, No. 3/4, 2010, p. 18;刘海方:《中德非三方合作:什么原因影响了其进展》,《世界知识》2018年第20期。

（一）全球发展形势显著恶化

长期以来，尽管传统援助方向发展中国家提供了大量的援助资金，并采取措施应对健康、气候、环境、生物多样性等全球性挑战，但当前国际社会面临的发展挑战依然十分严峻。以生物多样性保护为例，生物多样性和生态系统服务政府间科学政策平台（IPBES）2019年发布的评估报告显示，受人类生产和生活活动的影响，全球物种灭绝持续加速，有100万个物种因人类而遭受灭绝威胁，约50万种动植物欠缺长期生存的栖息地。① 新冠肺炎疫情导致了全球经济特别是发展中国家经济的普遍衰退，全球面临进一步的发展挑战。2021年7月，联合国发布了《2021年可持续发展目标报告》。报告显示，受到新冠肺炎疫情影响，全球实现可持续发展目标的努力受阻，某些领域数年来的进步化为乌有，2020年全球极端贫困率更是出现20多年来的首次上升。②

面对严峻挑战，作为全球重要的发展合作参与者和贡献者，中国和欧盟有必要进一步加强对话、协调和合作，承担更大的责任，以共同应对这些挑战。三方发展合作凭借其在调动资源、强化协作和推动新发展知识创造等方面的优势，有助于为全球减贫和应对各类挑战发现新的出路，而新冠肺炎疫情导致的全球发展形势的恶化，进一步凸显了中欧之间开展三方发展合作的必要性和紧迫性。

---

① 《百万物种濒临灭绝》，2019年5月10日，http://www.xinhuanet.com/science/2019-05/10/c_138048144.htm。
② 尚绪谦：《联合国报告：实现可持续发展目标的努力因疫情受重挫》，新华网，2021年7月7日，http://www.xinhuanet.com/2021-07/07/c_1127632370.htm。

（二）欧盟发展援助政策渐趋保守化

近年来，受制于恐怖主义、民粹主义、难民危机和英国脱欧等多重因素的拖累，欧盟经济增长缓慢，政治分裂和社会不稳定性显著增强。2019年上台的新一届欧盟委员会，将自身定位为"地缘政治委员会"，并突出周边国家和地区[①]在欧盟对外关系中的重要地位。欧盟委员会主席冯德莱恩曾明确表示："在过去的十年里，欧洲人认识到了一个稳定的周边的重要性。从乌克兰到地中海沿岸，从西巴尔干到萨赫勒地区，我们已经认识到在长期稳定和预防危机方面加大投入的重要性。这是欧洲可以真正发挥作用的地方。"[②] 受到新冠肺炎疫情冲击，欧盟经济大幅度衰退。2020年，欧元区经济大幅萎缩了6.8%，其中作为欧洲经济引擎的德国经济萎缩了5.0%，法国则更是高达8.3%。而英国退出欧盟，使得欧盟"失去了一个有价值的、积极的和支持发展的声音，也失去了塑造欧盟发展政策的英国视角"[③]。饱受冲突和难民危机之苦的南欧和东欧国家在欧盟内话语权上升，推动欧盟的援助政策更加转向周边。

[①] 欧洲睦邻政策下的周边国家和地区共有16个，分别为：阿尔及利亚、埃及、以色列、约旦、黎巴嫩、利比亚、摩洛哥、巴勒斯坦、叙利亚、突尼斯、亚美尼亚、阿塞拜疆、白俄罗斯、格鲁吉亚、摩尔多瓦、乌克兰。

[②] European Commission, "Keynote Speech by President von der Leyen at the World Economic Forum", 22 January 2020, https://ec.europa.eu/commission/presscorner/detail/en/SPEECH_20_102.

[③] Edwin Laurent, *Africa-UK Trade & Investment Agreements after Brexit*, Presentation to the All Party Parliamentary Group, Committee Room 12, House of Commons, July 20, 2016. 转引自 Sophia Price, "Brexit, Development Aid and the Commonwealth", *The Round Table*, Vol. 105, No. 5, 2016, pp. 499–507.

在这样的背景下，欧盟不仅无力大幅增加其援助投入，还不得不将主要资源用在周边国家和地区。根据2018年欧盟委员会提出的第一份多年期财政框架建议案，2021—2027年，欧盟将在对外行动领域投入1089亿欧元，其中新设立的"睦邻、发展和国际合作工具"作为欧盟开展援助的主要工具，将得到790亿欧元。但受英国脱欧和新冠肺炎疫情的影响，欧盟越来越无心也无力为其他发展中国家提供更多援助资金。到2020年7月欧洲理事会提出建议案时，用于对外行动的资金总额已经被削减至984亿欧元，仅比2014—2020年的约969亿欧元略微增长了2%。在2020年12月欧盟通过的财政框架中，984亿欧元的援助规模得到最终确认。根据欧盟的援助计划，未来七年，欧盟援助资金的约四分之三将通过地区性援助工具以双边的方式支出，其中更是有一半以上的资金将用于周边国家和地区以及撒哈拉以南非洲，而用于全球层面应对气候变化、健康和女性权利保护等议题的资金仅占不到10%。

（三）欧盟对华政策发生转变

随着中国实力的快速提升、中美大国博弈的开展以及欧盟在内外交困下对自身在国际社会中地位的焦虑感的增强，欧盟对华认知也从合作更加转向强调竞争和对抗。2019年，欧盟发布了《欧盟对华战略展望》文件，对其对华关系进行了重新定位。在该文件中，欧盟提出中国既是"合作伙伴""谈判伙伴""经济竞争者"，也是"制度性竞争对手"。此后，欧盟继续坚持对华关系"伙伴""竞争者"和"对手"的三重定位。2021年9月，欧洲议会通过了关于新的对华战略的决议案。其中，欧盟尽管继续坚持对华关系的三重定位，但也指出中欧之间对抗性的领域在增加。①

欧盟对华关系的变化，也影响了其与中国在非洲等发展中国家和地区开展合作的立场。一方面，欧盟越来越将发展合作视为与中国争夺"影响力"的工具。冯德莱恩在2021年"盟情咨文"演讲中提出，当前全球进入了"超级竞争新时代"（A New Era of Hyper-competitiveness），在这一时代，大国对于影响力的关注和争夺是焦点之一。② 因此，欧盟积极参与全球地缘政治事务和大国竞争，保卫和扩展"影响力"。2021年9月，欧盟发布了《印太合作战略》通讯文件，就体现了其继续在国际舞台上扮演地缘政治玩家的意图，而发展合作正是欧盟推进落实该战略的重要手段之一。另一方面，欧方对中国在非洲等地区活动的看法更趋负面。在《欧盟对华战略展望》文件中，欧盟针对中国在非洲的投资活动就批评认为，"这些投资往往忽视社会经济和金融的可持续性，并可能导致高额债务、战略资产和资源控制权的转移。这损害了促进良好社会和经济治理以及最根本的法治和人权的努力"③。而在地缘政治思维的指导下，欧盟进一步增加了对非洲地区的投入和关注力度，将非洲作为实践其地缘政治理念的"试验田"。2019年12月，冯德莱恩上台后出访的第一站，就选择了亚的斯亚贝巴的非盟总部，体现了非洲在欧盟地缘政治构想中的核心

---

① European Parliament, "European Parliament Resolution of 16 September 2021 on a New EU-China Strategy (2021/2037 (INI))", 16 September 2021, https://www.europarl.europa.eu/doceo/document/TA-9-2021-0382_EN.html.

② Ursula von der Leyen, "2021 State of the Union Address by President von der Leyen", 15 September 2021, https://ec.europa.eu/commission/presscorner/detail/ov/SPEECH_21_4701.

③ European Commission, *EU-China-A Strategic Outlook*, Strasbourg, March 12, 2019, JOIN (2019) 5 final, p. 4.

地位。① 在这一背景下，欧盟越来越从与中国开展竞争的角度出发来看待其与非洲的关系，担心错过与非洲加强关系的机会。② 显然，如果欧盟将中国视为一个竞争者和对手，则不利于中欧在非洲等发展中国家和地区开展三方合作。

◇ 结语

2021年9月，习近平主席在出席第七十六届联合国大会一般性辩论时提出了"全球发展倡议"。11月，在出席亚太经合组织工商领导人峰会时，他又提出了构建"全球发展命运共同体"的设想。这表明，中国对全球发展问题的关注已经达到了一个崭新的高度，充分体现了中国在实现自身发展之后，努力帮助其他发展中国家和地区发展，共同建设"人类命运共同体"的真诚意愿和坚定决心。

中国和欧盟作为全球最重要的发展援助资源提供者，在全球面临严峻发展挑战的背景下，有责任展现更强大的领导力。尽管三方发展合作模式本身存在一定的局限性，而中欧关系也遭遇了一些困难，但从中欧关系长远发展和维护全球共同利益的角度来看，中欧双方有必要加强对话和合作，采取更加积极的姿态推进中国的"全球发展倡议"和欧盟发展合作政策的对接，为实现联合国可持续发

---

① Marco Zeiss, "Europe's Pivot to Africa: Shaping the Future of the Strategic Partnership", European Policy Center, 16 October 2020, https://www.epc.eu/en/Publications/Europes-pivot-to-Africa-Shaping-the-future-of-the-strategic-partners~381954.

② Poorva Karkare, Linda Calabrese, Sven Grimm, and Alfonso Medinilla, *European Fear of 'Missing Out' and Narratives on China in Africa*, European Think Tanks Group, July 2020.

展目标和构建"全球发展命运共同体"做出更大的贡献。在实践层面,中欧可探讨在健康、气候、生物多样性等领域开展合作项目,逐步积累经验并培养互信,为中欧在发展领域的进一步深度合作奠定基础。

第四篇

调适与引领

前面三篇主要讨论的是中国与欧洲总体层面的关系，本篇将重点分析中国与欧洲三大国即英国、法国、德国，以及中东欧地区的关系。英国虽然"脱欧"，但从欧洲搬不走！作为联合国安理会常任理事国、世界主要经济体，英国仍在国际舞台上发挥着重要作用。中国对脱欧后的英国的重视程度并没有减少。在欧盟内部，英国脱欧后，"三驾马车"只剩下了法国和德国，但事实上第二次世界大战结束以来欧洲一体化的引擎一直是法德两国。由于两国的实力以及其在战后欧洲建设中形成的不可或缺的地位，法德在欧盟的决策中拥有决定性影响。中国与法国、德国的关系在某种程度上也代表了中欧关系。

中国与中东欧地区的合作是近年来中欧关系的一个亮点。2012年"中国—中东欧国家合作机制"建立以来，双方关系总体呈现出不断向前发展的势头，但与此同时也面临一些新的挑战。

第十一章

中英关系:当"黄金时代"遇到英国脱欧

英国是中国的重要战略伙伴。2015年,中英两国开启双方关系"黄金时代",共同构建"面向21世纪的全球全面战略伙伴关系"。[①] 此后,中英关系发展迅速。然而,随着国际形势以及英国国内局势的变化,尤其是在英国脱欧公投以及新冠肺炎疫情暴发之后,英国的外交战略进入深度调整期,中英关系中的不确定性也随之增加,遇到了诸多困难和障碍。但是,中英双方在很多领域仍然存在着广阔的合作空间,特别是经贸关系发展顺畅,包括科技合作在内的人文交流也将为互信互谅夯实民意基础。

◇◇ 中英关系"黄金时代"

21世纪初以来,随着中国的国际地位不断提高,英国在外交战

[①] 对2014年之前中英关系的分析,可参见李靖堃《中英关系:稳定中求深化》,载周弘主编《中欧关系研究报告(2014):盘点战略伙伴关系十年》,社会科学文献出版社2013年版,第216—239页。

略中越来越重视中国。2004年,中英关系由"全面伙伴关系"升级为"全面战略伙伴关系",此后虽曾因时任英国首相卡梅伦和副首相克莱格会见达赖而遇到挫折,但在英国政府正式表态承认西藏是中国的一部分,不支持"西藏独立"之后,[①] 中英关系迅速回暖。2015年保守党在英国大选中获胜后,明确将中国作为英国对外关系的优先方向之一。2015年,中英两国开启双方关系"黄金时代",双方关系的定位也再次升级为"全球全面战略伙伴关系"。在这一时期,中英政治关系不断深化,形成了系统化和机制化的合作框架。但到特雷莎·梅执政后期,由于英国深陷脱欧泥潭,内政方面的困局也影响到了对外关系,在此背景下,中英关系中的矛盾与摩擦有所增加。

（一）卡梅伦时期（2015年—2016年年中）：中英关系开启"黄金时代"

2015年3月,英国不顾美国反对,申请加入亚洲基础设施投资银行,不仅成为第一个申请加入该银行的西方大国,而且是除中国以外的第一个注资国。2015年9月22日,时任英国财政大臣奥斯本访问中国,他在上海证券交易所发表演说时提到:"让我们紧密团结,使英国成为中国在西方最好的伙伴;让我们紧密团结,为我们两个国家创造一个'黄金十年'（golden decade）"。[②] 此次演说被认为是"黄

[①] 中国驻英使馆:《英国首相卡梅伦表示"不支持西藏独立"》,http://www.chinese-embassy.org.uk/chn/zywl/tl038986.htm。

[②] UK Government, "Chancellor: 'Let's create a golden decade for the UK-China relationship'", https://www.gov.uk/government/speeches/chancellor-lets-create-a-golden-decade-for-the-uk-china-relationship.

金时代"这一词汇首次得到正式使用，为此后的中英关系奠定了基调。此后，时任英国首相卡梅伦在多个场合多次使用"黄金时代"（golden age/golden era）一词描述当时的中英关系，并且得到了中国的回应。在习近平主席2015年访问英国之前，中国外交部部长王毅在接受媒体采访时指出，英国领导人希望打造中英关系的"黄金时代"，表示愿意做中国在西方强有力的支持者。[1]

2015年10月20日—23日，中国国家主席习近平对英国进行国事访问，他是自2005年以来首位访问英国的中国国家元首。在此次访问中，中英关系正式提升为"面向21世纪的全球全面战略伙伴关系"，双方关系的战略定位得到升级，标志着中英两国正式开启双方关系的"黄金时代"，且是"持久、开放、共赢"的双边关系，中英两国将以此为起点，着眼于打造"你中有我、我中有你的利益共同体"。[2] 中英关系从此被赋予了全球性和战略性，有了新的定位和新的内涵。有英国学者评论称，中英开启两国关系"黄金时代"是英国2015—2018年最重大的两个外交事件之一，其重要性甚至超过脱欧公投。[3]

在此期间，中英政治关系达到顶峰。特别是在习近平主席访问英国前后，中英两国之间的高层互访十分频繁。时任英国外交大臣哈蒙德、财政大臣奥斯本均数次访华；中国多位副总理、部长也多次访问英国。此外，2015年3月和2016年4月，英国王室成员剑桥公爵威

---

[1] 中国驻英使馆：《王毅：打造中英"黄金时代"顺应了时代潮流》，https://www.fmprc.gov.cn/ce/ceuk/chn/zygx/zzwl/t1306959.htm。

[2] 杜尚泽、李应齐：《习近平在英国议会发表讲话》，《人民日报》2015年10月21日第1版。

[3] Kerry Brown, *The Future of UK-China Relations: The Search for a New Model*, Agenda Publishing, 2019, p. 4.

廉王子和约克公爵安德鲁王子也分别访问中国。

在合作机制方面,除原有的中英战略对话等对话机制继续得到顺利推进以外,中英政治合作在机制化方面迈出了重要一步。为落实习近平主席访问英国时达成的协议,中英双方首次就安全问题创设高级别对话机制。2016 年 6 月,首次中英高级别安全对话在北京举行。在本次对话中,中英双方就在打击恐怖主义、网络犯罪、有组织犯罪以及非法移民等领域开展合作深入交换意见,确定了未来的方向。双方还一致同意加强在安全领域的执法司法合作,增进在联合国等多边框架下的沟通协调,共同应对全球性威胁,并"共同致力于维护国际地区和平与稳定"。[①] 对于双方而言,这一对话机制均具有重要意义。在国际关系理论中,无论是传统现实主义还是自由主义理论都认为,国际关系中的"高政治",也就是外交、军事和安全议题才是国家间关系的核心。而英国作为第一个与中国建立机制化安全对话与合作的西方大国,充分说明英国对中国在国际安全领域的地位有着高度认同。安全领域的合作对话不仅有助于推动中英两国关系向更深层次发展,而且有助于增强中国在国际安全合作与规则制定方面的话语权,可谓意义深远。

(二) 特雷莎·梅时期 (2016 年年中—2019 年年中):"黄金时代"稳定发展与调整期

2016 年 6 月,英国举行脱欧公投,超过半数的民众支持脱欧,卡

[①] 《首次中英高级别安全对话成果声明》,新华网,http://www.xinhuanet.com/world/2016-06/13/c_1119035819.htm。

梅伦随后辞去首相一职，原内务大臣特雷莎·梅接任首相。此后，"脱欧"成为英国政府的头等大事。在这一背景下，英国开始对外交政策进行相应调整。在特雷莎·梅任首相期间，中英关系最初延续了之前"黄金时代"的基调，但在后半期开始出现不同程度的波折，进入了调整期。

在特雷莎·梅任首相的前半期，英国总体上延续了卡梅伦时期的对华政策，中英关系"黄金时代"的基调得以保持和巩固，双方关系的定位并未发生改变，包括梅首相本人、时任外交大臣约翰逊和财政大臣哈蒙德在内的英国政府高级官员都多次确认并重申了中英关系的"黄金时代"。2016年9月，梅首相赴杭州参加G20峰会，这是其就任后首次访华，她肯定英中关系目前正处于"黄金时代"，[1] 从而再次确认了中英关系"黄金时代"的大方向。2017年5月，英国财政大臣哈蒙德在参加第一届"一带一路"高峰论坛时提出，英国是"一带一路"最西端的国家，是中国"天然的西方伙伴"。[2] "天然伙伴"这一定位随后得到了英国政府的肯定和广泛回应。2017年9月，在中英建交45周年之际，特雷莎·梅在与中国国家主席习近平通电话时，双方均同意中英两国应继续打造两国关系"黄金时代"，并深化战略伙伴关系。[3] 2018年1月29日—2月1日，特雷莎·梅对中国进行访问，除参加中英总理年度会晤外，她还率领了任职以来最大规模的代表团访华。中英双方在会晤期间再次承诺共同推动中英关系

---

[1] 杜尚泽、赵成：《习近平会见英国首相特雷莎·梅》，《人民日报》2016年9月6日第2版。

[2] 《英特使：欢迎"一带一路" 英愿做天然伙伴》，财新网，https://international.caixin.com/2017-05-14/101090263.html。

[3] 《习近平应约同英国首相特雷莎·梅通电话》，《人民日报》2017年9月26日第1版。

"黄金时代"加速前行。①

在继续肯定并巩固"黄金时代"这一定位的基础上，中英两国之间在这一时期的高层互访依然十分频繁，特别是借建立大使级外交关系45周年之际，中英双方举办了一系列相关活动：第二次高级别安全对话如期进行；习近平主席、李克强总理多次在各种多边和双边场合与英国首相特雷莎·梅会晤；英国王室成员约克公爵安德鲁王子和威塞克斯伯爵爱德华王子分别于2018年5月和6月访问中国；英国财政大臣哈蒙德、贸易大臣福克斯、外交大臣亨特等均在此期间访问过中国，中国多位高级政府官员也访问过英国。

然而，在此期间，中英关系中的波折开始增多，不确定性逐渐让位于延续性和稳定性，英国对华政策的两面性开始突出。其最主要的原因在于，2017年3月英国正式启动脱欧程序之后，脱欧过程并不顺利，不仅与欧盟的谈判步履维艰，而且在英国国内也遇到各种阻碍，导致脱欧前景极不确定。英国国内围绕着脱欧谈判产生的各种不确定性不可避免地外溢到外交领域，特别是，英国脱欧后面临着国家身份和国际地位的双重"再定位"问题，导致其外交战略处于再调整过程中。在这一背景下，英国对华政策呈现出犹豫不决和反复多变。这在批准欣克利角核电站问题上表现得淋漓尽致。与此同时，无论是在政治还是在经贸领域，英国对中国的批评声音都在增大。

自2018年下半年起，中英关系中的摩擦因素更加凸显，其中有两个领域最为突出。一是英国2018年7月发布《国家安全与投资白皮书》之后，以国家安全为由限制中国企业在英国的运营：先是英国国家网络安全中心以国家安全关切为由，将中兴通讯排除在英国的

---

① 《特雷莎·梅就任英首相后首次访华之旅全记录》，人民网，http：//world.people.com.cn/n1/2018/0205/c1002－29806403－4.html。

5G 和全光纤网络建设之外，后又一度叫停中资公司收购英国飞机零部件供应商北方航空（Northern Aerospace Limited）。另外一个领域是在意识形态方面，英国多次拿所谓南海"自由航行"大做文章，并参与在亚太海域的演习活动，同时英国还屡屡就中国新疆、中国香港等问题挑起事端。

◇ 英国对华政策调整，"黄金时代"遇到挫折

（一）英国调整对华政策，中英关系遇冷

由于英国议会迟迟无法就脱欧协议达成一致，特雷莎·梅辞职，2019 年 7 月，前外交大臣约翰逊接任首相。随着最终脱欧时间不断推迟，英国内政外交均进入极不确定和动荡的时期。具体到对华政策，由于脱欧导致英国面临的国际环境日益复杂，英国国内对华立场的分化更加明显，也导致中英关系中的不确定性越来越突出，再加上其他一系列因素和事件的影响，中英关系在该阶段明显降温。在 2019 年年底的英国大选中，保守党取得压倒性胜利，英国于 2020 年 1 月 31 日在法律上正式退出欧盟，进入"后脱欧时代"，但英国内外交困，中英关系也依旧磕磕绊绊，始终未能恢复到最好状态。

这首先体现在英国对中国的定位上。尽管约翰逊本人多次公开表示自己是"亲华派"，但由于多方面因素的掣肘，英国方面很少在公开场合提及中英关系"黄金时代"这一说法，与此同时，它虽然仍然承认中国是某些领域的合作伙伴，但对抗性基调十分明显。这种变化集中体现在英国政府 2021 年 3 月发布的《安全、防务、发展和外交

政策综合评估报告》①之中,在这份约翰逊声称是"冷战"后英国对外交政策最大规模调整的报告中,英国对中国的定位发生了明显变化。尽管英国总体上承认中国的影响力和重要性,但英国对华定位中的对抗性明显增强。它明确将中国定位为"系统性竞争者",是对英国及其盟友的"挑战",是对英国经济安全"最大的国家型威胁",是对英国繁荣和价值观的"系统性挑战"。该报告还提出,中国的军事现代化和日益增强的国际自信将对英国的利益造成风险,而"系统性竞争"将决定未来国际秩序的结构。此外,该报告还以价值观为导向,认为未来不同政治制度之间的意识形态竞争将加剧,不同政治制度之间的紧张极有可能更加突出。为此,该报告提出,英国将努力"适应中国对我们的生活产生的诸多影响",并致力于增强应对中国的能力,确保国家安全和价值观受到保护。该报告特别提到中国香港和中国新疆问题,还提出要保护英国的敏感技术、加强关键供应链的韧性等问题。

当然,该报告也表明,英国对中国定位的矛盾性和两面性同样十分清晰。它提出,中国是英国的"合作伙伴",特别是在经济领域以及应对跨国挑战方面,如流行性疾病、气候变化和生物多样性的丧失。报告指出,英国将在双方利益契合的领域与中国开展合作,特别是将继续深化与中国的贸易关系,并吸引更多来自于中国的投资,认为中英两国均能从双边贸易和投资中受益。

---

① HM Government, "Global Britain in a Competitive Age: The Integrated Review of Security, Defence, Development and Foreign Policy", https://assets.publishing.service.gov.uk/government/uploads/system/uploads/attachment_data/file/975077/Global_Britain_in_a_Competitive_Age_-_the_Integrated_Review_of_Security__Defence__Development_and_Foreign_Policy.pdf.

英国的上述对华立场充分体现在其政策实践中。2019年中国香港修例风波后，英国对中国内政的干涉升级。英国多次或单独、或联合美国、澳大利亚、加拿大等国指责中国违反《中英联合声明》。2020年7月1日，英国首相约翰逊声称中国制定并实施中国香港《国安法》明显严重违反了《中英联合声明》，表示如中国继续行动，英国将为持有英国国民海外护照的港人提供"有限居留许可"。[①] 2020年7月20日，英国宣布无限期暂停与中国香港间的移交逃犯协定。2021年6月11日，英国又不顾中方反对发表所谓《香港问题半年报告》。此外，英国还以"维护航行自由"和"基于规则的国际秩序"为借口，通过所谓"巡航"等行为介入南海问题，其中一个典型的事例是，2021年5月23日，以"伊丽莎白女王"号航母为首的英国海军航母战斗群前往印太地区巡航。[②]

英国的上述不友好行为导致中英政治关系遇冷，其中一个明显的轨迹是，中英高层政治互动的频率明显趋弱，当然这也与新冠肺炎疫情的暴发导致人员交流受阻不无关系。但在2019年，也就是新冠肺炎疫情暴发之前，中英之间的高层互访就已经明显减少。当然，这并不是说高层交往不复存在，中英双方仍在以其他形式保持政治交往和对话，如2020年2月、3月和2021年10月，中国国家主席习近平先后三次与英国首相约翰逊通电话；李克强总理以及中国政府其他官员也多次采用电话、视频等方式与英国政府官员进行沟通，这类交往在

---

① Madeline Roache, "U. K. Prime Minister Offers 3 Million Hong Kong Residents Path to British Citizenship", *Time*, 1 July 2020, https：//time.com/5862191/uk-citizenship-hong-kong-china-law/.

② "HMS Queen Elizabeth：Crowds Gather to Wave Off Royal Navy Flagship", https：//www.bbc.com/news/uk-england-hampshire-57219671.

2021年后半期要更为频繁。

（二）英国对华政策调整的动因：国家角色与外交战略"再定位"

中英关系近几年来之所以呈现出明显波动，其原因完全在于英国方面，在于英国对华政策出现了大幅度调整。导致这一调整的动因复杂多样，既有百年未有之大变局背景下中英双方力量对比的变化，又有英国内部因素，特别是在脱欧与新冠肺炎疫情背景下，英国自身的国家角色与外交战略定位都处于调整和不确定中，导致其对华外交也处于调整过程。与此同时，第三方因素特别是美国对华政策的变化在英国的对华政策中也发挥了重要影响。在上述多重因素的作用下，中英关系正处于"再调整"和"再适应"的过程之中。

第一，百年未有之大变局背景下中英双方力量对比发生变化。

当今世界正经历百年未有之大变局，国际格局和国际体系正在发生深刻调整，全球治理体系正在发生深刻变革，国际力量对比正在发生近代以来最具革命性的变化，世界范围内呈现出影响人类历史进程和趋向的重大态势。而百年未有之大变局的最大变化，就是"东升西降",[1] "以中国为代表的新兴市场国家和发展中国家群体性崛起，从根本上改变了国际力量对比"。[2] 新冠肺炎疫情对这一"大变局"又起到了加剧与加速的作用，特别是见证并助推世界地缘格

---

[1] 中国现代国际关系研究院课题组：《世界"百年未有之大变局"全面展开》，《现代国际关系》2020年第1期。
[2] 陈宗海：《世界处于百年未有之大变局的丰富内涵》，《人民论坛》2021年第2期。

局"东升西降"。

在此背景下,中英双方之间的力量对比发生了明显变化。在经济方面,由于受脱欧和新冠肺炎疫情双重影响,英国在国际金融危机后再一次出现衰退,2020年国内生产总值下降10%左右,是其300年以来的最大降幅。相较之下,中国的GDP总量已上升至全球第二位。而从综合国力来看,尽管不同的报告给出的结论并不相同,但总体趋势是,中国的地位在不断上升,而英国的地位则在日趋下降。例如,美国新闻社的2020年世界"最有影响力国家"排名中,根据领导力、经济影响力、政治影响力、国际联盟、军事实力共五项指标,中国排名第二位,而英国仅排名第五位。该报告指出,英国是一个在国际经济、政治、科学和文化领域具有相当大影响力的高度发达的国家,但退出欧盟使其"在全球舞台上的作用面临着新的问题"。[1] 西班牙著名智库艾尔克诺(Elcano)皇家研究所"全球存在指数"的三项指标是"经济存在、军事存在和软实力存在",中国在该指数中排名第二位,而在1990年时中国仅排名第十位。[2] 英国排名第四位,并且很大程度上得益于其软实力。国际战略分析(International Strategic Analysis, ISA)2021年12月根据经济实力、人口力量、军事力量、环境与资源力量、政治实力、文化实力与科技实力等七个指标发布的"国家实力排名"与此类似。在这份报告中,中国排名第二位,英国仅排名

---

[1] US News, "Best countries for power", https://www.usnews.com/news/best-countries/power-rankings.

[2] Elcano, "Elcano Global Presence Index", https://explora.globalpresence.realinstitutoelcano.org/en/country/iepg/global/CN/CN/2020.

第七位。①

　　但是，英国并不愿意承认这一点。英国在脱欧公投后抛出了"全球英国"理念，依据该理念，英国仍将自己定位为"全球性大国"，试图继续在世界上发挥"全球大国"的领导作用。但是，长期以来，关于英国是一个全球性大国、地区性力量还是中等强国的争论一直存在。② 特别是，基于英国目前的综合实力下降这一不争的事实，对于英国是否还能称得上是"全球性大国"，及其是否有足够的实力支撑其"全球"愿景的能力存在着诸多质疑。有英国学者认为，英国外交战略中"向印太倾斜"的战略重点恰恰暴露了其"全球英国"理念中的"地区性"实质，③ 因为这一外交战略重点的转向虽然说明了印太地区的重要性，但也暴露了其所谓"全球"视野的局限性，说明英国还是在依赖其过去的国际联系，很难走出原来的"舒适区"。也有英国智库认为，尽管英国政府承诺，"全球英国"意味着"开放和全球性"，但它自己已经承认，英国是一个"关注国际事务的中等强国"（an internationally focused middle power）。④ 关于英国是"中等强国"的观点得到了大多数英国学者的认同，但英国政府并不愿意接受这一点，不愿意承认英国面临的挑战，而是强调自己拥有"超级实

---

① "The ISA 2021 Country Power rankings", https：//www.isa-world.com/news/? tx_ttnews%5BbackPid%5D=1&tx_ttnews%5Btt_news%5D=595&cHash=d37d2e848d6b79811749a619c74abebc.

② 王展鹏：《百年大变局下英国对华政策的演变》，《欧洲研究》2020年第6期。

③ Oliver Turner and Luke Stephens, "The Indo-Pacific Exposes the Regionalism of 'Global' Britain", https：//thediplomat.com/2021/11/the-indo-pacific-exposes-the-regionalisms-of-global-britain/.

④ The Foreign Policy Centre, "Finding Britain's role in a changing world: the principles for a Global Britain", https：//fpc.org.uk/wp-content/uploads/2020/09/The-principles-for-Global-Britain-publication.pdf.

力"、"发挥领导作用",但它事实上却是一个脆弱的中等强国。[①] 对外援助一直是英国赖以维系海外影响力的最重要手段之一,但是,自2021年起,英国将官方发展援助首次从占国民总收入(GNI)的0.7%减至0.5%,这也从一个侧面说明了其实力萎缩的事实,而这也将不可避免地影响其国际影响力。

事实上,也正是由于上述现实实力与理想愿景之间存在的巨大鸿沟,迄今为止,英国政府仍未就何为"全球英国"给出清晰的答案,也并未形成全面的国家战略。换言之,其自身定位并不明确,这种不明确和自相矛盾的定位恰恰是导致其对外战略,特别是对华政策摇摆不定的关键所在,也导致英国很难实现它的某些目标。

第二,英国国内民粹力量增强导致外交政策"过度政治化"。

近年来,民粹力量的增强是整个欧洲的普遍现象,对各国的政治都产生了程度不等的影响,同时也"外溢"到外交政策领域。这一过程在英国表现得尤其突出,特别是在"脱欧"过程中,民粹主义、逆全球化思潮相互叠加,民粹主义对主流政治和外交议题的影响加大,从移民、就业到劳工、贸易政策都成为国内政治中的显性问题。[②] 与此同时,英国主流政党,特别是保守党,为了赢得大选、实现脱欧,选择去迎合部分选民的主张,不仅未对民粹主义的主张予以回应,反倒接受了后者的某些主张,从而使得英国国内政治出现了部分民粹化的倾向,导致民粹主义不仅对英国国内政治,而且对外交决策的影响也呈上升态势。具体到对华政策,则表现为对中英合作项目提出越来越多的质疑,特别是在所谓涉及英国国家安全的问题上,例如电信安

---

① Malcolm Chalmers, "The Integrated Review: The UK as a Reluctant Middle Power?", https://static.rusi.org/rusi_pub_281_chalmers_final_web_version_0_0.pdf.

② 王展鹏:《百年大变局下英国对华政策的演变》,《欧洲研究》2020年第6期。

全、投资安全等。

外交政策"过度政治化"的倾向在英国议会关于中国问题的立场中表现得十分明显。2019 年 4 月，英国议会外事委员会发表的质询报告明确提出，与中国建立更深层次的伙伴关系不是英国对华政策的首选目标。相反，它强调对中国崛起的担忧，认为中国的发展给西方自由主义的国际秩序带来了挑战，批评英国政府因经济利益牺牲国家安全、价值观等方面的利益，不仅常态性地在中国南海、中国新疆、中国香港等问题上发难，而且明确提出不与中国签署"一带一路"备忘录，要求调整对华战略。[①] 2020 年后，受新冠肺炎疫情、中国涉港国安立法等事件的影响，更多保守党议员加入反华阵营之中，保守党内部"鹰派"与"鸽派"之间的力量平衡进一步向"鹰派"倾斜。比较显著的变化是出现了三个针对中国的小集团，一是下院外事委员会主席图根哈特（Tom Tugendhat）领头的"中国研究小组"，二是保守党前党魁邓肯·史密斯（Duncan Smith）发起成立的针对中国的"跨国议会联盟"，三是议员鲍勃·西利（Bob Seeley）牵头的"华为利益小组"。特别是"中国研究小组"，不遗余力地在议会、智库、英国主流媒体以及社交媒体等各种场合、各种平台发表涉华负面评论，几乎涵盖所有涉华议题。以其为代表的保守党"鹰派"议员甚至要求在下院通过的每一项法案中都加入反华条款。与此同时，除执政的保守党以外，在野的工党和苏格兰民族党等对华也都持强硬立场，特别是支持将华为排除出英国电信市场。换言之，各个政党在对华立场上形成了高度共识，从而在议会内部形成了强大的反华力量，对约翰逊

[①] Foreign Affairs Committee, "China and the International Rules-Based System Inquiry", 26 March 2019, https://publications.parliament.uk/pa/cm201719/cmselect/cmfaff/612/612.pdf.

政府形成了极大压力。对于约翰逊政府来说，这些后座议员代表的党内力量始终不容忽视，现实中的政治生态要求约翰逊与这些议员保持良好合作关系，确保保守党能够在2024年的大选中获胜。这些对华强硬派议员也在影响一些原先立场中立的同僚，有关所谓"种族灭绝"议题的修正案在议会仅以微弱票数差距被否决，就是一个例证。可以说，在一定程度上，议会"绑架"了政府，这在以往英国的外交决策中十分罕见，这正是促成英国对华政策发生转向的最根本原因。

英国政治中的民粹主义倾向也影响到了民意，特别是部分媒体在中国香港、中国新疆等问题上大做文章，导致英国民众对中国的看法有所恶化。2021年2月，英国智库"外交政策小组"（Foreign Policy Group）就英国民众对外交政策与全球事务的态度发布了一份民调报告，[1] 大多数英国人将俄罗斯和中国视为"敌对的全球行为体"，约78%的受访者不信任中国，约40%的受访者将中国视为"严重威胁"，而2020年该数字为30%。中国的崛起与来自于其他国家的网络攻击、国际恐怖主义、气候变化和外国干预均被视为对英国人民最大程度的国际威胁；只有38%的受访者支持英国与中国就诸如气候变化等共同面对的全球挑战开展合作；仅有22%的受访者支持英国政府与中国开展各种形式的经济接触，以及接受来自于中国的投资，而支持中国参与英国基础设施的受访者比例仅为13%。这份民调还声称，中英关系发生戏剧性转变的部分原因是"人们对安全漏洞的认识不断提高"，以及"对中国国内的人权纪录等越来越感到震惊"。

---

[1] Sophia Gaston & Evie Aspinall, "UK Public Opinion on Foreign Policy and Global Affairs-Annual Survey 2021", https：//bfpg. co. uk/wp‐content/uploads/2021/02/BFPG‐Annual‐Survey‐2021. pdf.

当然，无论是英国政坛、媒体，还是智库，在对华立场上并非"铁板一块"。事实上，英国政坛中在对华政策上存在着意见相左的两派，以首相约翰逊和前财政大臣哈蒙德为首的一派相对温和，不希望对中国采取过于强硬的立场，约翰逊曾警告不要对中国发动"新冷战"，同时还多次表示，英国对"一带一路"倡议"充满热情"，认为"一带一路"对英国而言意味着更多商机，英国需要利用与中国的互补优势，实现共同增长。从整体上看，约翰逊政府不愿看到与中国的关系进一步恶化，但在僵持的各项议题上却不愿做出让步。为了弥补英中关系恶化带来的损失，英国转向与亚洲其他国家以及欧美国家紧密合作，但这或许只是未来一个阶段英国政府的临时性策略。① 与此同时，企业界和一些智库主张加强对华关系的声音也在扩大。尤其是商界一直在游说政府，希望避免两国出现政冷经也冷的局面。在这种情况下，英国国内围绕对华政策的辩论十分激烈，既有"与中国脱钩""组建反华同盟"的言论，也有"保持对华有效接触""反对自我隔绝于中国"等观点，尚未在中国问题上达成共识。

第三，美国因素在中英关系中发挥关键作用。

近年来，美国因素在英国的对华政策中发挥着关键的影响作用，是决定中英关系的最重要的第三方因素。

英国启动脱欧进程以来，在外交政策上回归传统盟友体系的态势十分明显。其中，与美国的关系在英国外交政策中始终处于头等地

---

① 《挑衅中国，英澳加打的什么算盘？》，环球网，https://world.huanqiu.com/article/41zPhSghRE7。

位，《安全、防务、发展和外交政策综合评估报告》① 对这一点的表述是这样的："美国仍然是我们最重要的双边关系，对于北约和五眼联盟等关键联盟至关重要，也是我们最大的双边贸易伙伴和投资来源"；"对于英国公民而言，没有任何事务比我们与美国的关系更宝贵"；"美国仍将是英国最重要的战略盟友和伙伴，我们关系的核心具有人文性质：两个国家之间的人员流动与观念流动，以及我们共同的历史与共同的语言"；"我们的关系也是共同价值观关系：对于民主、法治与基本自由的共同信念。以此为基础，我们的合作程度前所未有"。英国之所以在脱欧后高度重视与美国的关系，不仅仅是因为英美之间历史上长期拥有"特殊关系"，更重要的是，就当下而言，美国不仅是英国脱欧的坚定支持者，而且在战略方面，由于英国脱欧后缺少了欧盟这样一个重要的"助力者"，其在世界范围内的影响力将不可避免地下降，因此，重塑全球大国地位的构想就更加离不开美国的支持，对美国的依赖性更加明显。有鉴于此，英国才以一种毫不含糊的态度表明，美国是自己最重要的外交伙伴。这也是英国在"后脱欧时代"最鲜明的政策倾向之一。

正是基于这样一种外交定位，美国因素在英国对华政策中发挥的影响更加清晰，英国对华政策与美国呈现出显著的同步性。特朗普政府上台后，对华遏制政策逐渐公开化。随后，2019年12月在英国召开的北约峰会公报中第一次提及中国，并表示成员国要共同应对中国

---

① HM Government, "Global Britain in a Competitive Age: The Integrated Review of Security, Defence, Development and Foreign Policy", https://assets.publishing.service.gov.uk/government/uploads/system/uploads/attachment_data/file/975077/Global_Britain_in_a_Competitive_Age_-_the_Integrated_Review_of_Security__Defence__Development_and_Foreign_Policy.pdf.

带来的机遇和挑战。① 而在美国国务卿布林肯将中国称为"竞争者、合作者和对手"之后仅仅几周，英国在外交政策评估报告中就同样使用了"系统性竞争"这个定位，表现出明显的同步性。自从拜登就任美国总统以来，英美两国在对华政策方面的同步性依然如故，并未因美国总统更迭而有所改变。美国和英国的外交政策重点和主旨有许多相似之处，特别是两者都强调在未来争夺"民主"和"自由世界秩序"的斗争中存在的潜在威胁，都希望加强西方联盟的能力，并希望与对中国崛起有同样兴趣的国家建立新的联盟。而在国内政策方面，英美两国也有诸多共同议程，同时双方均关注将国内政策与外交政策相结合。例如，英国的"升级"（Levelling Up）议程和美国的"美国就业计划"都明确表示，国家的复兴必须建立在国内基础之上，繁荣的经济、有凝聚力的社会和运行良好的民主是对抗其他国家日益增长的影响力的必要前提。②

在价值观领域，英美对华政策的同步性尤其明显。近年来，英国在对华政策中更加强调自由、民主、开放、良治、人权等"价值观"，以及秩序、规范和标准，强调通过"多边解决方式"积极塑造后疫情时期的国际秩序。在实践中，英国于2020年6月设立了首个自动制裁机制，即"全球人权制裁机制"，具体措施包括资产冻结和禁止旅行等。2021年4月，英国还启动了"全球反腐败制裁机制"。2021年6月，英国作为七国集团（G7）轮值主席国主持召开七国集团峰会，

---

① NATO, "London Declaration", 4 December 2019, https://www.nato.int/cps/en/natohq/official_texts_171584.htm.

② Sophia Gaston and Rana Mitter, "Present at the Creation of a Climate Alliance—or Climate Conflict Retting UK-Evolving Priorities, Geopolitical Developments, and China's New Strategic Framework", https://bfpg.co.uk/wp-content/uploads/2021/09/Resetting-UK-China-Engagement-2021.pdf.

其公报中就中国新疆问题、中国香港问题、中国台湾问题对中国内政横加干涉，进行蓄意污蔑。

当然，我们也不能过高估计英美两国未来对华政策的同步性。实践中，英美双方也不可能做到完全同步，分歧和冲突不可能完全避免，特别是在对华政策的特定领域以及处理对华关系的特定方式方面。其中一个原因在于，英美"特殊关系"的不对称性十分明显，英国显然处于"弱势"一方，在英国对美国的"价值"下降的情况下，将来英美之间对华政策的同步性和一致性可能会受到一定影响。

◇ 经贸关系"逆势上扬"，成为中英关系中的亮点

尽管当前中英政治关系出现了一些波折，但是，双方的经贸关系并未受到政治风波的影响，不仅传统贸易领域的合作在加深加快，而且双方还在不断拓展新的合作领域。新冠肺炎疫情在全世界暴发后，在全球贸易总体低迷的情况下，中英贸易关系呈现出"逆势上扬"的趋势，为中英关系注入了不可或缺的"正能量"。与此同时，中英双方在投资和金融等领域的合作也得到了进一步拓展。

原因在于，首先，中英双方均有深化经贸合作的意愿。英国长期秉持"自由贸易"的传统理念，自脱欧公投之后，英国领导人多次强调自由贸易，反对封闭。事实上，"全球英国"理念的一个核心支柱就是自由与开放的贸易政策。英国坚决反对贸易保护主义，同时寻求经济贸易关系的多样化。贸易一直是英国国家利益的核心关切，英国也明确提出在"不损害国家利益"的前提下继续与中国保持友好经济关系。在《安全、防务、发展和外交政策综合评估报告》中，英国政

府明确指出:"在保证我们的国家安全和价值得到保护的同时,我们将继续与中国保持积极的贸易与投资关系。"对中国而言,坚定不移扩大对外开放是我们不变的基本国策,首先,与包括英国等发达经济体在内的国家深化经贸合作有助于我们继续推动全球化发展,促进世界经济开放。其次,中英双方拥有良好的合作基础,双方经贸互补性强,特别是在金融等领域的合作空间十分宽广,经贸合作无疑有助于双方实现互利共赢。

从具体实践来看,近年来中英两国在经贸和投资领域的合作发展迅速。2020年,英国是中国第三大贸易伙伴、在欧洲的第二大贸易伙伴,中国同英国的双边货物贸易额在中国同欧盟国家双边贸易中位居第二位,仅次于德国,英国也是中国的第二大投资目的地和第二大外资来源地,而中国则是英国在欧盟外的第二大贸易伙伴、英国在亚洲最大的贸易伙伴、第二大进口来源国和第四大出口目的国。当年中英双边贸易额为924亿美元,同比增长7%,比2015年的785亿美元增长了17.7%。其中,中国对英国出口726亿美元,同比增长16%;中国自英国进口197亿美元,同比下降17.4%。[①] 而根据世贸组织的报告,受到新冠肺炎疫情影响,全世界的贸易普遍出现下滑,尽管自2020年年中贸易开始复苏,但全年世界商品出口价值下降8%,服务贸易收缩21%,[②] 这一趋势在2021年上半年[③]得到了延续。中英贸易

---

① 中华人民共和国外交部:《中国同英国的关系(最近更新时间:2021年7月)》,https://www.fmprc.gov.cn/web/gjhdq_676201/gj_676203/oz_678770/1206_679906/sbgx_679910/。

② 中华人民共和国驻大不列颠及北爱尔兰联合王国大使馆经济商务处:《世贸组织发布2021年国际贸易统计》,http://gb.mofcom.gov.cn/article/jmxw/202108/20210803188318.shtml。

③ 到本文截稿之日尚未发布2021年第四个季度的数据。

的持续增长与这一趋势形成了鲜明对比：2021年1—6月，英国与中国双边货物进出口额为530.9181亿美元，同比增长43.7%。其中，英国对中国出口106.5278亿美元，同比增长26.02%；英国自中国进口424.3902亿美元，同比增长48.94%。英国与中国的贸易逆差317.8624亿美元，同比增长58.61%。① 第三季度，英国对华货物贸易总额197.9亿英镑，同比增长5.9%，其中出口36.9亿英镑，同比增长1.2%；进口160.9亿英镑，同比增长7.1%。值得关注的是，自2020年第二季度开始，中国已连续六个季度保持英国第一大货物进口来源国地位。2020年第三季度英国自中国进口超过排名第二的德国25.7亿英镑，同第二季度相比，此差距呈明显扩大趋势。②

中英贸易在这种情况下能够实现连续多年的"逆势上扬"实属不易，特别是，英国2020年对美国和欧洲的出口都出现了下降，但对中国的出口增长了3.2%。英中贸易协会认为，在后疫情时代，英国企业界普遍面临着严峻的贸易环境，中国提供的机遇对英国而言比以往任何时候都更重要。③ 如2020年11月，第三届中国国际进口博览会在上海召开，期间中英公司间在多领域签署的交易额超

---

① 《2021年6月英国货物贸易及中英双边贸易概况》，瀚闻资讯，https：//view.inews.qq.com/a/20210819A04ATL00。

② 中华人民共和国驻大不列颠及北爱尔兰联合王国大使馆经济商务处：《中国连续六个季度保持英国第一大货物进口来源国》，http：//gb.mofcom.gov.cn/article/jmxw/202111/20211103217937.shtml。

③ China-Britain Business Council, "Report：China Trade Tracker released, Issue 1 – October 2021", https：//www.cbbc.org/news-insights/china-trade-tracker-released-issue-1-october-2021.

过 4.3 亿英镑。① 2021 年 11 月，英国政府宣布了到 2030 年每年实现出口 1 万亿英镑的新目标，该计划名为"英国制造，销往世界"，这也是英国退出欧盟单一市场以来公布的首个出口战略，再次表明英国政府对出口贸易的重视，这无疑是有利于中英贸易的一个利好信号。

中英双边投资也保持了与货物贸易相同的增长势头：2020 年英国对华实际投资 9.8 亿美元，同比增长 14.1%。中国对英国直接投资 7.6 亿美元，同比增长 12.8%。② 此外，中英两国在金融合作方面也取得了实质性进展。中国推出了一系列深化金融改革开放等现代服务业开放的举措，特别是扩大境外机构准入，修订《外资保险公司管理条例》和《外资银行管理条例》等法规，从而为英国金融机构在华发展提供了便利。金融服务业原本是英国经济中的支柱产业，尽管英国脱欧后伦敦的全球金融中心地位面临着各种不确定性，但它在金融服务业方面仍保持着世界领先地位，而且，伦敦人民币离岸市场的发展一直十分强劲，已成为世界上最大的离岸人民币外汇交易中心。2019 年 6 月，中英"沪伦通"正式启动，进一步促进了双边金融合作，推动了人民币国际化进程。

但是，受英国国内对华"鹰派"的影响，英国政府的对华经贸政策也表现出了两面性和自相矛盾之处，特别是将所谓保护"敏感技术"、加强关键供应链的韧性和安全等作为打击中国的工具，英

---

① 《进博会对我们来说是非常成功的》，《国际市场周刊》，2021 年 4 月 13 日，https://www.ciie.org/zbh/cn/19news/dynamics/focus/20210413/27611.html。

② 中华人民共和国外交部：《中国同英国的关系（最近更新时间：2021 年 7 月）》，https://www.fmprc.gov.cn/web/gjhdq_676201/gj_676203/oz_678770/1206_679906/sbgx_679910/。

国政府 2020 年 11 月提交给议会的《电信安全法案》以及于 2021 年 1 月生效的《国家安全与投资法》就是这样一种"工具"。从具体实践来看，最为典型的两个事例是华为 5G 市场准入问题以及中广核问题。在华为 5G 产品英国市场准入问题上，英国政府先是于 2020 年 1 月有限度地允许华为产品和服务进入英国市场，但此举引发了美国特朗普政府的持续施压以及英国国内部分保守党议员的反对，华为问题被高度政治化。美国于 2020 年 5 月对华为实施出口限制之后，英国紧随其后也于 7 月 14 日宣布从 2021 年起禁止英国移动运营商购买新的华为产品，并计划在 2027 年前从英国网络中移除所有华为产品。[1] 而在中国投资英国核电站问题上，英国政府同样朝令夕改。早在 2015 年，英国政府就与法国电力公司和中国广核集团达成协议，由后两者共同投资建设英国的欣克利角核电项目。在特雷莎·梅任首相时期，该项目就曾由于部分保守党成员的反对险些夭折。虽然该项目此后获得通过，但一直受到英国国内的各种阻挠。2020 年，英国政府要求修改协议，增加不得在核电站基础通信设施中使用中国技术的不合理条款。2021 年 11 月，英国媒体报道称，约翰逊已明确表示禁止中国参与建设新的核电站项目，并且声称一个潜在对手不能在英国的"关键国家基础设施"中扮演角色。不过，约翰逊还声称："我不想肆意剔除中国在这个国家的全部投资，或者把这个国家与中国拥有贸易关系的重要性降至最低。"[2] 英国政府这种立场有悖于"互利共赢"的精神，不利于中英双方关系的长远发展。

---

[1] 《新闻背景：美国对华采取的一系列干预和打压措施》，新华社，2020 年 7 月 25 日，http://www.xinhuanet.com/world/2020-07/25/c_1126283101.htm。

[2] 《英媒报道：约翰逊声称将禁止中资在英国参与核电项目》，参考消息网，http://www.cankaoxiaoxi.com/china/20211126/2461035.shtml。

◇ 以人文交流促进相互理解，为中英关系注入"正能量"

中英关系在当前的确遇到了一些困难，双方的沟通面临着诸多障碍。英国的中国问题专家克里·布朗（Kerry Brown）认为，中英关系发展的一个障碍是双方存在理解赤字，特别是英国需要更好地理解中国。[①] 英国政府在《安全、防务、发展和外交政策综合评估报告》中也指出，英国需要增强与中国打交道的能力，并以此形成对中国和中国人民的更好理解。只有两国和两国人民之间真正做到相互理解和相互信任，才能最终克服中英关系中的困难和障碍，而加强中英人文交流则是实现这一目标的必经之路。

中英两国2012年建立了高级别人文交流机制，该机制框架下的合作目前已经涵盖教育、科技、卫生、文化、媒体、体育、青年、妇女、社会、旅游和地方合作等诸多领域。在教育方面，英国是较早同中国开展教育合作交流，且接收中国留学生最多的欧洲国家之一，中英两国在教育领域的合作成绩斐然。2020年，英国已经成为中国留学生的第一大海外去向国。当年中国赴英各类留学人员约有20万人，英国在华留学生约1万人。在英国脱欧后，一方面由于来自于欧盟的资助减少，另一方面由于欧盟学生要支付比以前更高的学费，2021年，申请在英国高校留学的欧盟学生数量下降了43%，为28400人。相反，中国学生的数量达到28490人，比2017年翻了

---

① Kerry Brown, *The Future of UK-China Relations: The Search for a New Model*, Newcastle upon Tyne: Agenda Publishing, 2019.

一番还多，也是有史以来首次超过欧盟申请者。① 在这种情况下，更多英国高校将目光投向了中国，这对中英教育合作十分有利。根据英国工业联合会的一份报告，高等教育能够在加深中英联系方面起到关键作用，特别是为深化双方贸易关系提供坚实的基础。② 除学生交流之外，中英两国高等院校之间还共同开展了多项科技合作，如2020年5月，四川大学和牛津大学正式签约成立华西消化道肿瘤联合研究中心。

除两国高等院校之间开展的科技合作之外，中英两国之间的科技合作还涵盖了农业技术、信息通信技术、空间技术和卫星技术、医疗卫生、气候变化、能源应用等诸多领域。其中，在新冠肺炎疫情暴发之后，中英两国在医疗卫生领域的合作在抗击疫情方面发挥了重要作用。2020年3月，在英国首相府记者招待会上，英国外交大臣多米尼克·拉布针对近期英国部分人士对中国的指责明确表示，在英国国内应对新冠肺炎疫情的过程中，两国必须加强合作。③ 随后不久，英国医学研究理事会（MRC）公布了由英国卫生和社会福利部与英国创新基金会（UKRI）针对新冠病毒开展研究的第一轮资助项目，其中包括由伦敦帝国理工学院牵头、中英两国学者参加的"开发光谱中和抗体CoV-bnMABs用于治疗高致病性冠状病毒（包括新冠病毒）"项目，这也是自新冠肺炎疫情发生以来，由英国政府资助、中英两国联

---

① Khadija Kothia, "Chinese applicants overtake EU as Brexit raises UK Students Fees", https：//www.bloomberg.com/news/articles/2021－08－03/china－ousts－eu－as－brexit－sparks－fee－changes－at－u－k－universities.

② "Bridges to the future：The role of universities in the UK-China relationship", CBI, http：//www.cbi.org.uk/insight－and－analysis/bridges－to－the－future－china/.

③ 《英国外交大臣：应对新冠肺炎疫情过程中，中英两国必须加强合作》，环球网，https：//world.huanqiu.com/article/3xdy0Et1Wzp。

合开展的第一个科研项目。2020年12月,英国驻华大使馆发言人对《环球时报》表示,英国和中国共同启动了一项双边合作项目,旨在支持初级保健机构对病毒的管控能力,并为推广疫苗和新的治疗方法提供管理模式和资金上的支持。"英中即将启动新的全球健康合作伙伴关系,以支持发展中国家应对新冠肺炎疫情及其后续影响,并提高他们未来应对大流行病的能力,终止因可预防疾病造成的母婴死亡。"[1] 此外,为促进全球疫苗公平分配、承担国际责任,中英双方还加入了新冠肺炎疫苗实施计划,并联手举办非洲抗疫视频座谈会等活动。中英双方的大学、科研机构和企业在新冠病毒检测和药物、疫苗研发方面也开展了多种有效合作。

气候变化领域的技术合作是中英人文交流机制框架下的合作亮点之一,也将是未来中英合作的重点领域之一。英国驻华大使吴若兰在2020年12月参加《财富》MPW女性峰会时指出,新冠肺炎疫情和气候变化将促进中英合作。[2] 中英双方在实践中也一直在气候变化领域保持着密切合作。英国一直致力于在气候变化领域发挥领导作用。退出欧盟之后,英国更是积极部署脱碳行动,大力开展气候外交,谋求成为全球气候治理的先锋。但另一方面,退出欧盟后,英国影响力下降,更需借助与排放大国的合作、协调才能实现其国际战略目标,特别是,"不与中国合作的话,英国无法独立应对气候

---

[1] 《英国驻华大使馆:中英正合作解决新冠病毒传播和起源等问题》,人民网,https://wap.peopleapp.com/article/rmh17708716/rmh17708716。

[2] 《英国驻华大使吴若兰:新冠肺炎疫情和气候变化将促进中英合作》,https://www.fortunechina.com/video/c/2020-12/14/content_382588.htm。

第十一章　中英关系：当"黄金时代"遇到英国脱欧 | **231**

变化这一挑战。"① 中国向来高度重视应对气候变化，并积极采取多种行动。中英双方在应对气候变化方面具有高度共识。2021年，中国举办了《生物多样性公约》第十五次缔约方大会第一阶段会议，而英国则举办了联合国气候变化框架公约第26次缔约方会议。这两个大会有助于两国合作推动世界各国做出承诺，积极应对气候变化和生物多样性丧失带来的巨大威胁，同时也有助于中英两国在应对气候危机方面发挥领导作用。中英两国在气候合作方面有着广阔的前景，并能够以此为契机，推动两国的经贸合作向更加深入的方向发展。新冠肺炎疫情暴发后，英国在重建经济社会的战略中推出"绿色工业革命计划"，以抓住净零碳排放转变中的经济增长机会。2021年11月29日，由英国中国商会主办的"第四届中英经贸论坛暨《2021英国中资企业发展报告》发布会"就以"中英绿色合作：新常态，新机遇"为主题，旨在共商共谋合作机遇，积极探讨绿色可持续发展路径，进一步深化中英经贸交流合作。②

在其他领域，中英两国之间的人文交流也十分活跃，双方互相举办的各种文化活动层出不穷。在交流机制方面，中英合作也在向地方层面进一步拓展，双方于2015年签署的《加强地方经贸合作的谅解备忘录》，是中国与欧盟国家签署的第一个加强地方间经贸合作的谅解备忘录，以此为基础，中英两国之间地方层面的交流合作得到了极大程度的拓展，从而以更贴近民众的方式展开合作，有利于双方民众

---

① 21世纪经济报道：《专访英国驻华大使馆公使衔参赞戴丹霓：英国望与中国合作，共同应对气候变化的挑战》，https://m.21jingji.com/article/20210520/herald/1e77dad7d94861641ff16b04cc18451d_zaker.html。

② 《第四届中英经贸论坛聚焦中英绿色合作》，新华网，http://www.news.cn/2021-11/30/c_1128115649.htm。

更好地实现相互理解。

总体上看，中英两国人文交流态势整体良好，尽管受新冠肺炎疫情影响，人员之间面对面的交流有所减少，但并未从实质上对现有人文交流机制造成不利影响。中英人文交流的深入发展为克服中英关系中的负面因素创造了有利条件。但是，中英人文交流近年来同样受到了英国总体对华立场的消极影响，特别是英国保守党对华鹰派议员和部分媒体、智库对中国的质疑，例如部分民众对在英中国留学生数量不断增加的事实感到"关切"，甚至出现了不欢迎中国留学生的声音。再如，英国一方面标榜新闻自由，一方面出于意识形态偏见，吊销了中国国际电视台（CGTN）的落地许可，从而严重干扰了中英两国间正常的人文交流。[1]

◇ 结语

总起来看，由于在"脱欧"背景下，英国无论是在国家角色的定位方面，还是在外交战略方面，都在经历前所未有的转型和调适，再加上国际环境以及美国等第三方因素的影响，中英关系遇到了较大的挫折。但从另一个角度来看，英国当前经历的调整期也恰恰是推进中英关系发展的窗口期。因为无论从哪一个方面来看，对于中英两国而言，合作都是必不可缺的。2022年是中英建立大使级外交关系50周年，对于未来中英双方关系的努力方向而言，习近平主席在2016年4月安德鲁王子访问中国期间曾提出三点主张：务实合作——中英双方

---

[1] 《外交部：美应立即停止对中国媒体的政治打压》，新华网，2020年8月4日，http://www.xinhuanet.com/world/2020-08/04/c_1126324757.htm。

应进一步密切高层往来,共同办好双方机制性对话,不断深化务实合作,更好造福两国人民;交流互鉴——中英都是文明古国和文化大国,双方应进一步加强人文领域交流互鉴与合作;民意基础——我期待英国王室继续在增进中英两国人民相互了解和友谊方面发挥积极作用,为中英关系持续健康发展打下更加坚实的民意基础。[1] 在这三点主张的基础上,中英双方一定能够克服当前的不利因素,开拓更广阔的合作空间。

---

[1] 《中英"黄金时代"开局之年,习近平怎么说?》,新华网,http://www.xinhuanet.com/World/2016-04/06/c_128868190.htm。

第十二章

变化中的中德关系：竞合与重塑

默克尔在16年总理任期内12次访华，习近平主席称她为中国人民的"老朋友"[①]。默克尔总体上奉行务实对华合作政策，反对追随美国的对华脱钩政策，主张在各类议题包括敏感议题与中国进行对话，但在两国地位、国际环境以及德国国内政治局势发生变化的背景下，中德关系总体上在高水平上不断向前发展的同时出现了竞合与重塑的趋势。在后默克尔时代，朔尔茨政府有望延续默克尔时期务实合作的对华政策，但在德国内外政策环境已发生变化的情况下，未来的中德关系依然将在竞合与重塑的趋势上发展。

◇ 中德关系发展变化的背景与原因

（一）中德关系发展变化的路径

1. 默克尔首个任期（2005—2009年）：从波动到回暖

2005年，默克尔首次当选为德国总理，其所在的联盟党与社民

[①] 杨依军：《习近平同德国总理默克尔举行视频会晤》，《人民日报》2021年10月14日第1版。

党组成黑红大联合政府。在执政协议中明确"利益和价值观"及"共同价值观"是加强国际关系的基础,并提出大联合政府希望与中国制订长期的伙伴关系战略。[1] 在对华政策上,默克尔起先是延续了施罗德时期的对华政策,在其履新后的最初阶段中德关系发展平稳、顺畅。2006 年,温家宝总理评价中德关系已经进入全面发展的"快车道"。2007 年,中德建交 35 周年,中德关系出现了较大的波动:一方面双方继续推进中德具有全球责任的伙伴关系;另一方面,默克尔推行"价值观"外交,在总理府会见达赖喇嘛,给正常发展的中德关系蒙上了阴影。后在双方外长的斡旋下,2008 年 1 月底中德关系开始缓慢回升,经贸合作成为带动双边关系回升的重要动力。2008 年,在中国发生汶川地震后以及北京举办奥运会期间,德国人民向中国人民传达了友好情谊。

在携手共同抵御金融危机的背景下,中德关系全面回暖,德国对华政策也转向务实的外交政策。默克尔在 2008 年的一次讲话中指出,德国和中国可以加强经济合作、实现共同利益,强调应对全球金融危机的行动尤其需要中国这样的大型发展中国家。[2]

2. 默克尔第二个任期（2009—2013 年）：战略伙伴关系推动经贸等多领域合作

2009 年,德国黑黄（联盟党和自民党）联合政府上台执政,在执政协议中,德国外交政策虽然被明确定义为"捆绑价值观、利益导

---

[1] CDU/CSU/SPD, Gemeinsam für Deutschland. Mit Mut und Menschlichkeit: Koalitionsvertrag von CDU, *CSU und SPD*, 2005, S. 160.

[2] 《德国总理默克尔表态希望加强与中国的经济合作》,环球网,https://world.huanqiu.com/article/9CaKrnJl3xf。

向",德国关注亚洲的增长速度及公民社会的发展,希望加强与中国的法治对话,[1] 但在这个阶段,默克尔政府总体上遵循了"德国优先"的利益政策的原则,[2] 从默克尔的访华频率和成效看,也的确可以发现这种"利益驱动"的论据。[3] 2010年7月15日—18日,默克尔总理带领近半数内阁成员访华,双方政府和企业签署了涵盖财政、环保、文化等领域,价值44亿美元的合作协议,两国发表《中德关于全面推进战略伙伴关系的联合公报》,温家宝总理高度评价默克尔此次访华的意义,认为中德关系"站在新的历史起点上"。在国际金融危机的背景下,中德经贸关系更加紧密,2010年双边贸易额达1424亿美元,增长34.8%,占中国与欧盟贸易总额近30%。彼时中德之间务实的经贸合作变得更加迫切,中国在经济转型过程中需要德国的技术,而德国的经济发展需要中国的市场。2011年6月底,温家宝总理再次访问德国,并与德国总理默克尔共同启动首轮中德政府磋商机制,中德20余位部长出席此次磋商会议。这是中国首次与外国政府建立类似的机制,而德国也仅与法国、意大利、西班牙、波兰、俄罗斯和以色列等为数不多的几个国家建立过类似的机制。中德政府磋商机制的建立不仅标志着中德关系进入更高水平的发展阶段,也意味着中德全面推进宽领域、多层面的务实合作,可以说,这是两国关系继2010年两国发表《中德关于全面推进战略伙伴关系的联合公报》

---

[1] CDU/CSU/FDP, Wachstum. Bildung. Zusammenhalt: Koalitionsvertrag zwischen CDU, CSU FDP, 17. Legislaturperiode, 2009, S. 118.

[2] 参见连玉如《默克尔"失败的胜利"——试析2017年德国大选》,《国际政治研究》2017年第6期。

[3] 国懿:《利益与价值观博弈下的德国对华政策》,世界知识出版社2019年版,第155页。

后的又一历史新起点。[①]

2012年,中德建交40周年,默克尔两度访华。2月来华参加中德企业论坛,8月与中国总理在北京共同主持第二轮政府磋商并取得丰硕成果,共达成涉及航空、汽车等多领域的十余项政府间协议,合同金额约35亿美元。中德关系在多个领域得到进一步发展,持续紧密的经贸合作、广泛发展的文化交流和不断深入的政治磋商是其主要特色。

3. 默克尔第三任期(2013—2017年):全方位战略伙伴关系推进务实合作

2013年,德国联盟党和社民党组成的黑红大联合政府再次上台执政,在执政协议中,大联合政府表达了从德国的利益和价值观出发,承担国际责任、积极参与制定全球秩序的愿望。大联合政府希望在普遍价值观的基础上进一步加强与亚洲国家发展关系(在执政协议中非常明确地将价值观视为德美关系最重要的基石)。在对华政策的表述上,强调在众多共同利益基础上,中国是德国和欧盟的战略伙伴,德国将在定期政府磋商框架下进一步加强与中国形式多样的政治和经济合作,同时也对中国提出了在"人权问题"、知识产权保护和网络安全方面的"期望",还要求中国在联合国框架内对解决国际冲突做出与中国经济和政治地位相匹配的贡献。[②] 2013年3月,中国两会期间选举产生了新一届国家机构领导人。中德关系在两国政府换届

---

① 杨解朴:《德国》,载周弘主编《欧洲发展报告(2011—2012)》,社会科学文献出版社2012年版,第180页。

② CDU/CSU/SPD, Deutschlands Zukunft gestalten. Koalitionsvertragzwischen CDU, CSU und SPD. 18. Legislaturperiode, 2013, S. 168 und S. 173-174.

的背景下稳定发展，在多个领域显现出延续拓展、深化提升的特点。

2014年是中德关系在以往制度化、全面化发展的基础上，迈向创新合作的一年。3月底，习近平主席出访欧洲四国期间对德国进行了国事访问，中德将双边关系升级为全方位的战略伙伴关系，并将其界定为中欧全面战略伙伴关系的重要组成部分。7月初，默克尔总理率领代表团第七次访华，签署了中国向德国购买空中客车公司的直升机的合同，并宣布中德建立高级别财金对话机制。10月，李克强总理率中国政府和经济代表团访德，与默克尔总理共同主持第三轮中德政府磋商，双方签署50项商业和政府间协议，双边贸易与相互投资及技术合作协定总额达181亿美元，双方还共同发表以"共塑创新"为主题的《中德合作行动纲要》，提出在全方位战略伙伴关系框架下两国要着力发展创新伙伴关系。《纲要》最核心的思想是建立中德创新伙伴关系，共塑创新未来。[①]

2015年，默克尔再度访华，中德加强发展战略对接，致力于拓展产业合作、探索第三方产能合作，中国还与空客公司签下百亿美元的订单。2016年，默克尔两度访华，6月与李克强总理共同主持第四轮中德政府磋商；9月出席在杭州举办的二十国集团领导人峰会。2017年，国家主席习近平再次对德国进行国事访问，期间习近平在德国主流媒体《世界报》发表署名文章，对这一阶段的中德关系给予高度评价："中德投资合作由'单车道'进入'双向快车道'……中德务实合作不仅在中欧关系中发挥着重要引领作用，也成为全球最重要经济体开展互利共赢合作的典范"。[②]

[①] 杨解朴：《解读中德创新伙伴关系》，《当代世界》2014年第11期。
[②] 《习近平在德国媒体发表署名文章 为了一个更加美好的世界》，《人民日报》2017年7月5日第2版。

在这一阶段，务实的经贸合作成为中德关系特别是高层互访的首要议题，两国经济的互补性为两国开展务实合作提供了可能性和必然性。

4. 默克尔第四任期（2018—2021年）：竞合与重塑

2018年，默克尔所在的联盟党与社民党再次组成大联合政府。由于2017年9月24日德国联邦议院大选后，经过169天，2018年3月14日，默克尔才当选为德国总理，所以默克尔的第四任期开始于2018年。在执政协议中，德国预测中国的地缘战略角色将继续增强，为此，德国将扩大与中国的战略伙伴关系，并明确表示，中国的经济发展对于德国经济是巨大的机会，但德国和欧盟必须在开放市场时坚持互惠原则，确定德国/欧盟的共同战略利益在何处，以及如何保障这些利益，中国的"一带一路"倡议是机遇与风险并存的范例。德国希望欧盟能有所回应，以保护自身的利益，更好地设置和捆绑德国和欧盟的金融工具。[①] 在执政协议中，德国还提到与在中国的交往中要强调"一个基于规则构建的国际秩序对于稳定和世界经济的有效运行的重要性"[②]，其内涵是以"基于规则的秩序"应对中国。

在本届政府的执政协议中对于中国和中德关系的表述与以往相比发生了一些变化，在外交实践中两国关系也发生了一些变化。

一方面，德政府和企业在对华交往中呈现出积极合作的一面。双

[①] CDU/CSU/SPD, Ein neuer Aufbruch für Europa. Eine neue Dynamik für Deutschland. Ein neuer Zusammenhalt für unser Land. Koalitionsvertragzwischen CDU, CSU und SPD. 19. Legislaturperiode, 2018, S. 153.

[②] CDU/CSU/SPD, Ein neuer Aufbruch für Europa. Eine neue Dynamik für Deutschland. Ein neuer Zusammenhalt für unser Land. Koalitionsvertragzwischen CDU, CSU und SPD. 19. Legislaturperiode, 2018, S. 153.

边贸易在疫情下逆势上扬、创历史新高,大多数在华德企对在华投资充满信心。两国高层往来依旧频繁、务实合作仍呈现进一步深化发展的趋势。2018 年 5 月,默克尔以总理身份第 11 次访华,习近平主席与默克尔总理举行会晤,并对中德关系寄予厚望:"中德两国要做合作共赢的示范者、中欧关系的引领者、新型国际关系的推动者、超越意识形态差异的合作者。"[1] 在美国推行单边主义和贸易保护主义的背景下,默克尔访华期间,中德双方在加强多边主义、扩大中德贸易投资合作、推动中德人文交流等方面达成一致。2018 年 7 月,李克强总理及默克尔总理在柏林共同主持第五轮中德政府磋商,双方将"共同增强全方位战略伙伴关系和基于规则的国际秩序、自由贸易和开放市场作为中德经济关系的发动机、共同致力于科研和创新、携手努力塑造可持续的未来"等内容作为下一阶段中德合作的重点。[2] 2019 年 3 月 26 日,国家主席习近平在巴黎会见出席中法全球治理论坛闭幕式的德国总理默克尔时表示,中德不是竞争者,更不是对手,以合作谋共赢是中德关系发展的主线。[3] 2019 年 9 月,默克尔第 12 次访华,访问期间中德签署了多项双边合作文件,双方举行了中德经济顾问委员会座谈会和中德对话论坛 2019 年会议,中德双方对维护多边主义和自由贸易、秉持开放包容理念、扩大双向市场开放等内容达成共识。[4] 在默克尔积极努力下,2020 年 12 月《中欧投资协定》谈判得以完

---

[1] 李伟红:《习近平与德国总理默克尔举行会晤》,《人民日报》2018 年 5 月 25 日第 1 版。
[2] 《第五轮中德政府磋商联合声明》,《人民日报》2018 年 7 月 11 日第 8 版。
[3] 杜尚泽、李翔:《习近平会见德国总理默克尔》,《人民日报》2019 年 3 月 27 日第 1 版。
[4] 《外交部谈默克尔访华成果:中德达成三大共识 将深化互利合作》,新华网,2019 年 9 月 9 日,http://k.sina.com.cn/article_3164957712_bca56c1002000wdss.html。

成、中德政府磋商卓有成效,同时,中德在一些地区和国际事务上能够彼此协调合作。在新冠肺炎疫情期间,两国领导人多次就疫情防控、中德关系、中欧关系、世界局势等问题进行电话、视频沟通。

另一方面,德将中国作为制度性对手、经济利益的竞争者、意识形态的挑战者加以防范、打压和抹黑。在特朗普上台后,美欧鼓吹中国"威胁论"调门逐渐升高,欧洲其他国家批评德国在对华政策上在利益和价值观两个因素上更看重利益的舆论上扬,德国一些在野党炒作涉华"人权问题",民粹势力主张"贸易保护主义",德国一些媒体和智库也着力倡导欧盟形成一致的对华政策,对德国政府的对华政策走向以及德国对"一带一路"倡议的立场施加影响。面对中国对欧投资持续增长,尤其是在德国高端生产与智能制造等领域的投资成为热点,德国认为中国所带来的挑战和机遇之间的平衡已经发生变化,于2017年7月通过《对外经济条例》第九次修正案,用于限制欧盟以外国家的并购行为。2019年,欧盟对华文件中将中国定义为"既是与欧盟具有相似目标的合作伙伴、需要寻求利益平衡的谈判伙伴,又是追求技术领先的经济竞争者和推广不同治理模式的制度性对手"。[1] 欧盟文件发表后,德国领导人在不同场合都对中国做出了相关的界定,默克尔称中国"在许多问题上是对手,同时在许多问题上也是伙伴"[2],德国外长马斯称中国是"伙伴、

---

[1] European Commission: *EU-China-A Strategic Outlook* (Joint Communication to the European Parliament, the European Council and the Council), 12 Mar. 2019.

[2] Welt, "Angela Merkel: Der Unwille der Kanzlerin, Chinas Rolle zu benennen", 06.08.2020, https://www.welt.de/politik/ausland/plus212977386/Angela-Merkel-Der-Un-wille-der-Kanzlerin-Chinas-Rolle-zu-benennen.Html.

竞争者和对手"①，现任外长贝尔伯克称中国"同时是伙伴和对手"。②

德国对华政策曾长期在利益和价值观之间维持平衡，紧密的经贸合作是中德关系的压舱石。但随着欧美与我在经济利益、意识形态与治理模式上的竞争不断升级，德国对华战略呈现出复杂多变的特性。

在中国崛起之势不可阻挡的背景下，德国政客、联邦议院、媒体、智库等频繁就中国对于新冠肺炎疫情的防控、疫苗安全、市场准入、人权问题、中国香港问题、中国台湾问题、中国新疆问题、中国南海问题横加指责，妄图多角度抹黑中国，损害我国际形象。

（二）中德关系发展变化的原因

1. 中国国际地位的上升

在默克尔任德国总理的 16 年间，中国的经济和社会发展取得了举世瞩目的成就，主要经济社会指标占世界的比重持续提高，居世界的位次不断前移，国际地位和国际影响力显著提升。与德国相比，中国 GDP 总量增长迅速（见图 12—1）。中国经济持续较快增长，是世界经济增长的主要动力。在外交上也有明显的体现，目前中国已与世界上绝大多数国家建立外交关系。特别是近几年来，中国在国际政治中发挥着越来越重要的作用，展现了一个大国的风采。作为一个负责

---

① Auswärtiges Amt, "Außenminister Maas zum Abschluss der Verhandlungen mit Namibia", 28.05.2021, https：//www.auswaertiges-amt,de/de/newsroom/maas-rnd/2367282.

② Merkur.de, "Gleichzeitig Partner und Rivale: Baerbock hält an Position zu China-Politik fest", 06.12.2021, https：//www.merkur.de/politik/gleichzeitig-partner-und-rivale-baerbock-haelt-an-position-zu-china-politik-fest-91161998.html.

任的大国，中国在处理地区事务上扮演着重要的角色。在应对国际金融危机、新冠肺炎疫情方面发挥着积极的作用。

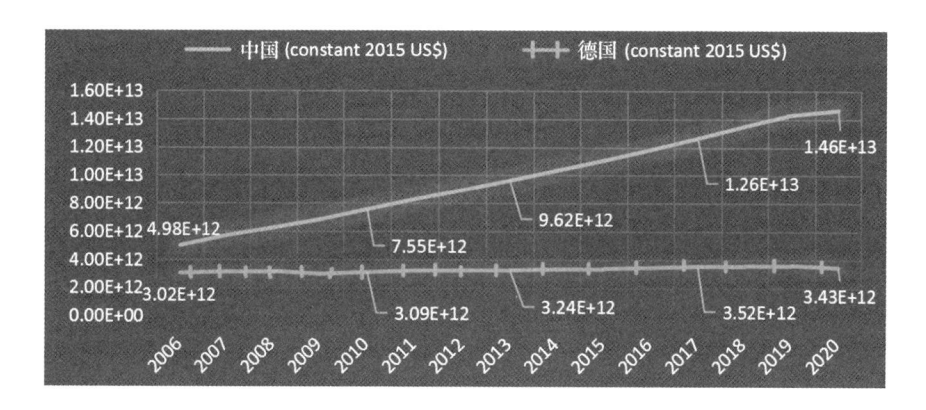

图 12—1 2006—2020 年中德两国 GDP 总量变化

数据来源：世界银行，https://databank.worldbank.org/source/world-development-indicators#。

根据德国联邦统计局的数据，中德双边贸易额从 2005 年的 620.80 亿欧元跃升至 2020 年的 2132.13 亿欧元，中国对德出口贸易额从 2005 年的 408.45 亿欧元增长到 2020 年的 1173.73 亿欧元，德国对华的出口额从 2005 年的 212.35 亿欧元增长到 2020 年的 958.40 亿欧元[1]。2020 年中国已连续第五年成为德国最重要的贸易伙伴，尽管遭遇新冠肺炎疫情，中德双边贸易额却逆势上扬，增长 3%。[2] 2020 年中国跃升成为德国第二大出口市场。由此可见，中国一方面作为全

---

[1] Statistisches Bundesamt Deutschland, https://www-genesis.destatis.de/genesis/online.

[2] Destatis, "The People's Republic of China is again Germany's main trading partner", https://www.destatis.de/EN/Themes/Economy/Foreign-Trade/trading-partners.html.

球产业链上的重要环节在疫情中展现出极大的韧性和可靠性，另一方面也因得力的抗疫措施而成为复苏最快的重要市场。对德国和欧洲而言，中国无论作为生产地还是销售市场都是难以放弃的贸易伙伴。

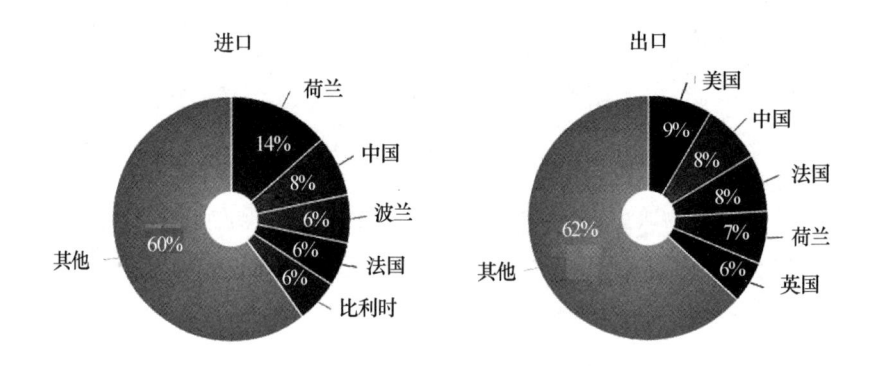

图12—2　2020年德国前5大货物贸易伙伴

数据来源：欧盟统计局网站，https://ec.europa.eu/eurostat/web/international-trade-in-goods/visualisations。

2005年以来，中德双向投资增幅显著。2005年，中国对德投资1.24亿美元；德国对中国投资15.1亿美元；此时两国相差巨大。中国对德投资经过波浪式发展后，于2017年达到27.16亿美元的创纪录高峰，并在这一年超过了德国在中国的直接投资（15.4亿美元）。由于2017年德国修改了《对外经济条例》，严格限制外商在德投资，2018年以后中国对德国的直接投资势头有所下降。2020年中国对德国投资13.8亿美元，略高于德国对中国直接投资13.5亿美元。[①]

中国经济的快速发展以及中德经贸关系的迅猛发展给德国和欧美

---

①　中华人民共和国商务部：《中国对外投资统计公报》，http://images.mofcom.gov.cn/wzs/202111/20211125164038921.pdf；中华人民共和国商务部：《中国对外投资统计公报》，http://images.mofcom.gov.cn/hzs/202105/20210510174918
55.pdf。

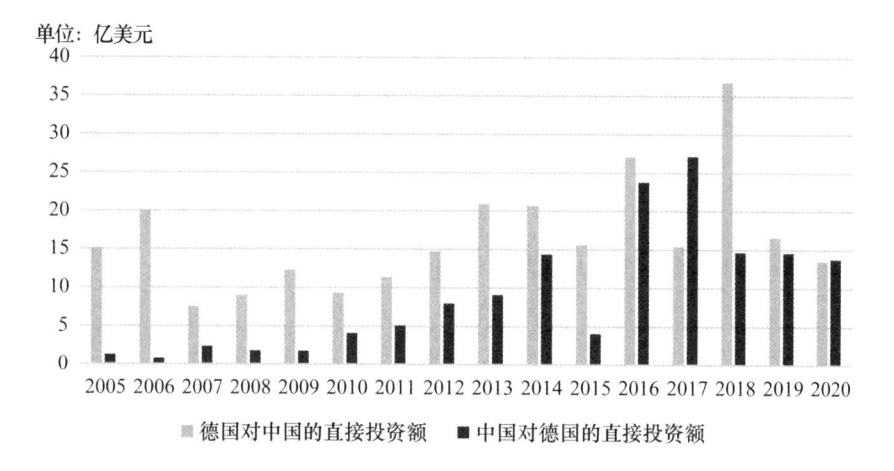

图 12—3 2005—2020 年中德双边直接投资额

数据来源：《中国对外投资统计公报》《中国外资统计公报》。

带来担忧：一是中国技术创新和产业升级给传统工业国家带来持续加大的竞争压力；二是疫情加深了全球化回潮的趋势，供应链安全问题，包括医疗卫生产品供应保障，在德国和欧洲已经成为热议的经济安全问题，而技术主权和经济主权等问题的讨论又助长了这种趋势。[①]

2. 德国外交定位的变化及德国对中国定位的变化

2013 年起，德国的外交政策定位发生了变化，开始奉行积极有为的外交战略，谋求在全球事务和国际秩序的维护方面发挥更加积极和重要的作用。德国政要在多个场合表示，德国在欧洲"承担更多的责任"，此后德国在欧盟经历的多个危机中扮演着不同的领导角色。默克尔带领欧盟成功度过了多次危机，德国在欧盟地位发生了巨大的变化。德国在欧债危机中所扮演的角色常被称为"不情愿的领导者"

---

① 朱宇方：《大选后中德中欧经贸关系走向》，http://ies.cass.cn/cn/work/comment/202112/t20211206_5379352.shtml。

或"不情愿的霸权",① 再或者"欧盟规则的首席执法者"。在难民危机中,德国发挥的是有限领导的作用,英国脱欧谈判以及新冠复苏基金的讨论中,德国则更像是主持人或者掮客,在乌克兰危机中,德国发挥的是斡旋者的角色。这一系列角色的演变,充分说明德国过去30年在欧盟层面及各种危机中发挥了重要的作用。

德国对华政策的变化是德国崛起大战略的组成部分,其实质是一个崛起大国针对另一个崛起大国的战略转变。德国的"嵌入式崛起"和中国的崛起,二者相结合,决定了双方之间必然的对抗加剧:一方面,德国愈加以西方价值观、制度的捍卫者形象出现,另一方面中国的崛起越来越对西方秩序构成挑战,因而中国成为德国崛起道路上绕不开的对立面。②

3. 国际环境的变化

德国对华政策受到欧美联合制华因素的影响。默克尔执政初期,以修缮德美关系为首要任务,需维护西方价值观并进而巩固德国在西方国家的地位,并以此巩固德国自统一以来的"正常化"。特朗普时期,德美关系出现裂痕。拜登上台后,德国有机会重新修缮德美关系。参与美国的"反华"联盟,既可以强化德美伙伴关系、挽回西方团结,也有助于防止美国背离自由主义国际秩序,防止美国采取单边

---

① Simon Bulmer and William E. Paterson, Germany as the EU's reluctant hegemon? Of economic strength and political constraints, *Journal of European Public Policy*, Vol. 20, No. 10, pp. 1392 – 1393.

② 熊炜:《德国对华政策的转变与默克尔的"外交遗产"》,《欧洲研究》2020年第6期。

主义手段制华。① 此外，德国在制华方面政治和军事实力有限，需借助盟友实现其在对华战略中的利益。

值得注意的是，尽管欧盟在官方文件中将对华政策采取三分法定义：合作伙伴、竞争者、制度对手，但这并不意味着欧盟对华政策有了一个清晰明确的方向。② 美国经常使用"中国滤镜"看待其欧洲盟友，就对华政策不断向盟友施压。德国在中美冲突中为避免选边站队，欲建立有别于美国的对华政策，突出其非军事强权，以规则秩序为工具，不与中国脱钩的原则。③ 德国如果加入美国或其他欧洲国家的对华战略，会被理解为组建、加入遏制中国的联盟，引发中德关系恶化；而德国独自建立对华战略框架则又会与美国或其他欧洲国家出现不一致，造成"战略上的竞争"，加深欧盟内部及跨大西洋伙伴间的分歧。

4. 德国国内政治形势的变化

近年来，伴随着德国选择党等民粹主义势力的兴起，德国贸易保护主义有所抬头，这对于中德、中欧关系都将会产生潜在的负面影响，主要表现在以下三个方面。

---

① Peter Rudolf, "Amerikanische Chinapolitik undtransatlantische Beziehungen", *SWP － AKTUELL*, NR. 68, September 2020, S. 7 － 8.

② Hanns Günther Hilpert/Angela Stanzel, "Eine alternative Ein China － Politik", in Günther Maihold / Stefan Mair / Melanie Müller /Judith Vorrath / Christian Wagner (Hg.), *Deutsche Außenpolitik im Wandel-Unstete Bedingungen, neue Impulse*, SWP-Studie 15, September 2021, Stiftung Wissenschaft und Politik/Deutsches Institut fürInternationale Politik und Sicherheit, Berlin, S. 49.

③ Barbara Lippert and Volker Perthes eds., *Strategic Rivalry between United States and China Causes, Trajectories, and Implications for Europe*, SWP Research Paper 4, April 2020, Stiftung Wissenschaft und Politik/German Institute forInternational and Security Affairs, Berlin.

第一，中国在德国、欧洲推进投资自由化的阻碍会明显加大。2016年，中国在全球支出超过2000亿美元进行收购，其中超过一半是在欧洲，中国在欧洲的收购清单中覆盖高科技，高附加值的产业和服务业。以德国政府为代表的欧洲国家对于关键经济部门中来自中国投资的增加表现得越来越谨慎。欧洲发生的数起中国企业收购案例突遭调查或干预就是这种现象的直接反映。2016年10月，德国政府连续撤回两起中国企业收购的许可计划，即福建宏芯基金收购德国芯片制造商"爱思强"及照明企业木林森收购欧司朗旗下朗德万斯的收购案。这些事件的发生，虽然有着复杂的内外原因，但具有强大民意支撑的贸易保护主义情绪的上升显然发挥了重要作用。

第二，经贸摩擦与冲突不可避免地增多。德国是中国在欧洲最大的贸易伙伴，中德经贸关系是中德关系的最重要的组成部分。随着中德经贸关系的不断扩大，德国、欧盟出现了贸易保护主义的苗头，同时伴随着民粹主义的支持者强调国家利益、增加本国就业机会、担心外来资本损害本国产业的舆论压力，德国（欧洲）的自由贸易与开放环境将发生变化。如果德国、欧盟在未来的合作和谈判中变得更为强硬，中国的经济利益会遭到损害。

第三，在贸易保护主义抬头的背景下，中国的"一带一路"倡议在德国、欧洲的实施面临挑战。民粹主义以强调本土性的民族主义处理经济、政治和文化问题，受此影响，"一带一路"倡议在德国及欧洲国家的实施或将遇到民粹主义支持者所制造的障碍。

另外，伴随着绿党在德国和欧洲的崛起，绿党外交政策中夹杂的"环保""人权""透明度"等标签，在德国对外政策领域发挥的作用不断增加，常常表现得积极有为，在某些方面呈现出保护主义和保守主义甚至是侵犯他国主权的做法。① 在气候政治议题的地位大幅提升的背景下，德国绿党与欧洲其他国家的绿党发展迅速，在欧盟形成一股绿色旋风，直接改变了欧洲议会的席位分配。《里斯本条约》的"同意程序"规定欧洲议会对所有贸易类协定拥有否决权，任何协定必须获得欧洲议会多数票通过。欧洲议会在对外贸易政策领域向来有左右之争，欧洲绿党和欧洲联合左翼/北欧绿色左翼对快速推进对外自由贸易持反对态度，它们认为对外自由贸易会损害欧盟较高的环保和劳工标准。从根本上说，欧盟不会改变推动自由贸易的政策立场，但绿党席位的大幅增加会抬高欧盟对外自由贸易谈判的门槛，减缓未来欧盟推动对外自由贸易的步伐。②

5. 德国对中国认知的变化

近年来，无论是德国民众还是政治精英，对中国的认知均向消极方向变化，这种变化与德国媒体的引导不无关系。

2005年的民调显示，德国人对中国的正面看法和负面看法持平③，为34%④，2006年为31%。⑤ 此后，2008年北京奥运会引发西

---

① 杨解朴：《碎片化政党格局下德国绿党崛起的原因及影响》，《当代世界与社会主义》2020年第3期。

② 参见何韵、史志钦《欧洲议会选举视阈下的欧盟碎片化及其影响》，《现代国际关系》2019年第9期。

③ Carola Richter, Sebastian Gebauer, Thomas Heberer, Kai Hafez, Die China-Berichterstattung in den deutschen Medien, Berlin: Heinrich-Böll-Stiftung, 2010, s. 7.

④ Carola Richter, Sebastian Gebauer, Thomas Heberer, Kai Hafez, Die China-Berichterstattung in den deutschen Medien, Berlin: Heinrich-Böll-Stiftung, 2010, s. 265.

⑤ Carola Richter, Sebastian Gebauer, Thomas Heberer, Kai Hafez, Die China-Berichterstattung in den deutschen Medien, Berlin: Heinrich-Böll-Stiftung, 2010, s. 265.

方媒体热议，2008年下降为28%，[1] 2009年再次下降，为11%。[2] 进入21世纪的第二个十年，德国对华积极认知的比例仍旧不高，在新冠肺炎疫情的背景之下，中国积极治理疫情的努力不仅没有得到认可，反而被贴上"宣传攻势"等负面标签。2020年德国科尔伯基金会（Koerber-Stiftung）的一项民调显示，36%的德国人认为在疫情背景下对中国看法更为消极，25%的德国人对中国看法积极。[3] 根据德国马歇尔基金会发布的《2021年年度跨大西洋趋势报告》，欧洲国家民众普遍对中国在全球事务中的影响力持负面看法，但随着年轻一代对中国影响力的看法更加积极，这种趋势在将来可能会发生改变。德国67%的受访者对中国持一般消极或非常消极的态度，与2020年相比增长了6%。在法、英、德，中国主要被视为竞争对手，而在西班牙、波兰和意大利，中国更多地被视为合作伙伴。从年龄分布看，对中国影响力的负面看法，与受访者的年龄成正比。18至24岁年龄段群体在对中国持积极态度的受访者中占主导地位。[4]

德国政治精英对于中国的强硬态度和攻击更是屡见不鲜。

在对华政策上，新上任的绿党外交部长贝尔伯克支持采取对华强硬政策，但她也认识到，孤立中国是不可能的，但要求欧洲保持强硬，守住关键经济领域。在大选前接受德媒采访时，她曾说到，

---

[1] Carola Richter, Sebastian Gebauer, Thomas Heberer, Kai Hafez, Die China-Berichterstattung in den deutschen Medien, Berlin: Heinrich-Böll-Stiftung, 2010, s. 265.

[2] Carola Richter, Sebastian Gebauer, Thomas Heberer, Kai Hafez, Die China-Berichterstattung in den deutschen Medien, Berlin: Heinrich-Böll-Stiftung, 2010, s. 265.

[3] Hrsg. von der Heinrich–Böll–Stiftung, Die China–Berichterstattung in den deutschen Medien, https://www.boell.de/sites/default/files/Endf_Studie_China–Berichterstattung.pdf, 2010.

[4] GMFU, "Evolving Switzerland – China Relation", June 6, 2023, https://www.gmfus.org/news/evolving–switzerland–china–relations.

如果大选之后绿党得以参与执政,将会大力推动德国及欧洲对华采取更为强硬的贸易政策,包括对在中国市场上受到补贴、不符合环保标准的企业加征税费;因芯片短缺而造成大量汽车制造商被迫停产,欧洲却束手无策,亚洲和美国占据了芯片制造业的主导地位。对此,贝尔伯克认为欧洲应在政界和经济界之间进行协调,确立关键科技领域,保证欧洲可以自主生产。在谈到关键技术领域时,贝尔伯克呼吁出于安全原因德国禁止华为参与德国的5G网络建设,但她也不排斥对华合作,承认与中国合作的必要性,承认"不可能孤立中国",绿党认为在气候变化等议题上,"没有中国就无法解决气候变化问题"。

在对华政策上,新上任的自民党财政部长林德纳主张对华采取强硬态度,不能因为贸易利益而在人权上让步。2021年3月,林德纳对中国香港的政治制度和中国香港的民主状况横加指责。在2021年9月接受采访时,林德纳表示要利用一切机会在政治层面、社会层面和经济层面向中国施压,他武断地认为中国违反了国际法,不具备最低的人权标准。在国际贸易中实行霸权行为,进行倾销。他在采访中公然提出不能让这样的国家"继续下去"。对于德国贸易特别是汽车工业对于中国的依赖,林德纳认为,以德国汽车工业的品质不用担心中国的施压。不能因为贸易利益而在人权和国际法方面让步。林德纳表示无法想象:"如果我们坚持人权,坚持国际法就会有来自中国方面的贸易限制。如果会发生的话,我们就接受。"林德纳认为中欧投资协定不应该被批准,出于各种原因必须重新进行讨论。林德纳主张拥有共同价值观的西方国家(包括有不同利益的拜登政府)共同应对既是贸易伙伴又是制度性对手的中国的挑战。

◇ 竞合与重塑中的中德关系

近年来，德国随着其自身地位和作用的变化，希望将自己塑造成国际秩序的规范力量，希望借欧盟制度机制，在世界范围内，为欧盟成员国赚取"公共产品"。在世界格局面临多种不确定性的背景下，德国认为欧盟国家只有团结起来才能在中、美、俄大国竞争中生存，德国、欧盟需要进行制度性的政策调整来维护自身的利益。因此，德国尝试推动构建符合欧盟国家利益的制度化的国际关系体系，主张欧盟在国际事务中使用多边主义新型谈判框架，希望用制度和规范构建国际秩序。在某些领域德国希望通过德国的先行先试推动欧盟国家整体对外政策的调整。在对华政策上，具体表现在德国借推动欧盟发布的《外国补贴白皮书》、德国颁布的《印太指针》、推动《中欧投资协定》达成以及出台的《供应链法》，展开了新一轮的中德/中欧关系的调试。

2020年，在德国的倡议下，欧盟委员会发布了《外国补贴白皮书》。2021年5月，又在原有基础上发布了针对扭曲内部市场的外国政府补贴的条例建议稿（下称《新规草案》），该草案是基于2020年6月17日发布的《外国补贴白皮书》及利益攸关方的意见咨询，旨在给予欧盟新的法律工具以应对外国政府的补贴对单一市场的扭曲。此次欧盟引入全新的反补贴审查工具，目的是借助欧盟竞争政策制度对外国企业在欧的投资和经营进行全面审查，一旦该立法通过，欧盟将以外国补贴扭曲欧盟内部市场为由，对外国（尤其是中国）的在欧盟投资收购、参与公共采购等经营性行为进行严格的限制。下面逐一介绍德国如何借《印太指针》《中欧投资协定》及德国《供应链法》在中德/中欧关系中发挥影响。

（一）德国《印太指针》[①] 的对华影响

2020年9月2日，德国联邦政府正式颁布题为"德国—欧洲—亚洲：共同塑造21世纪"的"印太"政策指导方针（以下简称《印太指针》），将外交政策的重点转移到"印太"地区，该指针是德国及欧盟在国际格局变化的背景下尝试增加其在"印太"地区的角色定位、推动构建符合欧洲利益的21世纪国际秩序的一个纲领性文件。

德国/欧盟通过"印太"区域集团的建立，有削弱中国在"印太"地区影响的意图。近年来，"印太"地区出现了针对中国的区域集团化的趋势。先有美、日、印、澳的"四国机制"，并已经升级为部长级对话，后有四国机制与新西兰、韩国、越南共商新冠肺炎疫情，四国机制频频又在策划四国军演机制。指针刚提出欧盟与东盟携手的计划后，2020年9月10日德国国防部长卡伦鲍尔就急不可待地与东盟委员会（10个东盟国家的驻德大使）展开对话。如果未来在"印太"地区形成多种排除中国的区域化组织，中国在该地区的影响无疑将受到削弱。

德国/欧盟有通过制度、法律、规则重塑全球经济与政治秩序的意图和计划。面对中美在全球贸易领域的争端日趋激烈，德国/欧盟认为迫切需要发挥其制度性建构的优势，将内外制度、法律不断增补、修改，引导世界政治与经济秩序向着有利于自身的方向发展。

[①] Die Bundesregierung: "Leitlinien zum Indo-Pazifik. Deutschland-Europa-Asien: Das 21. Jahrhundert gemeinsam gestalten", August, 2020.

在美国印太战略实施后，中国周边国家就表现出一种复杂的心理。而当欧洲将战略重点也转移到"印太"地区，中国周边国家所面临的外部形势就更加复杂。一方面它们会有"大象打架、草地遭殃"的心理，另一方面会对原有地区机制被分裂和被边缘化的可能存在顾虑。但同时，它们也有希望中美欧三方相互平衡，从中渔利的想法。虽然德国/欧盟在地理上距离该地区遥远、资源投放有限，但不妨碍这些国家采取"骑墙"的姿态与中国相处。

(二) 中欧投资协定中德国的角色

2020年12月30日，《中欧全面投资协定》（Comprehensive Agreement on Investment，CAI）（以下简称中欧投资协定）谈判如期完成。这份历史性投资协定于2013年启动，历经7年、35轮谈判，不仅为中欧经贸关系设立了新的法律框架，而且为大变局下的中欧经贸关系提供了稳定的预期，必将对中国、欧盟乃至全球经济治理产生深远影响。[①]

在中欧投资协定达成的过程中，德国发挥了积极的推动作用，究其原因，德国是从该协定有利于德国和欧盟的立场出发的。《世界报》一篇文章认为，中欧投资协定签署的时机和方法比条约内容更具战略意义，因为这既是与中国的条约，也是对美国的表态：欧洲既不打算让自己被拖入美中的强硬冲突，也不打算放弃自己的价值观。在中美对峙的背景下，德国认为需要加强欧洲的"主权"，尤其是在卫生和

[①] 陈新：《大变局下中欧全面投资协定的多重意义》，《人民论坛》2021年7月中期。

第十二章 变化中的中德关系：竞合与重塑

技术领域，而该协定恰恰能实现这一诉求。①

在中欧投资协定谈判过程中，默克尔始终努力推动中欧投资协定的实现，这也是其外交政策中的一个核心项目。在对华交往中，默克尔贯彻利益与价值观相平衡的原则，主张既要同中国建立良好关系，又要有效代表欧洲利益，其对于中国的定位既是合作伙伴，又是竞争者，这种相对全面均衡的中国观（理性合作路线）很大程度上影响到整个欧盟，为其对华关系定下了"接触"而非"脱钩"的基调。②

在对华政策领域，默克尔高度认可中欧关系的全局性和战略性，她也是任期内访华最多、最了解中国的欧洲政要之一。她高度重视对华经贸利益和全面战略伙伴关系，将中欧关系作为轮值主席国的外交政治优先事项之一，在德国任轮值主席国期间，中欧建立了中欧绿色和数字高级别对话机制。同时，默克尔也一直力促在2020年年底前完成《中欧投资保护协定》的谈判。

德国作为欧盟中对华最大的贸易伙伴国，竭力促成投资协定的谈判。过去30年里德国与中国都有着密切的经济合作和往来，也对中国市场有相当大的依赖性。对德国来说，争取在其担任欧盟理事会轮值主席国期间（且冯德莱恩担任欧盟委员会主席）完成中欧投资协定是明智之举。这不仅关乎德国作为轮值主席国的"政绩"，更重要的是德国可以凭借主席国的身份更好地发挥作用，推动这一利于欧盟及德国经济的协定尽早达成。而且赶在美国总统换届之前结束中欧谈判，也利于减少外界的干预和不确定性。

---

① Le Monde, "Pourquoi Angela Merkel s'est faite l'avocate de l'accord UE–Chine", 02, 01, 2021, https://www.lemonde.fr/international/article/2021/01/02/angela-merkel-en-avocate-de-l-accord-ue-chine 6065020 3210.html.

② 伍慧萍：《德国向欧盟交出了怎样的答卷》，《环球时报》2021年1月5日。

德法由于从投资协定中获益最大,一向致力于推动谈判顺利完成。德国的汽车和电信产业,法国的金融行业都将从中欧投资协定中获益。默克尔格外注重对华关系,从其以往的外交中也可以看出。此外,欧盟中有16个成员国与中国在"一带一路"框架下有合作。这些都会对欧盟的决定产生影响。① 相比之下,其他国家在中欧投资协定中的利益关系则更弱,更容易参与美国提出的"共同对华政策(联合制华)"。

但默克尔的积极的态度也招致一些反华势力的抵制和批评。2021年上半年,中欧投资协定的后续签署工作也被迫中断。"尽管默克尔和马克龙付出了巨大努力",但中欧的这项合作仍然遭遇搁置,德国绿党政治家兼欧洲议会绿党党团主席赖因哈德·比蒂科菲尔(Reinhard Bütikofer)②称"默克尔的对华政策失去了其主导地位"。欧洲议会贸易委员会主席伯恩德·兰格(Bernd Lange)(SPD)将中欧投资协定描述为"在没有其他欧盟国家的合理协商参与下,由默克尔和马克龙强行策划而成"。③

(三)德国供应链法出台的意图及对华影响

2021年3月,德国发布了《供应链企业尽职调查义务法(草案)》(以下简称《供应链法》),2021年6月,联邦议院通过了该法案。法案规定德国企业需确保在其供应链中不会发生破坏环境和侵犯

---

① EU legt China – Abkommen aufEis, 05.05.2021, https://www.dw.com/de/eu – legt – china – abkommen – auf – eis/a – 57435512.

② 贝蒂科费尔名列中方制裁的欧盟官员名单中。

③ Die Zeit, "EU – China – Abkommen: Investitionsabkommen mit China wohl ….", 05.05.2021, https://www.zeit de/politik/ausland/2021 – 05/china – eu – abkommen – investition menschenrechte – handel.

人权的行为，同时《供应链法》限定了承担义务企业的范围，规定2023年将正式生效，先适用于员工超过3000人的大型公司。从2024年起，再适用于员工超过1000人的中型公司，此后还会对适用对象进行重新评估，而且德国企业无须承担民事责任。继英国和法国之后，德国成为欧洲又一因保护所谓"人权"实施强制尽职调查的国家，而欧盟层面的供应链法案已经进入立法程序。德国《供应链法》的实施将对跨国企业特别是中资企业产生影响，对中德/中欧关系产生影响。

首先，德国《供应链法》的实施会对中德企业间的往来带来影响。一直以来，中德两国之间的务实经贸合作给双方带来互利共赢的结果，中国是德国最大进口来源国，也是第二大出口目的国。但在德国《供应链法》实施后，中德间的贸易格局势必受到冲击。总体来看，德国经济界一方面希望加强与中国企业的经贸合作，不愿与中国经济脱钩；另一方面，德国政界也对中国与日俱增的影响力有所忌惮。在德国及欧洲总有一些人，不愿看到中德两国的走近，他们想尽办法施压德国政府调整对华政策，期望将中德关系更多地引向竞争乃至制度对抗。为配合供应链法在议会的表决，德国联邦议院科学服务部曾出台一份所谓的评估报告称，由于中国新疆维吾尔族人权受到"严重侵犯"，因此在《供应链法》出台后，德国企业可能很快就会完全撤出新疆。而且，在德国有关人士谈及出台供应链法的意义时，他们都会宣称这是为了应对新疆存在的所谓"强迫劳动"问题。由此可见，在这些别有用心的人看来，一旦有了《供应链法》，他们只要宣称哪里存在"强迫劳动"，就能更为容易地实现迫使有关企业出于规避风险考虑而撤离的目的。[①] 由此看来，德国《供应链法》涉华目

---

① 郑春荣：《德国供应链法效果堪忧》，《环球时报》2021年7月6日。

的明显。在美国总统拜登上台后，他们更是加快配合美国打压中国的步伐。不过，我们看到，德国政要反复强调，在气候变化等全球挑战上离不开与中国的合作，与中国"脱钩"不是选项且不符合德国的利益。

其次，德国要借《供应链法》向欧盟施加影响力的意图明显。2021 年 3 月，欧洲议会通过了《关于企业在人权与环境相关领域尽职调查的立法报告》（Legislativbericht über menschenrechtliche und umweltbezogene Sorgfaltspflichten von Unternehmen），并正式将该立法建议递交至欧盟委员会。① 这就意味着欧盟层面的供应链立法前进了一大步。但欧版《供应链法》立法提案比德版"强硬"得多：首先，德国《供应链法》将尽职调查义务限定为直接供应商，欧盟版《供应链法》则没有这样的限制；其次，在欧盟，该条例不仅适用于大公司，还适用于雇员人数不超过 249 人的上市中小企业，以及在尚未确定的高风险行业经营的企业。②

最后，德国《供应链法》的出台推动了欧美对华政策的协调。在德国联邦议院通过《供应链法》之际，恰巧美国总统拜登正在进行他的欧洲之行，拉拢和游说欧洲盟友联合制华，包括建立供应链的小集团。那么，这部《供应链法》的目的是否也有迎合美国、配合美国将中国排挤出全球供应链的意图？在我们上文讨论的德国版的《印太指针》中，刻意地夸大德国在价值链上对中国的单方面依赖，并要求实

---

① Initiative Lieferkettengesetz, "EU-Lieferkettengesetz nimmt nächste Hürde-Schwachstellen des deutschen Entwurfs immer deutlicher", 11 March, 2021, https: //lieferkettengesetz. de/2021/03/11/nachster – schritt – zu – europaischem – lieferkettengesetz/, last accessed on 6 July 2021.

② 倪晓姗：《推进供应链立法德国出于何种考量》，第一财经日报，2021 年 4 月 19 日。

现供应链的多样化。① 这一系列的动作，无不说明，德国想通过《供应链法》对中国在价值链上进行封杀、遏制，意图给中国在世界产业链中的关键领域的发展按下暂停键。

总的说来，《供应链法》是美欧联合制华的风向标、德国/欧盟意图通过《供应链法》抬高中国企业进入欧盟市场的门槛、重塑与中国的供应链关系、强化与中国的"制度竞争"。

德国对华政策的调整和重塑看似步幅不大，但却是德国调整和规划德国/欧盟整体对外政策链条上关键的一环。在中、美竞争日益激烈的形势下，德国/欧盟需要通过各种规范性、制度性的调整和构建，形成内外紧密交织的政策框架与法律网络，在愈演愈烈的全球竞争中立于不败之地，在国际秩序的构建中赢得更大的空间。伴随着"后默克尔"时代的到来，德国和欧盟的政治领导权都面临着新老交替变化，从目前德国的政治形势判断，"后默克尔"时代无论是德国政治的稳定性还是德国对欧盟政治领导的权威性都会有所削弱，但德国及欧盟意图用制度化、法律化约束欧洲与其他国家和地区的合作，同时给世界其他国家树立一种与中、美打交道的模式的外交思路不但不会改变，还会有所加强。在美欧与我竞争不断升级的背景下，德国对华战略已呈复杂多变特性，并将在"后默克尔时代"面临更多变数。

◇ 后默克尔时代中德关系展望

在16年总理任期内，默克尔总体上奉行务实对华合作政策，反

---

① 倪晓姗：《推进供应链立法德国出于何种考量》，第一财经日报，2021年4月19日。

对追随美国的对华脱钩政策，主张在各类议题包括敏感议题与中国进行对话，但在两国地位、德国国内政治和国际环境发生变化的背景下，中德关系总体上在高水平上不断向前发展的同时出现了竞合与重塑的趋势。在德国政府更迭后，默克尔的对华务实作风能否保留？默克尔的对华政治遗产能否存续？

（一）德国主要政党竞选纲领中的对华政策

社民党、联盟党、绿党和自民党在竞选纲领中对华政策的表述各有不同，但各主要政党在其竞选纲领中都用批判的眼光看待中国。

社民党也强调了三点：第一，强调中国在世界上的作用日益增强，认为离开中国无法解决当前全球性的经济、生态、社会和政治挑战；第二，在利益和价值观方面与中国存在冲突；第三，在涉疆、涉港和涉台问题上表示忧虑。

联盟党认为对华政策方面有三个要点：第一，如今最大的外交和安全政策的挑战来自中国；第二，中国既是合作伙伴，也是制度对手、竞争者；第三，必要时团结盟国和友邦，共同与中国竞争，可能时在公平竞争和遵守对等原则的基础上与中国合作。

绿党的对华政策表述包括四个方面的内容：第一，将中国定义为伙伴和制度对手、竞争者；第二，在应对气候危机问题上，绿党表示将延续与中国的建设性对话；第三，强调与中国的合作绝不能以牺牲第三国或人权为代价；第四，既坚持欧洲的一个中国政策，又强调中国的统一不能违背台湾人民的意愿。

自民党也强调四个方面的内容：第一，自民党强调要在中欧关系中亮明立场，明确指出侵犯少数民族权利和违反国际法等问题；第二，在竞选纲领中刻意删除"坚持一个中国原则"的表述，在涉台问题上谴责中方；第三，不让中国香港在追求"自由"的过程中孤军作战；第四，自民党仍然主张继续发展对华关系，原则上欢迎欧中投资谈判协定，但表示必须在批准前进行修订。

（二）新政府执政协议及朔尔茨有关对华政策的表态

2021年12月由社民党、绿党和自民党三党组成的"红黄绿"执政联盟，在执政协议中，12次提到中国，尤其是在关于外交政策的第七章"德国对于欧洲及世界的责任"中，多处与中国有关。在谈到对华关系总体架构时，三党执政协议指出："我们希望且必须在伙伴、竞争及制度对手的维度下建构对华关系。在保护人权和当前国际法基础上，我们在一切可能的领域寻求与中国展开合作。我们希望在与中国日益增加的竞争中拥有公平的游戏规则。为了在与中国的制度性对手关系下实现我们的价值和利益，我们需要在一致的欧盟对华政策框架下构建内容广泛的中国战略。""红黄绿"政府的执政协议还强调在对华政策方面要与美国进行跨大西洋协调。另外，执政协议中还涉及了中国台湾问题、中国香港问题、人权问题等。[1]

就任总理后，2021年12月15日，德国总理朔尔茨在德联邦议院发表上任后首份政府报告，内容涉及德国的外交政策和对华政策。在外交政策方面，朔尔茨强调德国的"欧洲立场"，表示德国将坚定与

---

[1] SPD, Bündnis 90 / Die Grünen/ FDP, *Koalitionsvertrag 2021 – 2025 zwischen der Sozialdemokratischen Partei Deutschlands（SPD）, BÜNDNIS 90 / DIE GRÜNEN und den Freien Demokraten（FDP）. Mehr Fortschritt wagen. Bündnis für Freiheit, Gerechtigkeit und Nachhaltigkeit*, 2021, S. 158.

欧盟站在一起，致力于促使欧盟内部保持团结。"欧洲的成功是我们最重要的国家关切。如果我们想要自信地捍卫我们的欧洲生活方式，欧盟必须作为一个整体去行动。"在演讲中，朔尔茨首次以总理的身份阐述对华政策，呼吁促进与中国在重要政策领域的合作和公平的经济竞争。他强调，中国是德国重要的经济伙伴，"我们必须使对华政策与实际看到的中国保持一致"。朔尔茨承认中德两国存在分歧，但同时希望与中国进行公平的、互惠互利的经济竞争，呼吁采取务实态度。他表示，中国正在快速崛起为一个技术和军事大国，中国领导层正以一种十分自信的姿态维护中国的利益，"德国和欧洲也有理由以同样的自信和参与度去维护自身利益"。朔尔茨声称，新政府不会对中国的所谓"侵犯人权行为"视而不见。但他话锋一转又表示："但这并没有改变这样一个事实，即中国作为一个幅员辽阔、历史悠久的国家，在国际力量的协调中占据重要位置。这就是为什么在气候问题、疫情危机和军备控制等全人类面临的挑战方面，我们需要与中国合作。"[1]

朔尔茨总理履新后，2021年12月21日，首次与中国国家主席习近平通电话进行视频连线，两国领导人肯定了两国关系的重要性，希望中德关系保持延续性，并且展现了推动两国关系全面发展、寻求世界范围内相关问题得到解决的责任感。[2] 德国官方对于此次通话的声明简短平和，没有出现与意识形态相关的干扰性措辞，也没有延续三党联合执政协议中所表现的咄咄逼人的态势。

---

[1] 《德国新总理首谈对华政策，强调务实》，长安街知事，2021年12月16日，https://baijiahao.baidu.com/s?id=1719287724359359056&wfr=spider&for=pc。

[2] 安峥：《"后默克尔时代"，中德领导人首次通话释放哪些信号》，2021年12月22日，https://export.shobserver.com/baijiahao/html/435062.html。

（三）德国对华政策短期内趋向强硬

绿党和自民党入阁将导致德对华政策短期内趋向强硬。一方面由于德政治形势大概率呈弱势总理领导弱势政府的局面，存在内政压力外溢的可能性，另一方面绿党和自民党一向对中国人权状况、社会制度及意识形态横加指责，未来德新政府对中国人权和意识形态事务指责的强度和频率有可能上升，中德关系可能在短期内遭遇波动和对抗。但是，德对华战略的基本架构在默克尔执政后期已形成，并且已经被各政党在竞选纲领中消化，中德关系的态势已基本固定，无非是程度和优先领域的变化。因此，从中长期看，德将继续延续在价值观和利益之间寻找平衡的务实外交。

从中长期看，德国基于价值和利益的对华指导性原则不会出现根本性变化。但价值导向的成分会增加，因此短期内新政府语言风格的切换可能会提升中德关系中的不确定性，给中德关系带来震荡。德国需要在对华合作与竞争、对话与强硬之间寻找平衡点。哪怕对华表示强硬态度的绿党也指出，与中国脱钩并不是选项。自民党也强调，虽然欧中是制度对手，双边关系仍应进一步发展。

另外朔尔茨的对华政策倾向也将在对华关系中发挥作用。在竞选期间朔尔茨装扮成默克尔政治遗产继承人角色的竞选策略取得了成功，总体上会在很大程度上继承默克尔的对华政策路线。作为默克尔的副总理，默克尔执政期间的很多重大政治决策朔尔茨都有所参与，并且承担同样的责任，包括与中国的许多合作。朔尔茨的执政风格稳健务实，其选战语言中并未出现过激的话语，在提到中美关系时也尽量保持平衡。朔尔茨此前在担任汉堡市市长期间，汉堡跟中国的合作力度较强。看重经济商贸利益的朔尔茨在竞选时曾告诫说，不能与中国经济脱钩。德国朔尔茨政府有望延续默克尔务实合作的对华政策。

（四）对中德关系的展望

德国对华战略中利益和价值观之间的张力将越来越大，但无论哪个政党执政都不会放弃在华的经济利益，中德之间斗而不破将成为常态。经贸关系是中德关系的压舱石。即使在中美冲突升级的背景下，鉴于两国密切的经贸联系，德国会谨慎处理对华关系，但是意识形态和治理模式的差异性和分歧不断突显，作为压舱石的经贸关系将不时受到冲击；而经贸关系的削弱，将破坏德国对华战略中利益和价值的平衡机制。中国市场巨大，德国/欧盟无法与中国脱钩。在未来的国际竞争和国际格局的变动中，中德之间谈判磋商及制裁争斗相互交错将成为常态。

为避免直接与我交恶，损害在华经济利益，德国将更多地借"欧盟之手"打压中国。德国作为欧盟制度的主要引领者、"竞争原则"的捍卫者正借欧盟之名通过各种规范性、制度性的改变和调整，形成内外紧密交织的政策、法律网络，对我加以规制，以便德国/欧盟在愈演愈烈的全球竞争中立于不败之地，在国际秩序的构建中争取到更大的空间。前文提到的外商投资审查、外国补贴条例、《供应链法》都是德国正在构建和完善的欧盟法律框架中的重要节点。

德国将致力于加强欧盟在印太地区的战略部署，削弱中国在印太地区地缘政治上的优势。德国/欧盟在印太地区的战略主张，与其说是配合美国对中国的"围堵"，不如说德国/欧盟希望在世界格局中加强其自身地位。德国作为世界贸易大国和一个以规则为基础的国际秩序的倡导者，面对印太地区既充满活力又竞争激烈的发展状况，有兴趣参与分享亚洲的经济增长、印太秩序的建构，促进印太区域结构中全球标准的实施。为印太国家提供"更优"选项，阻止中国按照有别于西方的价值观重塑全球秩序。

在中德关系中，高层引领一直具有重要意义。默克尔任期内，中德双方频密的高层互动加强了双方的政治互信，为中德关系的发展发挥了把舵引航的作用。中德两国设立了各类对话机制，其中最有代表性的就是中德政府磋商机制，为双方各领域的合作走深、走实发挥了重要作用。中德两国作为世界第二大与第四大经济体，对于维护地区稳定、参与全球治理、维护多边主义、构建面向未来的新型国际关系和世界新秩序，具有不可推卸的责任。2022 年，中德将迎来建交 50 周年，中德关系在过去 50 年展现出活力、耐力、韧力、潜力。在与习近平主席的首次通话中，朔尔茨提到两国关系发展的"三根支柱"——贸易投资关系发展良好，应对全球性挑战合作密切，就地区问题沟通密切，这既是对两国关系基础的概括，也是未来发展的规划。中德已经着手准备新一轮的政府磋商，双方在气候变化、清洁能源、数字经济、服务业等领域具有务实合作的空间。到目前为止，中德两国相互释放了延续中德关系务实发展的信号。

回顾中德、中欧关系的发展历史，双边关系总体上是曲折向前发展的。虽然期间德方、欧方也有推行价值观外交，使双边关系跌入低谷的行为，但最终还是会回到务实合作过的轨道上来，因此，对于中德、中欧关系的未来发展应继续保持谨慎乐观的态度。

第十三章

调整中的中法关系：伙伴还是竞争者？

中法关系是全球大国关系中十分特殊的一对，在中法双方的对外关系中均占据着十分重要的位置。1964年在东西方全面冷战的不利背景下戴高乐将军凭借超凡的战略气魄率先与新中国建交，使法国成为主要西方大国中第一个与新中国建交的国家；1997年两国建立全面伙伴关系，法国又成为第一个与中国建立战略伙伴关系和开展战略对话的西方大国；此后中法关系整体上走在彼此信任、互利友好、合作共赢的轨道上，尽管其间也出现过波折。[①] 2014年两国将全面伙伴关系升级为全面战略伙伴关系，双边关系持续升温。两国领导人凭借卓越的战略眼光，开创了众多战略性合作，在重大国际问题上保持着密切沟通与互动，使两国关系始终走在大国关系的前列。2017年，马克龙当选新一届法国总统后，两国高层互动、互访频繁，双边关系继续沿着既有的友好方向发展。马克龙总统还许诺，任期内将至少每年访华一次。

然而，从2019年年初起，特别是在新冠肺炎疫情暴发后，法国在对华认知和立场上发生了显著变化，对华战略也随之发生改变，为

[①] 典型的如20世纪90年代初的法国对台军售，该事件直接导致中法关系降到冰点。

此前以互利友好为基调的中法关系掺入了不和谐的音符，两国关系就此进入了一个重新调整与适应的新时期。

◇ 伙伴或竞争者：法国对华认知生变

（一）从全面战略伙伴关系到竞争者——法国对华认知的新变化

21世纪以来，在继承由戴高乐与毛泽东这两位伟人所开创的中法传统友谊的基础上，中法关系整体上走在互利友好、合作共赢的轨道上，双边关系持续升温。尽管在一些问题上两国也不可避免地存在分歧，但双方秉着求同存异的原则，努力扩大共识，整体上分歧小于共识——在许多重大国际问题上两国有着相同或相近的看法，双方的合作卓有成效且不断推进。

2014年，借中法建交50周年之际，两国将此前的全面伙伴关系升级为全面战略伙伴关系，并举行了隆重的庆祝活动——披上"中国红"的埃菲尔铁塔和披上红白蓝（法国国旗的颜色）三色灯光的古老正阳门共同见证了中法两国源远流长的特殊友谊。两个均奉行独立自主外交政策和追求多极世界格局的国家相信，两国将共创紧密持久的中法全面战略伙伴关系新时代。[①] 中国国家主席习近平指出，过去50年"中法两国和两国人民在发展两国关系中，共同培育了独立自主、相互理解、高瞻远瞩、合作共赢的精神……两国历代领导人以

---

① 杜尚泽、王芳：《习近平和奥朗德共同出席中法建交五十周年纪念大会——共创紧密持久的中法全面战略伙伴关系新时代》，《人民日报》2014年3月29日第1版。

登高望远的战略眼光,开展了许多开创性的战略合作""中法合作是共赢的事业""开创紧密持久的中法全面战略伙伴关系新时代,是我们唯一正确的选择。"时任法国总统奥朗德也指出,"在新的历史时期,法中合作基础更牢固,前景更广阔。两国都主张世界多极化,携手促进世界和平与繁荣。两国都在推进改革创新,互为发展机遇。法方愿拿出50年前的战略远见和政治勇气,同中方增强全面战略合作,开启法中关系新纪元"[1]。

在上述互利友好的大背景下,法国迎来了马克龙执政的新时期。2017年,年轻的马克龙赢得法国总统选举的胜利,取代奥朗德,入住爱丽舍宫。

在竞选阶段(2017年)和执政初期(2017年—2018年年底),马克龙整体上继承了此前以合作友好为基调的对华政策。如在竞选阶段,马克龙就针对当时法国国内出现的一些视中国为"威胁"的杂音进行了批驳,指出中国的崛起对法国而言更多的是"机会"而非"危险"。主政后,雄心勃勃的马克龙继承了戴高乐将军独立自主的外交政策传统,矢志成为欧洲领袖,引领法国和欧盟在全球治理、气候变化、能源转型等问题上发挥领导作用。为此他高度重视已是全球第二大经济体的中国,将中国视作法国外交的一大优先,于当选后的次年年初(2018年1月)便访问中国,并将到访的首站选为古丝绸之路的起点——西安,以呼应2014年习近平首次以中国国家主席身份访问欧洲时将第一站选在古丝绸之路的西方终点——法国里昂的做法,显示了对中国"一带一路"倡议的积极回应。这使马克龙成为中国共产党十九大后到访中国的第一位欧洲国家元首,也使法国成为欧

---

[1] 杜尚泽、王芳:《习近平和奥朗德共同出席中法建交五十周年纪念大会——共创紧密持久的中法全面战略伙伴关系新时代》,《人民日报》2014年3月29日第1版。

洲最早对中国"一带一路"倡议给予积极回应的大国。访华期间,马克龙表示在"一带一路"框架下加强对华合作具有战略意义,法方十分重视该合作,并呼吁整个欧洲积极参与到"一带一路"倡议中。①中法两国政府还就"中国制造2025"和法国"未来工业计划"的对接问题进行了探讨。同年6月,法国参议院发布首份有关"一带一路"倡议的评估报告,呼吁法国在"一带一路"建设中发挥积极作用。概言之,在执政之初,马克龙的对华认知是正面和积极的。

然而,从2019年起,法国的对华认知发生转向。2019年,欧盟出台相关文件,史无前例地将中国定义为"支持不同治理方式的制度性竞争者"和"寻求科技领导地位的经济竞争者",号召"重新平衡"对华政策。②法国主流媒体在于头条刊登此消息的同时,纷纷指出,法国对中国的看法在过去几个月以来也发生了重大改变,中国不再只是法国的"伙伴",它同时也是"竞争者",并呼吁对华采取防范措施。在2019年3月26日习近平主席到访法国时,③马克龙将欧委会主席容克和德国总理默克尔请来一起会见习近平主席,以展示欧洲团结起来集体应对中国的决心。

法国政府与智库将法国和欧盟对中国的新认知和再定义描述为

---

① 《习近平同法国总统马克龙举行会谈 两国元首一直统一推动紧密持久的中法全面战略伙伴关系》,央广网,2018年1月9日。

② La Commission européenne appelle enfin un chat un chat et la Chine un "rival systémique", *Le Monde*, 20/03/2020.

③ 2019年3月24—26日,习近平主席先后对意大利、摩纳哥和法国进行了国事访问。在习近平主席踏上欧洲大陆前后,法国媒体和智库都给予了高度关注,并对中法和中欧关系进行了述评,其中有不少杂音,它们传递出的信息,折射着法国和欧洲在"中国观"上的重大改变。

"觉醒"①，并认为，此前欧盟没有统一而明确的对华战略，成员国各行其是，分头和北京进行双边谈判，甚至为争取中国方面的投资而彼此竞争，损害了欧盟的集体利益。现在它们意识到，必须拧成一股绳。马克龙对欧洲的这一"觉醒"和"一致对华"表示赞赏，指出，这是"捍卫欧洲主权"和欧洲"团结起来成为国际一强"的必要条件。②

（二）法国对华新认知

在"竞争者"的定位下，法国对华新认知到底包含有哪些具体内容呢？

法国对华认知的第一个变化是认为中国在分化欧盟。从2019年起，法国学界和政界做出了中国在分化欧盟的荒谬结论：如法国知名智库蒙田研究院（Institut Montaigne）的亚洲顾问、中国问题专家顾德明（François Godement）便认为，长期以来，中国一边和作为集体的欧盟机构谈判，一边在背后偷偷和欧盟成员国进行双边接触与谈判，这个"烟雾弹"误导了欧盟，致使欧盟长期未形成统一的对华战略。③ 马克龙则在2019年暑期的对外使节讲话中指出，"中国善于使

---

① Le réveil des Européens face à la Chine, *Le Figaro*, 24/03/2019, https：//www. lefigaro. fr/international/2019/03/24/01003 – 20190324ARTFIG00095 – le – reveil – des – europeens – face – a – la – chine. php.

② "Les Européens affichent un front uni face à la menace chinoise", *Le Figaro*, 22/03/2019.

③ Enterview, François Godement："Sans règles internationales pour le commerce, l'Europe risque le pire", *Libération*, 25/mars/2019, https：//www. liberation. fr/planete/2019/03/25/francois – godement – sans – regles – internationales – pour – le – commerce – l – europe – risque – le – pire_1717389/.

用外交手段分化和削弱欧洲"①，并号召欧盟团结起来，制定统一的对华战略，法国要在其中扮演重要角色。他还指出，今后欧洲至少要在经贸、气候和生物多样性、欧亚事务这三大领域形成"欧—中"而非"法—中"战略议程。换言之，今后法国和中国的关系对华战略要更多地纳入欧中关系的大框架下，以体现欧洲团结起来一致对华的决心。

中国的"一带一路"倡议也被扣上了"分化欧盟"的帽子。前文指出，马克龙执政初期曾对中国的"一带一路"倡议给予积极回应，这使法国成为欧盟内最早对"一带一路"倡议给予积极回应与支持的国家之一。然而法国的看法逐渐生变：先是质疑"一带一路"倡议本质上是中国单方面制定规则，认为法国和欧洲没有发言权，不能从中受益；之后又无端指责"一带一路"倡议包含地缘政治目的，即利用欧盟成员国在"一带一路"倡议上的分歧②来离间欧洲。如2019年3月，针对意大利在习近平主席到访期间和中国签署《一带一路合作谅解备忘录》的行为，法国《解放报》便撰文指出，这是北京利用欧洲的分裂来推行它的投资政策，中国在南欧的基础设施投资损害了欧洲主权，所以马克龙提请北京"尊重欧洲的统一"。③

---

① 2019年8月27日，每年暑期，法国总统都要召集对外使节会议并发表讲话，讲话内容折射着法国外交政策的方向。参见 Discours du Président de la République Emmanuel Macron à la conférence des ambassadeurs et des ambassadrices de 2019, Elysée, 27/08/2019, https：//www. elysee. fr/emmanuel – macron/2019/08/27/discours – du – president – de – la – republique – a – la – conference – des – ambassadeurs – 1.

② 法媒和智库认为，欧盟在中国的"一带一路"倡议上存在利益分歧，一些成员国将"一带一路"视为中国扩张主义的探路石；希腊，葡萄牙和意大利等另一些成员国则受到诱惑，对"一带一路"表示欢迎。

③ Face à Xi Jinping, Macron appelle à l'unité, Libération, 26/mars/2019, https：//www. liberation. fr/planete/2019/03/26/face – a – xi – jinping – macron – appelle – a – l – unite_1717633/.

新冠肺炎疫情暴发后，法国政界、学界的对华负面认知进一步加剧，无理地将中国对欧洲国家的人道主义援助视作分化欧洲的新证据。法媒认为，中国在疫情期间利用"口罩外交"[①] 收买民心；中国对欧洲的援助是选择性的（只援助一些国家），其所作所为进一步暴露和强化了它借机拉拢部分欧洲国家，从而分化、分裂欧洲的地缘政治企图。

法国对华新认知的第二个变化是认为中国向包括欧洲在内的全球渗透，施加影响。早在2018年8月的驻外使节年度例会上，马克龙就警告说，中国的"新丝绸之路"战略尽管具有使某些地区稳定的优点，但它是霸权主义"[②]，这也是为什么法国对"一带一路"倡议的支持始终停留在口头上的原因；新冠肺炎疫情的暴发使法国坚定了中国正在向欧洲渗透的看法。如法国前外交官、地缘政治特别顾问米歇尔·杜克洛（Michel Duclos）就在题为《新冠肺炎疫情对法国外交政策影响》[③] 的报告中指出，疫情暴发前，中国已抛弃此前的"韬光养晦"政策，一改埋头发展经济，在国际舞台上内敛、低调的做法，逐步向外渗透，施加影响，疫情则暴露了中国的上述企图。

---

① Coronavirus: la Chine mise sur la "diplomatie des masques", *France* 24, 07/04/2020, https://www.france24.com/fr/asie-pacifique/20200407-coronavirus-la-chine-mise-sur-la-diplomatie-des-masques.

② Discours du Président de la République à la conférence des ambassadeurs, Elysée, 27/08/2018, https://www.elysee.fr/emmanuel-macron/2018/08/27/discours-du-president-de-la-republique-a-la-conference-des-ambassadeurs.

③ Michel Duclos, Un virus clarificateur L'impact du Covid-19 sur la politique étrangère de la France, Institut, Montaigne, juin 2020, https://www.institutmontaigne.org/publications/un-virus-clarificateur-limpact-du-covid-19-sur-la-politique-etrangere-de-la-france.

第十三章　调整中的中法关系：伙伴还是竞争者？

法国对华新认知的第三个变化是认为中国对法国和欧洲构成了威胁，这种看法突出表现在新冠肺炎疫情暴发后。

法国首先认为中国对法国和欧洲的经济乃至国家安全构成了"威胁"。过去几十年来，中法两国在经贸领域的合作一直很活跃，在疫情暴发前的 2018 年，法国是中国在欧盟内的第四大贸易伙伴①，双方在经贸领域有很强的互补性。但从 2019 年年初起，法国对中法、中欧经贸关系的批评声渐涨，从强调中法、中欧经济的互补性逐步过渡到强调竞争性，特别强调法中和欧中贸易的逆差问题上，在这个问题上指责中国，并号召重新平衡法中和欧中经贸关系；指责中国不对等开放市场特别是公共服务市场，认为法国和欧盟的大门基本是对华敞开的，而中国则对市场开放设限，甚至强迫欧洲进行技术转让。

新冠肺炎疫情暴发后，法国媒体和智库对中法和中欧经贸关系表现出进一步的担忧，认为疫情特别是抗疫物资的进口暴露了法国和欧洲在经济和技术领域对中国的严重依赖，这将对法国和欧洲的经济、技术乃至国家安全构成威胁；为此法国号召欧洲捍卫经济和技术主权，特别是在生物技术、人工智能和 5G 等领域；号召通过鼓励企业回迁回流等手段再工业化，从而减少对华依赖。

新冠肺炎疫情暴发后，法国又将中国"威胁论"拓展到了政治层面，无端指责中国趁疫情之机扩大国际影响，和西方展开模式和制度之争。特别是借助网络"抹黑"欧洲的社会治理模式和西式民主，以欧洲的抗疫失败来反衬中国的制度优势。

---

① 姚铃：《中法经贸合作机遇与挑战并存》，《今日中国》，2019 年 3 月 19 日，https：//baijiahao. baidu. com/s? id = 1628407859417648546&wfr = spider&for = pc。

(三)"东升西降"——法国对华认知的主要原因

法国对华认知和立场之所以发生重大转向,主要出于如下原因。

首先是中国和法国以及欧盟实力对比的变化。进入 21 世纪以来,特别是近些年,中国经济获得了长足发展,已成为全球第二大经济体,在国际舞台上的经济和政治影响力与日俱增;法国知名智库蒙田研究所(Institut Montaigne)委托民调机构 Kantae Public 所做的名为"法国人眼中的中国:机会还是威胁"的民调[①](2019 年)显示,在法国人眼中,中国不再是只会仿造和生产廉价商品的发展中国家和世界工厂,而是日益成为在政治、经济和科技领域全方位崛起的大国、强国;81% 的被调查者认为中国有着全球影响力;近一半法国人认为中国在法国有影响力,13% 认为影响很大;近半数被调查者特别是年轻人认为中国在科技特别是数字技术领域依然领先于法国。在"中国对法国而言主要是威胁还是机会"的问题上,43% 的法国人认为无论在经济还是技术层面中国都是威胁,年长者和右翼分子更多地持这种观点。

反之,受全球经济与金融危机、难民危机、欧洲主权债务危机等的相继冲击,法国经济持续低迷,社会问题重重,示威抗议运动频发,国力相对下降,成为"中等强国"或曰"相对大国",法国也默认了这一点。欧盟作为一个整体亦表现出了同样的趋势。两相对照下,中国在法国和欧洲眼里构成了从科技到经济,从政治到军事的全

---

① "La Chine vue par les Français: menace ou opportunité ?", *Institut Montaigne*, 04/01/2019, https://www.institutmontaigne.org/blog/la-chine-vue-par-les-francais-menace-ou-opportunite.

面威胁，这是它们将中国定位为制度性竞争者的主要原因。换言之，中国的崛起打破了原有的力量平衡，引起了法国和欧洲的不适与警惕，致使它们重新认识并定义对华关系。实际上，未来中法双方的力量对比会持续变化，法国需要适应和习惯中国的崛起，并以平常心对待之。

其次是意识形态作祟。法国等欧洲国家一向以西式民主和资本主义市场经济为荣，笃信这两者具有普世性，是确保世界各国繁荣昌盛、国泰民安的必由之路；一厢情愿地认为，随着苏联的解体，资本主义生产方式和西式民主必将统一天下，就像福山提出的，历史将终结。它们认为市场经济发展到一定阶段必然导致西式民主，中国也不会例外，即中国也会随着改革开放的深入而向西方看齐，最终走上西式民主道路。然而，中国非但未如其所愿地全盘西化，反而经过不断地摸索和制度创新，走出了一条不同于西方的中国特色的社会主义道路，并取得了举世瞩目的成功。特别是近些年，中国的制度创新展现出了强大的生命力，这使法国等国做出了中国不仅和西式民主渐行渐远而且其制度模式对西方构成了挑战和威胁的判断。尤其是新冠肺炎疫情暴发后，中国率先遏制了疫情并恢复经济，中国的抗疫成功和法国等欧洲国家的抗疫不利形成了鲜明对比，给它们造成了"制度、模式和价值观竞争"压力，进而引发了他们的高度警惕与防范。

带着意识形态的有色眼镜看中国原本就在包括法国在内的西方国家颇有市场，疫情的暴发使这种行为变本加厉——中国的抗疫举措甚至为欧洲国家提供人道主义援助的行为都被涂抹上浓厚的意识形态色彩！此外，所谓"人权"等问题也是包括法国在内的欧洲国家不断炒作的一个话题。

再次是美国因素。在法国和欧盟对华认知的转变过程中，美国起了不容忽视的作用。特朗普领导下的美国对中国在贸易和政治上的发难，导致中美关系日益恶化。法国媒体和智库的观察是，欧洲无法在中美之间的贸易冲突中置身事外，也不可能渔翁得利，相反欧洲的脆弱性暴露无遗。它们指出，美国和中国像是一个汉堡的上下两层：上面是美国，拥有谷歌、苹果、脸书和亚马逊等垄断性高新技术；下面是中国，拥有光伏、锂电池等领先性新兴产业，同时正在努力推动产业升级。欧洲则夹在中间，左右为难，在产业链的高低两端都缺乏比较优势。

新冠肺炎疫情暴发后，法国智库进一步指出，疫情是催化剂，在加剧中美两大国对立与脱钩趋势的同时，进一步凸显了欧洲的脆弱[①]，原因在于，中美两国在经贸和科技领域的冲突将对欧洲经济与增长产生负面影响；中美对立将使两国在5G等相关技术标准的制订上分庭抗礼，进而有使欧盟被边缘化的危险；中美对抗将推动中国走独立自主之路，大力发展高新科技，最终跻身科技强国之列，届时欧洲将陷入十分尴尬和被动的境地。有鉴于此，法国认为，法国和欧洲必须在高新技术领域有所作为和突破，唯有如此，才能摆脱在产业链上对中美两国的依赖，捍卫欧洲的经济、科技主权和价值观，重塑与两强的关系。

最后是内政因素。最近十余年来，以英国脱欧为代表，欧洲内部疑欧、反欧和反全球化情绪高涨；与之相伴随，法国和欧盟内部的民粹主义势力持续攀升，这也是法国政府的对外政策特别是对华政策发生变化的一大重要因素。在以仇外排外著称的右翼民粹主义政党——国民联盟（该党已上升为法国数一数二的政治力量）煽动下，尤其是

[①] Michel Duclos, "Un virus clarificateur: l'impact du Covid – 19 sur la politique étrangère de la France".

新一届总统大选即将举行，为争取更多选票，特别是和国民联盟争夺选民，实现连选连任，马克龙的对华政策日趋保守，比如时刻将"经济主权""科技主权"等词挂在嘴边。此外，绿党在2019年的欧洲议会选举和2020年的法国地方选举中均取得了不错的成绩，表现出取代此前的左翼第一大党社会党[①]、成为左翼新核心的趋势；绿党一贯重视"人权""环保"等议题，它的上升给其他政治力量特别是执政党带来了不小的压力，致使它们在内政外交主张上均出现了一定的"绿化"倾向，助推了马克龙在中国新疆、中国香港等问题上的对华人权指责。

◇ 伙伴和竞争者——法国对华认知呈两面性

（一）法国对华认知的两面性

尽管如上文所言，从2019年起，法国开始将中国定义为"制度性竞争者"，这标志着其对华认知发生了质变。但是，我们同时注意到，法国并未因此而否认、抛弃先前的"中法全面战略伙伴关系"。换言之，尽管法国政府给中国贴上了"竞争者"的新标签，但它同时保留了中国的"伙伴"身份；或者说，中国在一些方面是"竞争者"，在另外一些方面是"伙伴"；在一些时候是"竞争者"，在另外一些时候是"伙伴"。正如马克龙指出的，"中国变了……我们应该

[①] 在2017年总统选举的打击下，社会党一蹶不振，分崩离析，在国家层面沦为边缘小党。

构建 21 世纪的欧—中伙伴关系"。① 这一点与特朗普治下的美国只将中国视作对手的做法存在着显著不同。部分法国智库和媒体也反对妖魔化中国，主张对华持客观中立的态度；民间的对华认知也相对更为客观和友善，凡此种种，使法国对华新认知表现出明显的"两面性"特点。

首先，法国部分媒体和智库指出，尽管法国、欧洲和美国一样把中国视作竞争者，但这并不意味着法国和欧洲会向美国靠拢，甚至联手抗华。换言之，法国和欧洲不会追随美国，用全面脱钩和打压的方式来应对中国的崛起。如《费加罗报》在声称法国和欧盟做出了"和美国同样结论"（即把中国作为对手）的同时就指出，法国不会像美国那样与中国对抗，而是要寻找和美国不同的解决途径。中法和中欧关系仍有协商与合作余地，不会也不应变得像中美关系那样紧张。一些媒体和智库反对妖魔化中国，如在 2019 年法国和欧盟将中国定义为制度性竞争者之初，《世界报》就撰文指出，在对华关系上既不要奉行"天使主义"，即过分天真，也不要"妖魔化中国"。② 建议与中国保持建设性对话，避免把中欧、中法关系弄到十分紧张的地步。

2021 年 11 月，法国国际与战略关系研究所（IRIS）《亚洲焦点》

---

① Discours du Président de la République Emmanuel Macron à la conférence des ambassadeurs et des ambassadrices de 2019, Elysée, 27/08/2019, https：//www. elysee. fr/emmanuel – macron/2019/08/27/discours – du – president – de – la – republique – a – la – conference – des – ambassadeurs – 1.

② Claude Meyer：L'Europe ne doit céder ni à l'angélisme ni à la diabolisation dans sa relation avec la Chine, *Le Monde*, 21/03/2019. https：//www. lemonde. fr/idees/article/2019/03/21/claude – meyer – l – europe – ne – doit – ceder – ni – a – l – angelisme – ni – a – la – diabolisation – dans – sa – relation – avec – la – chine_5439359_3232. html.

（Asia Focus）杂志负责人、中国文化和政治史专家艾玛纽埃尔·林科（Emmanuel Lincot）在接受媒体采访时也指出,[①] 尽管巴黎和布鲁塞尔把北京从"伙伴"变成了"竞争者",尽管在这种紧张的背景下,中法和中欧双边关系均受到严重影响,但是在爱丽舍宫的议程中,中国仍然占有优先地位。他还指出,澳大利亚单方面取消法核潜艇订单的做法促使法国全面审视、反思其亚太战略,不能追随以美英为首的盎格鲁-撒克逊国家的做法,与中国搞全面对抗。对抗不是法中关系的历史,相反,法中两国有着源远流长的关系,必须在求同存异的基础上保持这种关系。他进一步指出,中国市场仍然是世界上最具吸引力的市场之一。在类似气候变化等关键问题上,法国无法忽视中国。因此他指出法国的对华政策需摆脱意识形态束缚,重拾务实、灵活的路线。还有一些智库学者建议,鉴于法中双方在经贸、价值观和人权等问题上存在重大分歧,在政治和经济领域开展对话比较困难,因此可从文化交流入手,增进了解与互信。

其次,马克龙总统也多次表示,反对特朗普式的咄咄逼人的对华政策,不会追随美国打压中国。如 2021 年 2 月,在与美国智库大西洋理事会（Atlantic Council）的线上交流中[②],马克龙就指出,尽管共同的价值观使法国和欧盟与华盛顿走得更近,但是,法国并不会因此和美国联手抗华。他指出"联合起来对抗中国有可能导致最高级别的冲突",这是他所不愿看到的。他还指出,虽然在贸易和工业等领

[①] Relation avec la Chine: le bilan très mitigé du quinquennat Macron, Atlantico, 7 novembre 2021. https：//www. atlantico. fr/article/decryptage/relation – avec – la – chine – – – le – bilan – tres – mitige – du – quinquennat – emmanuel – macron – xi – jinping – france – paris – pekin – diplomatie – emmanuel – lincot.

[②] Macron：EU shouldn't gang up on China with US, Politico, February 4, 2021, https：//www. politico. eu/article/macron – eu – shouldnt – gang – up – on – china – with – u – s/.

域，中国成了竞争对手，但是在气候变化等问题上，中国始终是合作伙伴，当特朗普政府退出《巴黎协定》时，中国还在坚守。换言之，法国并不认同美国的全面对抗逻辑，相反它认可并继续保留着中法之间的全面战略伙伴关系。2021年2月，习近平主席和马克龙总统在电话交流中也重申，两国会继续推进全面战略伙伴关系，特别是在核能、航空、农业和食品等领域。

最后，法国普通民众的中国观亦不像官方和学界那样负面。蒙田研究所的"法国人眼中的中国：机会还是威胁"的民调①表明：多数法国人认为中国为法国提供了巨大的商机，特别是在旅游行业。此外在"中国对法国而言主要是威胁还是机会"的问题上，尽管有43%的被调查者认为中国在经济和技术层面都是威胁，但也有很多人持谨慎态度，认为中国既不是机遇也不是威胁。整体而言，普通法国民众的对华认知与政界和学界相比要更为正面和积极一些。②

上述观点表明，尽管从整体上看，法国对华认知出现了不利于中国的变化，但仍然有理智客观、灵活务实的一面。这为双方向着积极的方向调整双边关系奠定了基础。

（二）法国对华认知两面性的主要原因

法国对华认知之所以呈现出两面性，主要原因在于欧洲在马克龙对外战略中所占据的核心地位，以及马克龙的欧洲观、世界观（这里

---

① La Chine vue par les Français: menace ou opportunité?, Institut Montaigne, 04/01/2019.

② 不过新冠疫情暴发后，在法国主流媒体对中国持续不断的中伤和抹黑下，法国普通民众的对华负面认知呈现出显著上升之势。

第十三章 调整中的中法关系：伙伴还是竞争者？

特指对世界格局的看法）和对法国的欧洲领袖定位。

马克龙上任之时欧洲正深受难民危机、主权债务危机、民粹主义危机等多重危机困扰，民众中疑欧情绪严重，他是以近乎欧洲"救世主"的形象登上法国和欧洲政治舞台的；也是凭借"亲欧"立场当选法国总统的——马克龙是2017年法国众多总统大选候选人中最为"亲欧"的一个。执政近五年来，这位年轻又雄心勃勃的总统已成功将自己塑造成一名敢想敢干的欧洲新生代领袖，该形象也得到了欧洲乃至国际社会的普遍认可。

欧洲是马克龙外交战略的重中之重。他对"欧洲"的未来与前途有着清晰的规划和见解，并曾借各种场合阐述过他的欧洲观[①]，我们可以将之总结为：建设政治和经济都强大的、独立自主和保护（民众利益）的欧洲，具体包括如下方面。

首先是独立自主：独立自主是马克龙欧洲观的核心及首要诉求。该诉求至少包含三方面含义。第一是防务独立。欧洲在防务问题上长期依赖以美国为首的北约，法国则倡导摆脱北约，由欧洲人负责自身安全。特别是在特朗普治下的美国宣布削减对欧防务义务后，马克龙更是不断重申建立独立防务系统的重要性，同时强调法国要在其中发挥主导作用。尽管拜登取代特朗普执政后，美国的对欧政策缓和很多，但马克龙仍坚持认为美国并没有想象中可靠，欧洲人应抛弃幻想，走防务独立之路。第二是经济独立，如果说法国对欧洲防务独立

[①] 特别是2020年9月22日联合国大会发言、2020年11月12日巴黎和平论坛发言，2020年11月接受巴黎高等师范学院地缘政治研究小组的专访等。参见 Entretien exclusif du Président Emmanuel Macron pour le Grand Continent，20/11/2020，https：//euradio. fr/2020/11/20/entretien – exclusif – du – president – emmanuel – macron – pour – le – grand – continent/。

的倡导由来已久，那么经济独立则是在新冠肺炎疫情前后出现的新诉求，即号召欧洲再工业化，同时发展尖端科技，从而摆脱对美中两国的依赖。第三是战略自主，即不受任何大国（主要指中、美两国）支配，不选边站队，发展成可与中美两大国比肩的力量和独立一极。

其次是"政治欧洲"。"政治欧洲"是马克龙欧洲观的第二大诉求，即加强政治建设，改善欧盟在国际舞台上主要被视作一支经济力量的尴尬状况，使欧盟的"政治力量"身份得到彰显和认可。马克龙认为，欧盟的政治实力与其经济实力不符，欧盟要突破"统一大市场"的形象，发展成一支政治、经济两手都要抓、两手都过硬的力量。这一方面要求欧盟加强内部团结，提高在国际舞台上以一个声音说话的能力；另一方面要变跟班为领袖，主动引领制订相关国际准则与规范，推动建立多边世界秩序。具体而言，马克龙认为，今天世界卫生组织等旧的多边机制已然式微甚至失灵，要么改革，要么建立新机制，他同时提出法国要在政治欧洲的建设中发挥作用。

最后是"保护（欧洲民众和欧洲利益）的欧洲"。这一点指的是，面对全球化的挑战和欧盟内部的反全球化情绪，欧盟要能给欧洲人提供保护，使他们免于受到失业等冲击。

"独立的欧洲"和补上政治短板的欧洲必然造就强大的欧洲；而强大的欧洲是托举法国、使之重振大国雄风的臂膀，这是马克龙积极推动欧洲变强的重要原因，也是马克龙提出在政治欧洲的建设上，法国的理念、经验和智慧要发挥关键作用的原因。概言之，欧洲和法国是相互需要、彼此成就的关系。

综上，马克龙致力于带领欧盟成为有国际事务发言权的、独立自主的一极，这和他反对霸权主义，主要建立多极世界的"世界观"是相辅相成的——只有在多极世界中，欧洲才可能占有一席之地。正是这种欧洲观和世界观改变并塑造着法国的对华认知和立场，使之呈现出两面性——中国既是伙伴又是竞争者——特征：

一方面，为"保护欧洲人的利益""捍卫欧洲的经济、科技主权"，实现欧洲经济和战略自主，法国及其与德国共同领导下的欧盟势必在经济、科技等相关领域对华严加防范；另一方面，为反对美国霸权，推动建立全球多边新秩序，法国又离不开中国的支持与合作，特别是在气候变化和保护生物多样性、非洲地区的减贫与发展、全球治理及联合国改革等法国扮演领头羊角色或积极推动的领域。特别是英国脱欧之后，原本由"英法德"组成的欧盟三驾马车剩了两驾；默克尔退出政治舞台后，德国在欧盟的领导力将不可避免地下降，法德轴心将从德强法弱相对转向法强德弱。在此背景下，作为联合国五常之一的法国将进一步坐实欧盟领袖的地位，这将更加有利于马克龙实现其"欧洲梦"，这也意味着法国（至少在某些方面）也更加需要中国的支持与合作。

换言之，在法国眼里，视具体情况的不同，中国有时是竞争者，有时是伙伴；在有些议题上是竞争者，在另外一些议题上是伙伴。这两者并不矛盾，并反映出，法国的对华立场在本质上是实用主义的。

◇ 困难与努力并存——中法关系在调整与磨合中前进

从中国既是伙伴又是竞争者的新立场出发，法国对华政策呈现出既打又拉、既合作又竞争的特点，这使中法关系进入了一个深度调整与磨合的新时期，总体上表现出困难与努力同在、对抗与合作并存，在曲折中前进的特点。

一方面,我们看到,法国在"保护欧洲利益""维护欧洲团结""捍卫欧洲经济科技主权"等旗号下将中方视作"竞争者",对华警惕和防范之心渐长,并出台了种种打压和遏制措施。

第一,在经贸领域施行了一系列日趋强硬的保护性政策。如2020年6月,法国和德国一起推动欧盟委员会出台相关文件,广泛审查外国(实则主要是针对中国)企业在欧经营、投资、并购、政府采购投标等行为,以"反补贴"之名,封堵中国特别是中国国有企业的在欧投资,以防止所谓的中国控制欧洲的战略性工业产业。2020年中期为保卫法国的所谓核心技术利益,变相封杀华为——宣布华为5G设备授权到期后将不再续签——而此前法国经济部长还信誓旦旦地宣称不会禁止华为;法国智库则号召对"中国制造2025计划"保持警惕;建议谨慎对华销售影响欧洲竞争力的技术,无论是在军用还是民用领域,这和2018年年初马克龙访华时中法两国政府就"中国制造2025计划"和法国"未来工业计划"对接问题进行探讨的友好局面形成鲜明对照。

第二,在战略上遏制中国,典型例子是效仿美国,于2019年出台印太防务战略,意欲彰显在印太地区的存在,该战略带有防范与遏制中国的意图[①],尽管这不是它的唯一目的。历史上法国曾在印太地区殖民,因此该地区在法国人眼里是其传统势力范围,正如马克龙指出的:"我们是印太大国,我们在印太有居民,有(军事)基地,有

---

① 参见张林初《〈法国印太防务战略〉报告评析》,载丁一凡主编《法国发展报告(2021)》,社会科学文献出版社2021年版,第209—220页。

第十三章　调整中的中法关系：伙伴还是竞争者？ **285**

利益"。① 而中国的"一带一路"倡议在法国看来威胁到了它在印太地区的利益，故试图通过重返印太的方式，对中国进行地缘政治遏制，"夺回"印太地区话语权，姑且不论其能力如何。不过，澳大利益单方面撕毁法国核潜艇订单后，法国似乎对盲目跟风美国制订印太战略的做法进行了反思。

第三，拿人权问题指责中国，特别是在涉疆、涉藏、涉台、涉港问题上。尽管法国不断强调不会在中美之间"选边站队"，不会追随美国全面打压中国。但是，意识形态的相近使它在涉疆、涉藏、涉台、涉港等问题上与美国互动频繁，立场一致。特别是以人权问题为借口炒作"新疆棉"，该问题看似属于意识形态范畴，实则怀有打压中国相关产业的目的。

另一方面，法国在很多领域又离不开中国，需要中国的支持与合作。

首先是在全球治理领域：如前所言，法国致力于推动欧盟成为一支政治力量，主动引领国际社会制订相关准则和规范，推动塑造多边国际秩序、对全球公共事务（环境、减贫扶贫、公共卫生等）进行多边管理。在这方面中国一贯与法国有着一致或近似的理念与诉求，是法国不可或缺的合作伙伴，因此过去五年来，中法双方不仅在气候变化、环境、减贫、发展等议题上继续并深化既有合作；而且在新冠肺

---

① Discours du Président Emmanuel Macron sur la stratégie de défense et de dissuasion devant les stragiaires de la 27èm promotion de l'Ecole de Guerre, le 8 février 2020. https：//www.elysee.fr/emmanuel‐macron/2020/02/07/discours‐du‐president‐emmanuel‐macron‐sur‐la‐strategie‐de‐defense‐et‐de‐dissuasion‐devant‐les‐stagiaires‐de‐la‐27eme‐promotion‐de‐lecole‐de‐guerre. 转引自张林初《〈法国印太防务战略〉报告评析》，载丁一凡主编《法国发展报告（2021）》，社会科学文献出版社2021年版，第216页。

炎疫苗研发和使用等新领域，也开展了卓有成效的合作。

第一，在气候变化和生物多样性保护方面，法国一直扮演着领头羊的角色，促成了众多环保议题及相关条约特别是2015年《巴黎协定》的达成。中国也是国际环保领域的领军国家，一贯对法方的行动给予大力支持。在双边层面，以签署于1997年的《环境保护合作协议》为起点，中法双方在环境领域建立了多个合作机制，签署了多份合作协议并实施了多个项目，突出的有两国于2014年创建的制度性环保合作项目——每年一次的"中法环境月"活动。即使在新冠肺炎疫情期间，该活动也未停止。2018年11月，双方还举办了"中法环境年"活动，并以"环境年"为契机，加深并拓宽了在环境及环境技术领域的合作，使之从绿色能源、绿色经济、绿色食品等朝向全球性海洋环境监测、防灾减灾等领域迈进。2019年，中法两国元首共同发表了《中法生物多样性保护和气候变化北京倡议》，强调加强生物多样性保护领域的合作。2021年，两大以"生物多样性"为主题的重要国际活动在中法两国分别举行，一个是在法国马赛举办的世界自然保护大会，另一个是在中国昆明举办的《生物多样性公约》第十五次缔约方大会第一阶段会议。两国对这两次活动给予了相互支持。

此外，推进落实《巴黎协定》还是法国追求主导全球绿色经济的关键"抓手"，在这方面，它也离不开中国的合作，并推动建立了中欧绿色合作伙伴关系[①]，使中方助力法国和欧盟在全球气候治理中发挥引领和塑造作用。

法国深知，在环境领域中国的支持是必不可少的，并对中国的有

---

① 2020年9月，中欧领导人决定建立中欧环境与气候高层对话，打造中欧绿色合作伙伴。

关行动给予了高度肯定——如在 2021 年 10 月于昆明举行的《生物多样性公约》第 15 次缔约方大会第一阶段上，法国驻华大使罗梁就对中国在过去十余年间在生物多样性保护方面的所作所为给予了肯定，认为中国在全球层面发挥了积极作用。双方的共同理念和相互赞赏奠定了两国互利合作的政治根基。[①]

第二，在新冠肺炎疫情背景下，双方加强了在卫生防疫、公共卫生治理等领域的交流与合作。早在 2004 年，两国便签署了《预防和控制新发传染病合作协议》，开启了在新发传染病领域的广泛、持久合作；2016 年中法合作创建了武汉病毒研究所 P4 实验室，在新发传染病防控和人员培训等方面开展合作。新冠肺炎疫情暴发后，两国加强了此前的合作，共同研发病毒快速检测试剂，并积极探讨设立中法联合研究基金、联手研发疫苗和药物的可行性。两国医疗专家还建立了远程会诊机制，共商新冠肺炎疫情诊疗方案；两国疾控专家也通过类似的线上模式，在疫情防控方面保持着密切沟通，取长补短，互相借鉴学习。

第三，除双边合作外，两国还在欧盟、世界卫生组织等多边框架内和其他国家共商疫情及其导致的次生灾害的应对之计：如共同支持并推动将二十国集团作为国际经济合作的主要论坛来发挥重要作用，改善全球经济治理；中国积极响应法国在二十国集团框架内提出的暂缓 70 多个最贫困国债务偿还或进行债务重组的建议。法经济部长对此表示高度赞赏，称这是中国首次参加这类实践，这是一个强有力的多边姿态。

其次是在经贸领域：经贸合作是中法关系最为活跃的领域，也是

[①]《法国驻华大使：生物多样性保护合作是法中合作的重要内容》，环球网，2021 年 10 月 15 日，https://yrd.huanqiu.com/article/45BUNWocTSR。

中法关系的压舱石。作为世界上数一数二的大市场，中国始终受到法国的高度重视与青睐，双方以大项目为依托，在核电、航天航空、清洁能源等方面始一直保持着密切的合作，并不断寻求扩大合作领域。即便是在疫情期间，双边贸易依然逆势增长，如 2020 年中法双边贸易额为 666.5 亿美元，同比增长 1.6%。法国是中国在欧盟的第三大投资来源国和第三大技术引进国。截至 2021 年 3 月，法国在华投资额为 191.3 亿美元，中国则是法国在亚洲的第一大和全球第六大贸易伙伴。[①] 法国还和德国一起，积极推动《中欧投资协议》签署，尽管其发挥的作用远不如德国。[②]

2021 年 2 月，习近平主席和马克龙总统在电话交流中均对中法关系的发展状况给予了积极评价，并一致同意继续在世界卫生组织、欧盟、二十国集团等多边框架下就当前国际社会的重要议题，如医疗保健、疫苗研发与分配、气候变化、全球公共卫生、非洲国家的债务减缓和经济增长等加强磋商与合作。双方愿本着开放和合作的态度，推动重要领域的合作取得更多进展。[③] 2021 年 10 月，习近平主席和马克龙总统再次在电话沟通中表达了推进中法、中欧合作的愿望。2021 年年底，在美国煽动西方国家抵制北京冬奥会的关键时刻，法国再次站出来表达了不同意见。体育部长首先明确指出法国不会抵制北京冬奥会[④]；随后马克龙总统也表示，法国不会追随美国、英国和澳大利亚对北京冬奥会进行"外交抵制"，"不应把该议题（北京

[①] 《推动中法贸易关系行稳致远》，海外网（转引自《经济日报》），2021 年 12 月 21 日，https://baijiahao.baidu.com/s?id=1719707351095532951&wfr=spider&for=pc。

[②] 整体上由于法国经济结构的缘故，中法之间的贸易量也远逊于中德。

[③] 《习近平同法国总统马克龙通电话》，《人民日报》2021 年 2 月 26 日第 1 版。

[④] JO de Pékin: pas de boycott diplomatique de la France, assure Jean–Michel Blanquer, France 24, 09/12/2021.

冬奥会）政治化"。①

◇ 结语和展望

总体来看，近五年来，在上述多重因素的影响下，法国对华认知和定位发生了变化，传统的友好基调中掺入了一些不和谐因素。尽管如此，双方依然是重要的战略合作伙伴，仍然在众多国际问题特别是反对霸权主义、推动建立多边国际体系、构建多极世界格局等方面有着高度的共识，双方在经贸领域的合作呈持续扩大之势，不仅合作的基础犹在，且有进一步扩大和加深的空间。从整体和长远来看，中法友好符合两国的根本利益；交恶则对彼此都是巨大的伤害。中法双方领导人对此都有充分的认识，并赞成在搁置分歧，求同存异的基础上，增进互信，扩大共识，从文化、经济等容易推动的领域着手，扩大务实合作。我们由衷地希望中法这两个有着传统友谊的东西方大国能够早日排除干扰，携手推动中法关系的未来更加美好！

---

① Macron dit ne pas vouloir politiser les JO de Pékin, préfère travailler avec le CIO, Bourse, 09/12/2021, https：//www.france24.com/fr/sports/20211209 – jo – de – p%C3%A9kin – pas – de – boycott – diplomatique – de – la – france – assure – jean – michel – blanquerhttps：//www.boursorama.com/bourse/actualites/macron – dit – ne – pas – vouloir – politiser – les – jo – de – pekin – prefere – travailler – avec – le – cio – 59f5a65b72e758156b4a22bfc3c077e2.

第十四章

中国—中东欧国家合作：
现状、展望与政策建议

  作为连接欧亚大陆的门户，中东欧既是"一带一路"建设重要的板块，也是中国优化对外开放布局的关键方向。2012年4月，中国与中东欧国家领导人共同签订了《中国关于促进与中东欧国家友好合作的十二项举措》，并由此正式开启了中国—中东欧国家合作，在有效强化了双方政治互信的基础上，为中国同中东欧国家充分发挥互补优势，全面激发合作活力给予了有力的政策支持。2019年4月12日，希腊成为中国—中东欧国家合作正式成员，中国—中东欧"朋友圈"迎来首次扩容，不仅给西欧国家带来了积极的示范效应，并且也显示了合作机制的开放与包容，为进一步丰富中国—中东欧国家合作内涵，推动中欧关系向纵深发展注入了新的活力。在当前国际环境复杂多变的情况下，中国—中东欧国家合作面临着新旧问题和挑战，无疑进入了"深水期"，需要对未来合作思路、路径进行深入研究，做好未来一个时期的战略规划和方针政策。

第十四章 中国—中东欧国家合作：现状、展望与政策建议 | 291

◇ 中国—中东欧国家合作取得的成效

建立近十年来，中国—中东欧国家合作成果丰硕，增进了高层互访交流，建立了众多的合作平台，推动了经贸投资高效发展，树立了跨区域合作的典范，在基建、农业、创新科技、金融服务、地方合作、人文交流等诸多领域取得一系列成果，引起广泛关注。

（一）高层引领，政策护航

自中国—中东欧国家合作启动以来，双方领导人高度关注合作进程，通过建立常规性会晤机制与开展定期交流和不定期互访等，不断深化高层交流沟通，有效提升了双方战略合作共识，规划出了未来合作蓝图。自2012年起，中国与中东欧国家已举办8次领导人会晤和1次峰会，历次会议不但聚焦于上一阶段合作成果的梳理，而且也为了下一阶段具体行动内容明确了规划方向，有助于双方形成广泛共识，进一步推动高质量成果的产生。2021年2月，中国—中东欧国家领导人峰会以视频形式召开，国家主席习近平主持峰会并发表主旨讲话。本次峰会在总结了以往合作历程与经验的基础上，以百年变局叠加全球疫情为背景，明确了中国与中东欧国家未来合作目标，并通过发布《2021年中国—中东欧国家合作北京活动计划》，系统擘画出中国—中东欧国家合作路线图，为多边主义和全球化发展凝聚了新共识、为跨区域多边合作模式创新实践注入了新力量。

近几年来，中国与中东欧国家高层在不同国际场合中保持了密切的对接。2016 年，习近平主席访问塞尔维亚、捷克、波兰，与三国缔结或提升了战略伙伴关系。2019 年习近平主席访问希腊，为深化双边交流合作，实现优势互补奠定了良好契机。中东欧各国领导人也借着"一带一路"国际合作高峰论坛、中国国际进口博览会、夏季达沃斯论坛等纷纷访问中国。如 2017 年"一带一路"国际合作高峰论坛，捷克总统泽曼、希腊总理齐普拉斯、匈牙利总理欧尔班、波兰总理谢德沃、塞尔维亚总理武契奇等领导人出席；2018 年中国国际进口博览会，捷克总统泽曼、立陶宛总统格里包斯凯特、克罗地亚总理普连科维奇、匈牙利总理欧尔班等领导人出席；2019 年第二届"一带一路"峰会，捷克总统泽曼、希腊总理齐普拉斯、匈牙利总理欧尔班、塞尔维亚总统武契奇等领导人出席；2019 年第二届中国国际进口博览会，希腊总理米佐塔基斯、塞尔维亚总理布尔纳比奇出席。密切的高层互访折射出了中国与中东欧国家领导人的深厚友谊，为增进双方了解和信任发挥了重要作用。

此外，地方合作成为中国—中东欧国家合作高质量发展的关键动力。河北、重庆以及四川成都、浙江宁波等多个国内省市纷纷立足本地特色主动寻求同中东欧国家的政策对接，在提升了合作灵活性与针对性的同时，也从整体上增强了中国—中东欧国家合作的黏合度，以更大的央地协同效应，全面拓展了中国与中东欧国家政策对接的广度和深度。多层级的政策对接模式不仅使得中国—中东欧国家合作框架下各国的发展实践与战略方向得到了充分的整合与协调，并且在地方层面，对于多样性与差异性的关注也将产生合作"外溢"效应，从而进一步释放出中国—中东欧国家合作政策保障的巨大潜能。

（二）务实合作，互惠共赢

中国—中东欧国家合作并不是停留在概念上的愿景，而是扎扎实实的行动落实。作为推动跨区域合作的压舱石与推进器，中国—中东欧国家合作始终将务实合作视为促进各方互利互惠的关键抓手与优先方向，并通过积极的对接与探索，取得了显著的合作成效，为中国—中东欧国家合作的稳步持续发展贡献了重要力量。在贸易往来方面，根据中国海关公布数据显示，2012 年，我国与中东欧 16 国贸易额 520.6 亿美元，而到了 2014 年，双方贸易额便突破了 600 亿美元，达到 602.2 亿美元，两年增幅达 15.7%。2016 年，中国对外贸易总体下滑，但与中东欧 16 国贸易逆势上扬，实现了 9.5% 的显著增长。2019 年，中国与中东欧国家（含希腊）贸易规模达 954.52 亿美元，同比增长上升 6.91%，与 16 个中东欧国贸易额为 869.9 亿美元，不仅连续两年突破了 800 亿美元，并且 7 年来 67.1% 的巨大增幅也使得中东欧地区成为我国对外贸易不可忽视的关键增长点。2020 年，中国与中东欧克服疫情影响，贸易往来增长依旧显著。2020 年，中国和中东欧贸易首次超过千亿美元，同比增幅达 8.4%，规模达到 1034.5 亿美元。其中，中国从中东欧进口增长迅猛，同比上涨 44.7%，[1] 通过积极主动扩大进口，让中东欧国家分享了中国发展的机遇。2021 年中国同中东欧 16 国贸易额达 1335.5 亿美元。

在投资对接方面，2012 年中国对中东欧直接投资约为 1.5 亿美元，而到了 2018 年，这一数字已增长至 6.05 亿美元，在国际直接投

---

[1] 数据来源：中华人民共和国海关总署，http://www.customs.gov.cn/customs/302249/zfxxgk/2799825/302274/302277/3227050/index.html。

资大幅下降的情况下,逆势上涨64.4%。截至2020年年末,中国对中东欧国家全行业累计直接投资31.4亿美元,涉及能源、矿产、基础设施、物流、汽车零配件等领域,其中匈塞铁路、中欧陆海快线、黑山南北高速公路、塞尔维亚斯梅代雷沃钢厂、波黑斯坦纳里火电站、克罗地亚佩列利沙茨大桥等都成为我国开展"一带一路"国际合作的标志性项目。同时,近年来中东欧国家对华投资也在稳步上升,截至2020年年底,中东欧17国累计对华投资已达17.2亿美元,在不断深化拓展与中国利益交融的同时,更有力彰显了中国同中东欧国家巨大的合作潜能。[①]

随着中国—中东欧国家合作机制日益成熟,中国与中东欧务实合作关系已步入了快车道,这也为双方实现互惠互利、共赢发展开辟了新空间。

(三) 人文互鉴,民心相连

民心相通是推进中国—中东欧国家合作互信互利、共赢发展的重要基础,而人文交流则是促进中国同中东欧国家人民相交相知、互敬互鉴的关键支撑。依托于官方层面的大力推动,中国与中东欧国家各领域人文合作亮点纷呈,且达到了前所未有的高度。

在青年交流领域,截至目前,中国与中东欧国家合作建立了34所孔子学院和44个孔子课堂,学员5.2万余人,举办了丰富多彩的文化活动,参与人数51万余人。孔子学院总部设立的来华夏令营、"汉语桥"中文比赛、"孔子新汉学计划"等多个项目,受到各国青

---

① 《商务部:2020年我国对中东欧17国直接投资31.4亿美元》,2021年2月5日, https://baijiahao.baidu.com/s?id=1690837813242137376&wfr=spider&for=pc。

年学生热烈欢迎。自 2016 年起，孔院总部已举办四届"中东欧国家孔子学院夏令营"，累计 3500 余名师生来华访问。[1]

在智库合作领域，中国—中东欧国家智库交流与合作网络、中国—中东欧国家全球伙伴中心相继成立，在有效提升了双方智库国际化研究能力的同时，也为各国政策的优化协调搭建了沟通桥梁。

在各项措施的鼓励和推动下，中国与中东欧国家间旅游规模扩张迅猛，截至 2018 年年底，双向旅游人数已增长到 150 万人次，创历史新高。[2] 在此背景下，波黑、黑山、塞尔维亚、阿尔巴尼亚等纷纷采取免签证或季节性免签证措施。早在 2016 年，中国也对中东欧 16 国公民实行 72 小时过境免签政策。

此外，文化论坛、媒体互访、艺术节等大量人文互动也在近年纷纷开展，为中国—中东欧国家合作机制各成员国弘扬文化特色往来、繁荣文化交流提供了丰富且多元的渠道。

值得注意的是，自新冠肺炎疫情暴发，中国与中东欧守望相助、患难与共，为中国与中东欧国家民心相通赋予了更深层次的含义。在中国疫情局势紧张之时，中东欧国家纷纷伸出援手，为中国的抗疫工作给予了精神以及物质上的帮助与支持，而在中东欧国家防疫面临挑战的时刻，中国也迅速调集力量，向中东欧国家分享抗疫信息，提供人力、科技以及物资援助，通过携手共筑抗疫防线，为拉紧中国与中东欧国家的情感纽带、加深相互信赖凝聚了强大的人文正能量。人文

---

[1] 《青年携手增进友谊 助力中国—中东欧合作——第四届中东欧国家孔子学院夏令营开营》，人民网，2019 年 7 月 23 日，http://world.people.com.cn/n1/2019/0723/c157278-31250980.html。

[2] 《中国—中东欧合作成果明显增多 合作领域不断拓展》，2019 年 12 月 27 日，https://baijiahao.baidu.com/s?id=1654085276937893194&wfr=spider&for=pc。

交流不仅增进了中国和中东欧人民间的信任与理解,以润物无声的方式培育着中国与中东欧国家相容的价值理念与文化认同,并且也为不同制度、不同文化之间实现相互借鉴、和平共处、彼此支撑树立了文明典范,夯实了民意基础。

(四)机制创新,平台多元

搭建各领域专业化合作平台是中国—中东欧国家合作的显著特点与重要机制化创新。启动10年来,中国—中东欧国家合作已形成了政府主导、民间等多元主体参与、层级多元、领域广泛的机制化对接安排,借助于不同行业主体熟悉情况、沟通便捷、协调有效的优势,进一步满足了各领域差异化及多样化的合作需求,全面提升了中国同中东欧国家的合作能效。2012年9月,中国—中东欧国家合作秘书处在北京成立,这是我国外交部第一次以推动我国与特定区域关系发展为目的而设立的机构。该机构主要负责处理中国—中东欧国家合作的日常事务、重要信息发布、合作事项沟通以及论坛活动筹备等,这为统筹规划中国—中东欧国家合作平台建设发展路径、推进机制化进程提供了有力支持。随着中国同中东欧国家合作需求的持续上升,区域发展的差异性增加了合作水平的提升难度,而专业化合作平台以具体问题为导向,在突出了合作特殊性的基础上,更明确了合作优先方向,并优化了务实对接路径,因而发挥了积极的推动作用,在各领域均收获了丰硕的合作成果。目前,中国—中东欧国家合作专业性平台建设(含在建的)已达50余类,涵盖了高校、智库、农业、投资促进、技术转移、能源、卫生、物流、银行、青年等,且领域边际仍在持续拓展。依托于中国—中东欧国家合作总体政策框架,专业性平台的建设得到了官方层面的有力支持，而各平台功能的不断完善也配合并带动了中国—中东欧国家合作整体影响力的提升。通过突出参与主体的合作针对性、实操性以及实效性，中国—中东欧国家合作在真正意义上突破了传统的政府间合作范式，并以更高的合作"相容度"、更广的合作"包容度"以及更强的合作"向心力"为自身的发展注入了动力，也为跨区域多边合作的模式探索积累了宝贵经验、打造了优质样板。

◇◇ 中国—中东欧国家合作内外部因素的变化

中国—中东欧国家合作启动以来，国际环境在不断发生变化，合作面临的内外部因素也日趋复杂，主要表现为中美战略博弈日趋激烈，中欧关系日益复杂，中东欧地缘政治经济竞争因素加剧。这些内外部因素对于合作深入发展趋势必带来各种影响。

（一）中美战略博弈干扰中东欧国家对外政策选择

美国加大对中东欧地区的介入是中国—中东欧国家合作的重要外部阻力因素。美国政府出台各种政策计划，将中国企业在中东欧地区合法合规的投资经营行为，污蔑为"强制技术转移""窃取信息""控制中东欧国家资源"等，其本质上是要将中国企业排除出中东欧地区。在数字技术、能源设施等领域，美国政府更是直接干扰中国与中东欧国家的务实合作，企图限制中东欧国家对华关系的发展。

特朗普政府时期，美国高层频频访问中东欧多国，以信息安全为由多次向波兰、捷克等国发出"警告"，胁迫这些国家在5G问题上站队美国一边。美国政府陆续提出"清洁网络"和"蓝点网络"计划等，旨在将中国排挤出中东欧，巩固美国在中东欧地区主导地位。此外，特朗普时期美国直接参与中东欧国家提出的"三海倡议"[①]，2020年年初，时任美国国务卿迈克·蓬佩奥（Mike Pompeo）宣布，美国打算在"三海倡议"框架下拨款10亿美元用于能源投资。[②] 该年12月，美国国际开发金融公司（DFC）宣布该公司董事会批准了对"三海倡议投资基金"投资3亿美元。美国参与并直接向"三海倡议"注资，本质上是为了限制中国在中东欧的投资，并将中国排除出中东欧地区的交通、能源、通信等基建项目，从而提升自身的地区控制力。拜登作为坚定的跨大西洋主义者，不仅企图构建"联欧抗中"的对华统一阵线，并且提出了"重建更美好世界"（Build Back Better World，简称"B3W"）计划，通过参与中东欧基础设施建设，弱化该地区国家的对美排斥，部分成员国甚至开始追随美国"步调"，反华情绪上升。波罗的海三国和罗马尼亚对华战略的转变，还有捷克、斯洛文尼亚等国的政策摇摆，均与美国的拉拢行为相关，这给中国—中东欧国家合作的整体环境带来严重的负面影响。

[①] "三海倡议"即波罗的海、亚得里亚海和黑海倡议，由克罗地亚和波兰两国于2015年提出。倡议旨在推动该地区基础设施发展，创建一个共同的天然气市场，并增强能源供应的安全性和竞争力；助推整个欧洲联盟增强和提高凝聚力和统一性，成员国包括波兰、克罗地亚、罗马尼亚、捷克、匈牙利等12个中东欧国家。参见王弘毅《从能源到地缘：波兰积极推动"三海倡议"的背景、动因及影响》，《国别和区域研究集刊》2020年第2期。

[②] 《美国将向"三海倡议"提供10亿美元融资》，中华人民共和国商务部，2020年2月17日，http://www.mofcom.gov.cn/article/i/jyjl/m/202003/20200302941367.shtml。

（二）中欧关系日益复杂多变

近年来在中国综合国力和全球影响力不断提升的同时，欧洲则不断面临各种动荡和危机，中欧之间实力和影响力的变化成为中欧关系变化的根本原因。随着欧洲一体化进入调整期，陷入低速甚至部分停滞的状态，欧洲内部分化严重，右翼民粹主义进一步恶化欧洲政治生态。这一过程与大国地缘政治博弈加剧同步。欧洲内部疑欧、反欧的民粹主义趋势进一步发酵，右翼民粹主义政党更加着力推动政治和经济上的保护主义政策，认为应该加大保护本国企业、本国制度、本国文化的力度。欧盟内部政治碎片化和极化趋势增强，这将影响欧洲一体化进程，而一个动荡的欧洲并不利于中欧关系的发展。

由于欧盟对华疑虑尚未消除，中国—中东欧国家合作壁垒有所上升。欧盟对于中国—中东欧国家合作机制的启动与发展始终充满顾虑和警惕。欧盟担心中国会采用经济手段对中东欧进行政治分化，通过形成亲华的"小集团"以降低欧盟吸引力，并阻碍欧盟形成一致的对外政策目标。有中东欧国家智库认为，中国—中东欧国家合作是基于地缘政治企图的，即让中国成为全球性大国，这些合作倡议仅仅是这一目的的"外包装"，"中国试图构建以自己为核心的国际秩序"。[①]部分智库甚至表示，中东欧国家成为中国在欧洲地区的枢纽和前哨基

[①] Angela Stanzel, Agatha Kratz, Justyna Szczudlik & Dragan Pavlicevic, China's Investment in Influence: The Future of 16 + 1 Cooperation, *European Council on Foreign Relations*, December 2016.

地，并寻求政治、经济和软实力方面的"战略影响力"。①

在这一心理的驱使下，欧盟不仅给中国—中东欧国家合作贴满了负面标签，而且通过对中国合作项目的调查和规则限制提升合作门槛，频频对中国—中东欧国家务实合作设卡，阻碍合作进程发展。

（三）中东欧地缘政治经济竞争加剧

中东欧地区是一个遍布小国的多元地区，在大国竞争回归和地缘政治凸显的背景下，中东欧地区的地缘政治经济竞争异常激烈。中东欧地区的战略重要性不仅体现了其国际地位与地缘政治的重要性，更反映出了大国博弈与国际秩序变化的风向。

从地缘格局来看，中东欧国家在安全上依赖美国及北约，在经济上依赖欧盟。其一是中东欧国家与老成员国在生产方式和消费模式的互补性，再加上地理优势，有利于欧洲一体化的发展，促进内部贸易和节省成本；其二是欧盟通过经济纽带将中东欧国家纳入欧盟社会和政治制度框架中；其三是中东欧国家为了维持自身安全，加强了在跨大西洋框架下的防务合作，并重视从北约获得集体安全。大多数中东欧国家倾向于将其与美国的双边关系视为其安全和政治自主的基础。随着中东欧国家加入欧盟的时间增长，中东欧更加娴熟地处理与欧盟及主要成员国的关系，中东欧国家的偏好与利益转移到欧盟层面的能力也不断增强。同时，中东欧国家与欧盟之间存在几种错位，一是认为它们在欧盟的地位和话语权不够重要，但认可欧洲议会的作用，并

---

① "Empty shell no more: China's growing footprint in Central and Eastern Europe", AMO, https://chinaobservers.eu/wp-content/uploads/2020/04/CHOICE_Empty-shell-no-more.pdf.

且对欧洲议会的认可度普遍高于本国议会；二是认为成员国身份对本国经济发展和国际影响力是有利的，但以波兰、匈牙利为代表的一些中东欧国家在司法改革、媒体管控、难民政策等议题上与欧盟持不同意见，甚至发生矛盾；三是不改变既有的一体化路径，但主动寻求域外国家合作，这也为中东欧国家创造了更多回旋获利的机会，而基于利益权衡的"摇摆不定"将成为该地区部分国家的"常态"，增加了中国—中东欧国家合作的不确定性。

经济方面，在新冠肺炎疫情的冲击下中东欧国家经济遭遇严重打击，经济下行压力陡增，政府财政赤字加剧，外贸、旅游、服务、制造业等行业受冲击严重。与此同时，欧盟于2020年出台了总额为1.8万亿欧元的多年期财政预算，其中包括了7500亿欧元的"复苏基金"，用于成员国经济恢复。欧盟复苏基金对于中东欧国家意义重大，不仅能缓解经济下行压力，同时欧盟基金"数字化""绿色转型"的使用指向性也对未来中东欧国家产业、能源转型产生重要影响作用。此外，针对非欧盟成员国，欧盟已向西巴尔干国家提供了33亿欧元的援助资金，用于其抗击疫情和恢复经济，2021年年初欧盟表示将向西巴尔干国家再捐赠7000万欧元，用于采购新冠疫苗。[①] 欧盟还表示将通过增加入盟前援助基金（IPA）、扩大"西巴尔干投资框架"来给予西巴尔干非欧盟国家更多资金支持。可见，欧盟仍然是中东欧国家经济发展的主要资金来源和重要经济依仗，而中国在中东欧地区资金投入能力有限，中国企业的投资面临欧盟越来越多的"规制"障碍，这对于今后中国—中东欧国家合作机制的深化带来不利影响。

---

① 《欧盟将为西巴尔干国家援助7000万欧元资金采购新冠疫苗》，中华人民共和国商务部，2021年1月25日，http://www.mofcom.gov.cn/article/i/jyjl/m/202101/20210103033803.shtml。

从政治思潮看，中东欧多国右翼民粹主义势力的崛起日益明显。中东欧国家民粹主义力量希望再掀"疑欧"浪潮，借疫情蔓延和难民问题升级打击民众对欧盟以及欧洲一体化的信心，呼吁关闭边界，强化民族主义和国家主义的理念，在多个国家举行多次抗议活动。疫情深化了中东欧国家既有的结构性矛盾，如贫困、种族矛盾、宗教冲突等。遏制疫情的限制性措施引发了抗议活动，一是出于无法获得足够的医疗和公共服务，二是因为被强行限制公共生活。疫情对不同社会阶层和职业类型带来了不同的影响。收入、财富的不平等引起了更加显著的分配冲突，而社会的紧张局势也因此可能会进一步加剧。右翼民粹主义的崛起使得中方的国际合作倡议容易被反华势力作为"反全球化"议题予以恶意炒作。在政治上，中东欧多个国家在2020年举行了议会选举，一些国家的新政府上台后意识形态外交色彩明显，并体现在了对华态度上。特别是立陶宛，其政府不仅宣布直接退出中国—中东欧国家合作机制，还在中国台湾问题上屡屡做出破坏"一个中国"建交原则的举动，给中国—中东欧国家合作带来了不和谐的音调。

◇ 中国—中东欧国家合作的前景与政策建议

2022年是中国—中东欧国家合作启动10周年，10年来合作机制不断丰富发展。当前中国积极发展同中东欧国家关系是着眼于在新形势下如何深入和扩大国际合作，尤其是全球日益盛行的保护主义、逆全球化与作为拥抱全球化和开放主义的中国发展利益产生冲突情况下，中国做好欧亚大陆的区域、跨区域合作就成为一个重要的发展命题。在这一背景下，中国—中东欧国家合作具有以下两方面的重要意义。

一方面，面对新冠肺炎疫情及其导致的国际经济下行压力，中国—中东欧国家合作是中国平衡双边和多边关系的新尝试，有力推动了中国对外部世界的传统思维模式同地区和多边主义标准相融合。中国与中东欧国家之间的合作，源于各自发展的内在需求，对加快中国和中东欧国家的可持续发展，对欧盟内部区域的平衡发展具有重要的作用。中国同中东欧国家达成了一些重要战略共识，推进了一系列重要的合作项目和举措，也为推进"一带一路"倡议打下了良好基础。

另一方面，通过中国—中东欧国家合作为跨区域、跨文化合作积累了大量经验。中东欧国家差异较大，诉求不同，构成多元，并不是同质化的区域，是欧盟一体化进度不一所留下的"马赛克"现象[1]，即包含了欧盟成员国、非欧盟成员国、欧元区国家、非欧元区国家等。欧盟作为介入中东欧地区最深的行为体之一，在推动中东欧国家入盟和一体化上做了巨大的努力，努力的结果也无非是形成了上述现象，由此可以看出，中东欧的矛盾与差异是常态，甚至欧盟都无法融合这些差异。中国—中东欧国家合作开创了全球化时代中国与中东欧国家不同社会制度、文化传统和发展阶段的国家相互尊重、和谐相处、合作共赢的新型国际关系的新时期。对中东欧国家来说，其通过务实合作、自愿参与、灵活开放的特征，增强了合作的多样性与活力，使每个国家或国家群体都能在最适合自己的领域深化合作。[2]

---

[1] 吴白乙、霍玉珍、刘作奎编：《中国—中东欧国家合作进展与评估报告（2012—2020）》，中国社会科学出版社2020年版，第20页。
[2] ［波黑］娜塔莎·马里奇、魏玲：《务实制度主义：中国与中东欧国家的合作》，《世界经济与政治》2018年第7期。

基于上述重要意义，未来中国—中东欧国家合作仍具有较好前景，但面临国际环境变化以及中东欧内部因素的不利影响，合作仍需从以下几个方面进行深入和强化。

（一）秉持共商、共建、共享原则，推进高质量的务实合作

坚持共商、共建、共享原则，符合中国和中东欧国家的共同利益，是双方共同的事业和追求。对话协商、政策对接是中国—中东欧国家合作机制建设的基础。双方克服合作过程中的分歧和困难，共同维护阶段性成果，不断推动中国—中东欧国家合作机制稳定向前发展。"一带一路"高质量建设意味着"写意画"向"工笔画"转变，中国—中东欧国家合作可为"一带一路"高质量建设提供思路，其核心方式就是要推进高质量的务实合作。因为务实合作是中国—中东欧国家合作的核心也是根本动力，推进务实合作过程中要统筹算好"政治账""经济账"，在当前复杂的国际环境下拉住中东欧国家合作兴趣。此外，相关合作项目要注意环保、绿色原则，在数字、绿色经济等领域寻找新的合作点。在具体合作项目上要建立一套事前、事中、事后的完整评估体系，防止项目"虎头蛇尾"甚至不了了之。

（二）遵循双边主义、地区主义和多边主义三轮驱动的逻辑

国际合作或多边协定往往需要通过结构或是制度进行约束，而中国与中东欧国家的合作实际上多是在双边或小多边结构下展开的。在中国—中东欧国家合作框架下，双边合作是基础，中国—中东欧国家合作是平台，两者相互支持、相互促进。中国—中东欧国家合作机制

既有助于中国与中东欧国家的双边关系走深走实，又能实现中东欧地区一体化程度的深化，更好地融入欧洲一体化的进程之中，还能为推动构建新型国际关系和全球治理模式贡献"中国方案"。因此应加强中国与中东欧国家双边关系同中国—中东欧国家合作机制之间的协调，以双边关系带动中国—中东欧国家合作机制的整体发展，并以中国—中东欧国家合作机制为依托，夯实中国与中东欧国家的双边关系，使两者形成良性互动和正向循环。同时，中国—中东欧国家合作机制要考虑中东欧国家的多样性和差异性，每一个国家在国际舞台上都具有多重身份，尤其对于多数中东欧国家来说，既是欧盟成员国，又分属于波罗的海、维谢格拉德、西巴尔干等区域。在同这些国家开展合作时，既要注重发挥"以点带面"的辐射效应，也要注重"以面促点"的叠加效应，在多边框架内同时开展双边、三边或小多边合作，以双边与多边合作并进提升合作效率、弥补合作短板、协调合作分歧。

（三）丰富合作层级，挖掘地方合作潜力

中国与中东欧国家合作保持了"多层级"合作特点，既包含超国家层面的多边合作（中国与欧盟以及各种次地区组织之间的合作），也包含国家层面的双边合作，同时也有地方层面的合作。近年来，随着中国—中东欧国家合作的纵深推进，我国与中东欧各国的合作逐渐从"大格局"不断细化润泽到地方。但不容忽视的是，国家战略层面的对接依旧是中国—中东欧国家合作的重头戏，且多数地方合作是由中央政府引导，缺乏自主推进动力，因而"自上而下"与"自下而上"的良性互动效应尚未充分释放，点面结合的示范效应和规模效应均有待提升。在开放的经济环境中,全球化的存在使地方从全球联系中产生更高的收益预期,国际化的吸引力使地方成为中国开放的重要内部经济驱动力。对于国家的对外行为而言,地方国际化及其全球联系的增强,间接地将地方推到了国家对外关系的前沿地带。中国和中东欧国家的市场规模并不对等,地方合作在很大程度上弥补了这一缺陷。因此,全方位、多层次、多元化的开放合作格局需要充分发挥地方政府对外交往的重要作用,使得地方政府对外交往成为中央外交和对外开放合作的有益补充。

(四) 以人文促经贸,夯实务实合作的社会基础

多数中东欧国家与我国建交最早,合作起步也是最早的,与我国民间友好交往有长期的历史基础,现阶段仍与我国有诸多共同发展利益。由于我国同中东欧各国地理跨度大,历史发展进程差异明显,因而双方的文化传统与社会环境十分迥异,这也一直是阻碍我国与中东欧经贸务实合作深化发展的重要障碍。为了进一步加大我国与中东欧经贸合作力度,以更加融洽的社会文化关系,夯实并优化我国与中东欧的务实合作基础,提升双方的合作意愿与水平,我国应不断强化自身软实力的建设与国家形象的塑造,推进各领域、各层级的人文交流,在增进与中东欧相互理解和信任的基础上,将我国"亲诚惠容、互利共赢"的合作理念切实传达给中东欧各国,在化解各国猜忌与质疑的同时,进一步树立起我国"开放、包容"的大国形象,从而为我国与中东欧构建起更加紧密的"利益共同体""命运共同体"奠定坚实的文化基础。下一阶段,中国应着力如期兑现承诺,通过让中东欧国家分享中国发展机遇,展现我大国的责任担当,努力赢得中东欧国

家对我更多的理解与支持。在市场准入、知识产权保护以及国内结构性改革等方面持续推进的背景下，促进经贸与双方社会文化的进一步融合，形成经贸与人文的良性互动。

（五）提升对外传播能力，讲好中国故事

一国的媒体是其普通民众了解世界的最主要渠道，媒体可对本国民众对某一国的认知和态度产生重要影响。在中国与中东欧国家合作背景下，中国对外传播的内容尤为重要，其选择直接关系到中国对外交流合作的成功与否。目前中国对外交流的过程中，很大程度上局限于官方层面的推广，有关增强对象国民众情感认同、促进民心相通的内容还较少，这导致部分国家对中方合作倡议的理解比较片面，对中国与中东欧国家务实合作的实施存在一些质疑与不解。在对外文化传播中，要重视话语机制建设，要以中东欧听得到、听得懂、听得进的方式，讲述中国故事。为了降低中东欧国家对华疑虑，增信释疑工作要着力突出社会力量，通过现有的多边、双边的正式和非正式机制推动和加强对话，建构有益于不同国家和民族平等交流与互利合作的民意基础。

作者简介

冯仲平

中国社会科学院欧洲研究所所长、研究员、博士生导师。主要研究领域为欧洲战略问题、欧洲一体化、中欧关系、欧美关系、北约、中国外交等。代表作：The British Government's China Policy 1945–1950（《英国政府对华政策 1945—1950》），Keele：Ryburn Publishing, Keele University Press，1994；《新冠疫情下的欧洲战略困境与中欧关系》，《世界经济与政治》2020 年第 4 期；《关于西方困境的思考》，《现代国际关系》2017 年第 10 期。

黄静

博士，中国现代国际关系研究院欧洲所副研究员、中外人文交流研究中心副主任，主要研究中欧关系、欧洲社会思潮。代表作：《欧洲民主资本主义困境》，时事出版社，2017 年；《欧洲中国观的变化》，载《中国国际战略评论 2020（下）》，世界知识出版社，2021 年。

赵晨

中国社会科学院欧洲研究所研究员、国际关系研究室主任、博士生导师。主要研究领域为欧洲对外关系、欧盟政治、欧洲一体化和全球治理等。代表作：《论欧洲联盟的民主》，中国社会科学出版社，2018年；《特朗普的"蛮权力"外交与美欧关系》，《世界经济与政治》2020年第11期；《叙利亚内战中的欧盟：实力、理念与政策工具》，《欧洲研究》2017年第2期。

孙彦红

中国社会科学院欧洲研究所研究员，欧洲经济研究室主任，博士生导师，中国欧洲学会意大利研究分会秘书长，意大利政治、经济与社会研究所（EURISPES）外籍学术委员。主要研究领域为欧洲经济、欧盟及其成员国产业政策、意大利研究、中欧/中意经济关系。代表作包括：《新产业革命与欧盟新产业战略》，社会科学文献出版社，2019年；《欧盟产业政策研究》，社会科学文献出版社，2012年；主编《意大利蓝皮书》系列年度报告，社会科学文献出版社，2020年、2021年。

张金岭

中国社会科学院欧洲研究所研究员、社会文化研究室主任，博士生导师。主要研究领域为法国研究、欧洲社会文化、社会治理、文化多元主义、移民与民族问题，以及中欧人文关系等。代表作：专著《公民与社会：法国地方社会的田野民族志》，北京大学出版社，2012年；译著《社会科学中的文化》，商务印书馆，2016年；专著《法国人文化想象中的"他者"建构——基于里昂的一项民族志研究》，社会科学文献出版社，2018年；专著《多元法国及其治理》，中国社会科学出版社,2019年等。

徐若杰

法学博士,中国社会科学院欧洲研究所助理研究员。主要研究领域为北约战略转型、欧美关系、海洋安全与战略等。代表作:《崛起国缘何陷入"战略迷思"?——基于一战前德国海权战略决策的实证研究》,《太平洋学报》2020年第9期;《"灰色地带"与成本强加战略:美国在南海对华遏制战略探析》,《世界经济与政治论坛》2020年第6期;《成本强加:美国遏制苏联的竞争战略及其特点(1983—1991)》,《战略决策研究》2019年第4期。

黄颖

中国社会科学院欧洲研究所博士后,德国波恩大学博士。主要研究领域为中德关系、德国外交政策、中美欧数字关系、国际关系与全球技术政治等。代表作:Die Chinapolitik der Bundesrepublik Deutschland nach der Wiedervereinigung: Ein Balanceakt zwischen Werten und Interessen(《联邦德国统一后的对华政策:价值与利益之间的平衡》),Wiesbaden: Springer VS, 2019; "Werte oder Interessen? Maximen deutscher und europ? ischer Chinapolitik"(《价值还是利益?德国和欧盟对华政策的准则》),Aus Politik und Zeitgeschichte(《政治与当代史》),07 -08/2021.

刘念

中国社会科学院大学欧洲研究系在读博士。研究方向:欧洲国际关系。本科毕业于南开大学法语专业,硕士毕业于北京外国语大学法语语言与文学专业，法国艾克斯－马赛大学 Erasmus＋项目奖学金交流生。

赵纪周

中国社会科学院欧洲研究所助理研究员，德国柏林自由大学政治学博士。研究领域：欧洲外交安全与防务政策、美欧安全关系与北约、北极治理、中国海外利益维护等。主要著述：《跨大西洋变局》（合著），中国社会科学出版社，2021 年；译著《锻塑欧洲》（赵晨校），中国社会科学出版社，2021 年；Syrian Civil War and Europe（co-authored），Routledge，2020；《叙利亚内战与欧洲》（合著），中国社会科学出版社，2018 年；《"特朗普冲击波"下的美欧防务"再平衡"》，《国外理论动态》2019 年第 7 期；《法国的叙利亚政策析论》，《欧洲研究》2017 年第 2 期等。

张超

中国社会科学院欧洲研究所助理研究员。主要研究领域为欧盟发展合作政策、中欧三方发展合作、中欧环境合作、中国的对外援助等。代表作：《全球视野下的欧盟与美国发展援助政策论析》，《国际政治研究》2019 年第 4 期；"The EU－China Energy Cooperation: toward a Reciprocal Partnership?", Asia Europe Journal, 2021, Vol. 19, Iss. 2.

李靖堃

中国社会科学院欧洲研究所政治研究室主任、研究员、博士生导师、中国欧洲学会英国研究分会副会长兼秘书长。主要研究领域为欧盟政治、英国政治与外交，已发表相关论文和研究报告数十篇。

彭姝祎

中国社会科学院欧洲研究所研究员。主要研究领域：法国内政、外交、社会政策。代表作：《法国社会保障制度：碎片化及改革》，中国社会科学出版社，2017年；《试析法国政党格局的解构与重组——政党重组理论视角下的审视》，《当代世界与社会主义》2020年第2期。

杨解朴

中国社会科学院欧洲研究所副研究员，中国社会科学院中德合作中心主任。主要研究领域：德国政治与外交、德国福利国家制度、欧盟社会政策、欧洲一体化与欧盟政治等。代表作：《德国碎片化政党格局的表现、成因及影响》，《德国研究》2019年第3期；《碎片化政党格局下德国绿党崛起的原因及影响》，《当代世界与社会主义》2020年第3期。

鞠维伟

中国社会科学院欧洲研究所中东欧研究室副主任、助理研究员。首都师范大学历史学博士，中国社会科学院欧洲研究所政治学博士后，主要从事中东欧、中国—中东欧国家合作研究，代表作：《浅析美国对西巴尔干国家的影响力》，《欧洲研究》2016年第2期；《维谢格拉德集团军事防务合作初探——从欧盟战斗群的视角》，《俄罗斯东欧中亚研究》2019年第1期；《中国—中东欧国家务实合作助推"一带一路"高质量发展》，《新视野》2022年第1期。

韩萌

中国社会科学院欧洲研究所助理研究员。对外经济贸易大学经济学博士，主要从事国际经济合作、中欧经贸关系、中国—中东欧国家合作等研究，代表作：《动态演进的倒"U"型环境库兹涅茨曲线》，《中国人口·资源与环境》2019年第9期；《新冠疫情下的中欧贸易变局与纾困措施》，《理论学刊》2020年第4期；《新形势下深化中国—中东欧国家贸易合作的政策选择》，《欧亚经济》2020年第6期；《疫情背景下的中欧产业链重构趋势、风险及中国的应对措施》，《全球化》2021年第6期等。

参考文献

一 中文参考文献

中华人民共和国外交部、中共中央文献研究室编：《毛泽东外交文选》，中央文献出版社、世界知识出版社1994年版。

《习近平谈治国理政》（第一卷），外文出版社2018年版。

《习近平谈治国理政》（第二卷），外文出版社2017年版。

《习近平谈治国理政》（第三卷），外文出版社2020年版。

《习近平谈治国理政》（第四卷），外文出版社2022年版。

习近平：《论坚持推动构建人类命运共同体》，中央文献出版社2018年版。

中共中央党史和文献研究院编：《习近平外交演讲集》（第一卷），中央文献出版社2022年版。

中共中央党史和文献研究院编：《习近平外交演讲集》（第二卷），中央文献出版社2022年版。

中共中央党史和文献研究院编：《习近平关于中国特色大国外交论述摘编》，中央文献出版社2020年版。

中共中央宣传部、中华人民共和国外交部编：《习近平外交思想学习纲要》，人民出版社、学习出版社2021年版。

蔡拓、杨雪冬、吴志成主编：《全球治理概论》，北京大学出版社 2016 年版。

陈乐民：《欧洲与中国》，生活·读书·新知三联书店 2014 年版。

陈志敏：《中国、美国和欧洲：新三边关系中的合作与竞争》，上海人民出版社 2011 年版。

丁一凡主编：《法国发展报告（2021）》，社会科学文献出版社 2021 年版。

国懿：《利益与价值观博弈下的德国对华政策》，世界知识出版社 2019 年版。

黄平、赵晨主编：《"一带一路"与欧洲》，时事出版社 2017 年版。

刘作奎：《欧洲与"一带一路"倡议：回应与风险（2019）》，中国社会科学出版社 2019 年版。

潘忠岐：《概念分歧与中欧关系》，上海人民出版社 2013 年版。

彭聃龄主编：《普通心理学（修订版）》，北京师范大学出版社 2001 年版。

王义桅：《海殇？——欧洲文明启示录》，上海人民出版社 2013 年版。

吴白乙、霍玉珍、刘作奎编：《中国—中东欧国家合作进展与评估报告（2012–2022）》，中国社会科学出版社 2020 年版。

严少华、赖雪仪主编：《欧盟与全球治理》，社会科学文献出版社 2020 年版。

叶江：《中欧关系新管窥：以国际体系转型及全球治理为视角的分析》，上海人民出版社 2015 年版。

赵晨、赵纪周、黄萌萌：《叙利亚内战与欧洲》，中国社会科学出版社 2018 年版。

周弘：《在"茶"与"咖啡"之间》，社会科学文献出版社 2021

年版。

周弘主编：《欧洲发展报告（2011—2012）》，社会科学文献出版社2012年版。

周弘主编：《中欧关系研究报告（2014）：盘点战略伙伴关系十年》，社会科学文献出版社2013年版。

《欧洲联盟基础条约：经〈里斯本条约〉修订》，程卫东、李靖译，社会科学文献出版社2010年版。

［美］格雷厄姆·艾利森：《注定一战：中美能避免修昔底德陷阱吗?》，陈定定、傅强译，上海人民出版社2019年版。

［美］杰里米·里夫金：《欧洲梦：21世纪人类发展的新梦想》，杨治宜译，重庆出版社2006年版。

［美］沈大伟、［德］艾伯哈德·桑德施耐德、周弘主编：《中欧关系：观念、政策与前景》，李靖等译，社会科学文献出版社2010年版。

［美］约瑟夫·奈等主编：《全球化世界的治理：世界政治中的秩序与变革》，王勇等译，世界知识出版社2003年版。

［美］詹姆斯·罗洗瑙主编：《没有政府的治理》，张胜军等译，江苏人民出版社2001年版。

蔡拓：《全球治理的中国视角和实践》，《中国社会科学》2004年第1期。

蔡拓：《全球治理与国家治理：当代中国两大战略考量》，《中国社会科学》2016年第5期。

柴尚金：《当前西方国家多党民主的五大制度困境》，《当代世界》2013年第3期。

柴尚金:《西方多党民主的制度困境及原因》,《中国特色社会主义研究》2013年第2期。

陈春华:《中美相互战略认知的"翻译困境"》,《世界知识》2019年第23期。

陈新:《大变局下中欧全面投资协定的多重意义》,《人民论坛》2021年7月中期。

陈玉刚、陶平国、秦倩:《北极理事会与北极国际合作研究》,《国际观察》2011年第4期。

陈宗海:《世界处于百年未有之大变局的丰富内涵》,《人民论坛》2021年第2期。

方晓:《"欧洲形势与中欧关系学术研讨会"会议综述》,《国际展望》2012年第5期。

冯存万:《全球治理变化与中欧合作拓新》,《国际论坛》2020年第1期。

冯仲平:《关于西方困境的思考》,《现代国际关系》2017年第10期。

何韵、史志钦:《欧洲议会选举视阈下的欧盟碎片化及其影响》,《现代国际关系》2019年第9期。

简军波:《欧盟参与联合国全球治理——基于"冲突性依赖"的合作》,《欧洲研究》2013年第2期。

郎平:《互联网如何改变国际关系》,《国际政治科学》2021年第2期。

连玉如:《默克尔"失败的胜利"——试析2017年德国大选》,《国际政治研究》2017年第6期。

刘海方:《中德非三方合作:什么原因影响了其进展》,《世界知识》2018年第20期。

刘宏松、程海烨：《跨境数据流动的全球治理》，《国际展望》2020年第6期。

柳思思：《欧盟气候话语权建构及对中国的借鉴》，《德国研究》2016年第2期。

鲁传颖、范郑杰：《欧盟网络空间战略调整与中欧网络空间合作的机遇》，《当代世界》2020年第8期。

庞珣：《新兴援助国的"兴"与"新"——垂直范式与水平范式的实证比较研究》，《世界经济与政治》2013年第5期。

秦亚青：《新冠肺炎疫情与全球安全文化的退化》，《国际安全研究》2021年第1期。

秦亚青、俞正梁等：《全球治理体系变革和建设的研究重点与路径建议》，《国际观察》2021年第3期。

邱静：《中美数字科技博弈中的欧洲策略》，《现代国际关系》2020年第9期。

屈臣：《数字经济时代，数据权属与安全难题何解？》，《瞭望》2021年第17期。

曲星：《透视西方的政经困境与黩武主义》，《求是》2012年第9期。

宋鲁郑：《当代西方民主能否走出困境？》，《经济导刊》2014年第6期。

宋鲁郑：《西方民主制度的困境》，《求是》2013年第20期。

孙彦红、吕成达：《欧盟离"再工业化"还有多远？——欧盟"再工业化"战略进展与成效评估》，《经济社会体制比较》2020年第4期。

田德文：《"文明冲突论"错在哪里》，《人民论坛》2019年第21期。

王建强：《西方代议制民主的困境》，《当代世界》2007年第6期。

王展鹏:《百年大变局下英国对华政策的演变》,《欧洲研究》2020 年第 6 期。

向文洁:《欧盟进军非洲,争夺数字话语权》,《人工智能资讯周报》总第 128 期。

熊炜:《德国对华政策的转变与默克尔的"外交遗产"》,《欧洲研究》2020 年第 6 期。

杨洁勉:《西方困境与中国和平发展》,《国际展望》2012 年第 1 期。

杨解朴:《解读中德创新伙伴关系》,《当代世界》2014 年第 11 期。

杨解朴:《碎片化政党格局下德国绿党崛起的原因及影响》,《当代世界与社会主义》2020 年第 3 期。

杨悦:《多边主义的胜利:东盟与欧盟伙伴关系升级》,《世界知识》2021 年第 1 期。

俞可平:《全球治理引论》,《马克思主义与现实》2002 年第 1 期。

袁晓慧:《三方合作:国际发展合作的新兴方式》,《国际经济合作》2020 年第 6 期。

曾望:《北极争端的历史、现状及前景》,《国际资料信息》2007 年第 10 期。

张春:《涉非三方合作:中国何以作为?》,《西亚非洲》2017 年第 3 期。

张骥、陈志敏:《"一带一路"倡议的中欧对接:双层欧盟的视角》,《世界经济与政治》2015 年第 11 期。

张金岭:《法国文化外交实践及其启示》,《当代世界与社会主义》2021 年第 4 期。

赵晨:《从"蛮权力"回归"巧权力":拜登政府对欧政策初评》,《当代美国评论》2021 年第 3 期。

赵晨:《欧亚互联互通如何牵手"一带一路"》,《半月谈》2018年第20期。

赵明昊:《大国竞争背景下美国对"一带一路"的制衡态势论析》,《世界经济与政治》2018年第12期。

周弘、刘作奎、范勇鹏:《2008年中国人的欧洲观》,《欧洲研究》2009年第5期。

周敏凯、姜丽:《西方现代民主形态的"民主退化"困境》,《学习与探索》2014年第4期。

中国社会科学院欧洲研究所课题组:《中国公众对欧盟及中欧关系看法的调查与初步分析》,《欧洲研究》2008年第2期。

中国现代国际关系研究院课题组:《世界"百年未有之大变局"全面展开》,《现代国际关系》2020年第1期。

[波黑] 娜塔莎·马里奇、魏玲:《务实制度主义:中国与中东欧国家的合作》,《世界经济与政治》2018年第7期。

[美] 香博·沈大伟:《中国与欧洲:新兴的轴心》,朱雅文译,《国外社会科学文摘》2004年第12期。

习近平:《为建设更加美好的地球家园贡献智慧和力量——在中法全球治理论坛闭幕式上的讲话》,《人民日报》2019年3月27日第3版。

习近平:《在布鲁日欧洲学院的演讲》,《人民日报》2014年4月2日第2版。

《习近平同德国欧盟领导人共同举行会晤》,《人民日报》2020年9月15日第1版。

《习近平同德国总理默克尔通电话》,《人民日报》2021年4月8日第

1版。

《习近平同法国德国领导人举行视频峰会》,《人民日报》2021年7月6日第1版。

《习近平同法国总统马克龙通电话》,《人民日报》2021年2月26日第1版。

《习近平同法国总统马克龙通电话》,《人民日报》2021年10月27日第1版。

《习近平同欧洲理事会主席米歇尔通电话》,《人民日报》2021年10月16日第1版。

《习近平应约同英国首相特雷莎·梅通电话》,《人民日报》2017年9月26日第1版。

《习近平在德国媒体发表署名文章 为了一个更加美好的世界》,《人民日报》2017年7月5日第2版。

《习近平在法国媒体发表署名文章 在共同发展的道路上继续并肩前行》,《人民日报》2019年3月24日第1版。

柴尚金:《西方宪政民主是如何陷入制度困境的》,《光明日报》2013年3月19日第11版。

杜尚泽、许立群、刘歌:《习近平同欧洲理事会主席范龙佩举行会谈》,《人民日报》2014年4月1日第1版。

杜尚泽、王芳:《习近平和奥朗德共同出席中法建交五十周年纪念大会——共创紧密持久的中法全面战略伙伴关系新时代》,《人民日报》2014年3月29日第1版。

贾平凡:《欧版"一带一路"要来了》,《人民日报》(海外版)2018年9月29日第6版。

钱彤:《习近平会见欧洲理事会主席范龙佩和欧盟委员会主席巴罗

佐》，《人民日报》2013年11月21日第1版。

秦亚青：《西方"制度困境"的影响与启示》，《光明日报》2012年12月12日第11版。

杨依军：《习近平同德国总理默克尔举行视频会晤》，《人民日报》2021年10月14日第1版。

应品广、詹海潇：《构建中欧数字合作新机制推动经贸关系迈向高水平》，《国际商报》2020年10月9日第6版。

张红：《中欧领导人会晤发出合作强音》，《人民日报》（海外版）2020年6月25日第6版。

《第五轮中德政府磋商联合声明》，《人民日报》2018年7月11日第8版。

《默克尔说一带一路倡议对汉堡港发展有显著作用》，《人民日报》2019年5月12日第3版。

《深化互利共赢的中欧全面战略伙伴关系——中国对欧盟政策文件（2014年4月）》，《人民日报》2014年4月3日第8版。

二　外文参考文献

Alexander Demissie and Moritz Weigel, "New Opportunities for EU-China-Africa Trilateral Cooperation on Combatting Climate Change", Briefing Paper, Deutsches Institut für Entwicklungspolitik (DIE), Bonn, 2017, No. 3.

"All Global Chokepoints Under OBOR Pressure: Admiral Harris", *The Economic Times*, February 15, 2018.

Alice Ekman et al., "La France face aux nouvelles routes de la soie chinoise", Etudes de l'Ifri, octobre 2018.

Angela Stanzel, Agatha Kratz, Justyna Szczudlik & Dragan Pavlicevic, "China's Investment in Influence: The Future of 16 + 1 Cooperation", European Council on Foreign Relations, December 2016.

Anna Stahl, "A Novel Conceptual Framework for the Study of EU Foreign Policy in a Multipolar World: The Case of EU-China-Africa Relations", NFG Working Paper Series 14, 2015.

David Shambaugh, Eberhard Sandschneider, Zhou Hong eds., *China-Europe Relations: Perceptions, Policies and Prospects*, Routledge, 2007.

Deborah B. L. Farias, "Triangular Cooperation and the Global Governance of Development Assistance: Canada and Brazil as 'Co-donors'", *Canadian Foreign Policy Journal*, Vol. 21, No. 1, 2005.

Dominique de Villepin, "Faisons le pari de la nouvelle route de la soie", *Les Echos*, 27 February, 2015.

European Commission, "A Stronger European Industry for Growth and Economic Recovery", COM (2012) 582 final, Brussels, Oct. 2012.

European Commission, Commission Policy Paper for Transmission to the Council and the European Parliament COM (2003) 533 final: A Maturing Partnership-Shared Interests and Challenges in EU-China Relations, September 2003.

European Commission, "Commission proposes new Regulation to address distortions caused by foreign subsidies in the Single Market", May 2021.

European Commission, "Commission Staff Working Document On Significant Distortions in the Economy of the People's Republic of China for the

Purposes of Trade Defense Investigations", December 2017.

European Commission, "Commission Working Document Accompanying COM (2006) 631 final: Closer Partners, Growing Responsibilities-A policy paper on EU-China trade and investment: Competition and Partnership", October 2006.

European Commission, "EU-China: Closer Partners, Growing Responsibilities, Brussels", October 24, 2006.

European Commission, "EU-China—A Strategic Outlook", March 2019.

European Commission, "Speech by President-elect Ursula von der Leyen at the 2019 Paris Peace Forum", November 12, 2019.

European Union, Elements for a new EU strategy on China-Joint Communication to the European Parliament and the Council, June 22, 2016.

European Union, "Regulation of the European Parliament and of the Council, establishing a framework for the screening of foreign direct investments into the Union", February 20, 2019.

European Union, "Shared Vision, Common Action: A Stronger Europe-A Global Strategy for the European Union's Foreign and Security Policy", June 2016.

Freie Universitt Berlin, Bas Hooijmaaijersa, "China's Rise in Africa and the Response of the EU: A Theoretical Analysis of the EU -China-Africa Trilateral Cooperation Policy Initiative", *Journal of European Integration*, Vol. 40, No. 4, 2018.

"Gabriel warnt Europaer vor Spaltung durch China", *Reuters*, 30 August, 2017.

James N. Rosenau, "Governance in the Twenty-First Century", *Global*

Governance, Vol. 1, No. 3, 1995.

Kerry Brown, *The Future of UK-China Relations: The Search for a New Model*, Agenda Publishing, 2019.

Paul Charon &Jean-Baptiste Jeangène Vilmer, Les opérations d,influence chinoises: Un Moment Machiavélien, Paris: Institut de recherche stratégique de l,école militaire, Septembre 2021.

Mahbubani Kishore, "Europe is a Geopolitical Dwarf", *Financial Times*, May 22, 2008.

Nadine Piefer, "Dispelling the Myths of Triangular Cooperation-Evidence from the 2015 OECD NATO, "London Declaration", December 4, 2019.

Noesselt N., "Sino-EU Cooperation 2.0: Toward a Global 'Green' Strategy?", *East Asian Community Review*, Vol. 2, No. 1, 2019.

Sophia Price, "Brexit, Development Aid and the Commonwealth", *The Round Table*, Vol. 105, No. 5, 2016.

Survey on Triangular Cooperation", *OECD Development Policy Papers*, May 2017.

Serena Belligoli, "EU, China and the Environmental Challenge in Africa-A case Study from Timber Industry in Gabon", *Studia Diplomatica*, Vol. 53, No. 3/4, 2010.

Simon Bulmer and William E. Paterson, "Germany as the EUs reluctant hegemon? Of economic strength and political constraints", *Journal of European Public Policy*, Vol. 20, No. 10.

Siphamandla Zondi, "Trilateral Development Cooperation: How Do Poor Countries Experience It?", Institute for Global Dialogue, August 2015.

Stephen M. Walt, "Will Europe Ever Really Confront China?', *Foreign Policy*, October 15, 2021.

Stuart Lau, "Chinese Foreign Minister: EU Diplomacy is 'Contradictory'", *Politico*, July 24, 2021.

Tanja Boerzel, Michael Zuern, "Contestations of the Liberal International Order: From Liberal Multilateralism to Postnational Liberalism", *International Organization*, Vol. 75, Spring 2021.

The Commission on Global Governance, *Our Global Neighborhood: The Report of the Commission on Global Governance*, Oxford University Press, 1995.

Volker Perthes, "Dimensions of rivalry: China, the United States, and Europe", *China International Strategy Review*, No. 3, 2021.

Zhang Denghua, "Why Cooperate with Others? Demystifying China's Trilateral Aid Cooperation", *The Pacific Review*, Vol. 30, No. 5, 2017.

"27-member bloc's GDP falls behind that of China in 2021, EU data shows", *Global Times*, Feb. 1, 2022.